2020年11月27—28日由中国俄罗斯东欧中亚学会、中国人民大学、中国社会科学院俄罗斯东欧中亚研究所联合主办，中国人民大学—圣彼得堡国立大学俄罗斯研究中心、中国人民大学深圳研究院、中国社会科学院“一带一路”研究中心承办的“中国俄罗斯东欧中亚学会会员代表大会暨第十二届俄罗斯东欧中亚与世界高层论坛（2020）”在深圳举行。

2019年10月24日，中国俄罗斯东欧中亚学会俄语教学研究分会和山东大学外国语学院在济南共同举办“第5届全国高校俄语专业学科建设高层论坛暨第2届中国俄罗斯东欧中亚学会俄语教学研究会会员代表大会”。

2019年10月25日，北京外国语大学俄语学院举办全国高校俄语大赛。

2020年12月2—3日，为迎接上海合作组织成立20周年，首届上合高端论坛在上海政法学院举行。

2020年12月19日，西北师范大学中亚研究院在兰州市举办“第四届中国与中亚人文交流与合作国际论坛”。

2019年11月13日，国务院发展研究中心欧亚社会发展研究所在北京举办2019年年会。

2019年11月26日中央财经大学俄罗斯东欧中亚研究中心在北京举办“财税体制改革与国家治理现代化”国际研讨会暨《2019年俄罗斯财经研究报告》发布会。

2020年1月9日，上海社会科学院国际问题研究所与中国现代国际关系研究院联合主办“2020年国际形势前瞻学术研讨会——百年大变局下的中国外交：挑战和应对”。

2020年11月3日，黑龙江省社会科学院俄罗斯研究所在所会议室举办学术研讨会。

2020年11月21日，黑龙江大学俄罗斯语言文学与文化研究中心举办“第二届新时代中俄全面战略协作高层论坛”。

2020年12月6日，上海国际问题研究院在上海举办“第一届时空变迁背景下的欧亚合作研讨会”。

主　编　李永全
副主编　王晓泉　关雪凌　王晨星

2020
中国俄罗斯东欧中亚学会
年度报告

世界知识出版社

图书在版编目（CIP）数据

中国俄罗斯东欧中亚学会年度报告. 2020 / 李永全主编；王晓泉，关雪凌，王晨星副主编. —北京：世界知识出版社，2021.12

ISBN 978-7-5012-6463-6

Ⅰ. ①中… Ⅱ. ①李… ②王… ③关… ④王… Ⅲ. ①俄罗斯—研究报告—2020 ②东欧—研究报告—2020 ③中亚—研究报告—2020 Ⅳ. ①D751 ②D736

中国版本图书馆CIP数据核字（2021）第242250号

书　　名	中国俄罗斯东欧中亚学会年度报告（2020） Zhongguo Eluosi Dongou Zhongya Xuehui Niandu Baogao (2020)
主　　编	李永全
副 主 编	王晓泉　关雪凌　王晨星
责任编辑	汪　琴
责任出版	王勇刚
责任校对	陈可望
出版发行	世界知识出版社
地址邮编	北京市东城区干面胡同51号（100010）
网　　址	www.ishizhi.cn
电　　话	010-65265923（发行）　010-85119023（邮购）
经　　销	新华书店
印　　刷	北京虎彩文化传播有限公司
开本印张	710mm × 1000mm　1/16　19印张　4插页
字　　数	297千字
版次印次	2021年12月第一版　2021年12月第一次印刷
标准书号	ISBN 978-7-5012-6463-6
定　　价	96.00元

本期报告获教育部国别和区域研究基地
中国人民大学—圣彼得堡国立大学俄罗斯研究中心
特别支持

序 言

《中国俄罗斯东欧中亚学会年度报告》由中国俄罗斯东欧中亚学会主编，是中国俄罗斯东欧中亚研究学界交流学术信息和深化友谊的平台。学会每年以年度报告的形式向学界汇报一年来欧亚学界的学术动态。

中国俄罗斯东欧中亚学会的前身是中国苏联东欧学会，于1982年9月成立，是研究俄罗斯、东欧和中亚问题的全国性学术团体，其宗旨是在马克思主义立场、观点和方法指导下，发扬实事求是、理论联系实际的学风，团结和组织全体会员，认真开展对俄罗斯、东欧和中亚问题研究，增进人民之间的了解和友谊，加强国内外学术交流，为中国改革开放事业和中国特色社会主义事业，实现中国梦的伟大目标服务。

俄罗斯东欧中亚研究的历史可以追溯到中华人民共和国成立之时，它与共和国同行。虽然每个学科起步的时间不同，但都紧跟时代步伐，与时俱进，不断丰富国家社会科学并为外交事业的发展提供支持。

改革开放时期，俄罗斯东欧中亚学界在介绍和研究国外经济发展经验和教训，促进中国与世界的融合方面发挥重要作用，成为中国改革开放事业的重要促进力量。

“一带一路”倡议向俄罗斯东欧中亚研究学术界提出了新的时代课题。随着“一带一路”倡议的实施，各界对学术研究成果的需求急剧上升。学术研究不仅要服务国家、服务社会、服务人民、也要服务实业。“一带一路”沿线国家的国情、投资条件、人文环境等都需要学术研究支撑。随着“一带一路”建设的推进，培养人才问题从来没有像今天这样迫切。不仅应用研究，基础研究也受到高度重视。

当今世界面临百年未有之大变局，正处于大发展、大变革、大调整时期，国际形势发展日新月异，大国关系扑朔迷离，如何认识世界，判断世界发展大势，为外交决策提供有价值的参考，成为学界面临的新课题。

欧亚问题是俄罗斯东欧中亚学界主要研究方向。新中国成立以来，中国外交取得长足进步，为中国特色社会主义事业创造了良好的外部环境。在某种意义上，欧亚地区稳定，中国周边就稳定；处理好与欧亚国家的关系，是解决国家社会经济建设外部环境问题的主要因素之一。因此加强俄罗斯东欧中亚学术界学者和单位之间的交流，促进研究、教学和智库工作的开展，具有重要意义。

《中国俄罗斯东欧中亚学会年度报告》是学会提供的交流平台，其收录了大部分会员单位的信息，包括学术活动、教学活动、科研教学成果以及各会员单位的人员变化情况，而且不仅仅是各单位当年的学术信息，还包括部分学科发展简史。

《中国俄罗斯东欧中亚学会年度报告》可以使我们及时了解俄罗斯东欧中亚学界的动态，它不仅扩大了我们的影响，也在启发我们的思路，促进我们的合作，拉近我们的距离。

与此同时，《中国俄罗斯东欧中亚学会年度报告》也在不断“发现”新的伙伴，每年都有新伙伴加入年度报告的撰写工作。从这个意义上说，它在努力展现俄罗斯东欧中亚学界全景图。我们热切希望不断有新伙伴加入这项工作。

《中国俄罗斯东欧中亚学会年度报告（2020）》由中国俄罗斯东欧中亚学会与中国人民大学—圣彼得堡国立大学俄罗斯研究中心联合推出！年度报告的编写工作始终得到学界大力支持，在此谨向学界同仁和支持学会工作的朋友们表示感谢和敬意！

李永全
中国俄罗斯东欧中亚学会会长
2021年10月22日于北京

目 录

会长单位及分会

常务理事单位

理事单位

会员单位

附　录

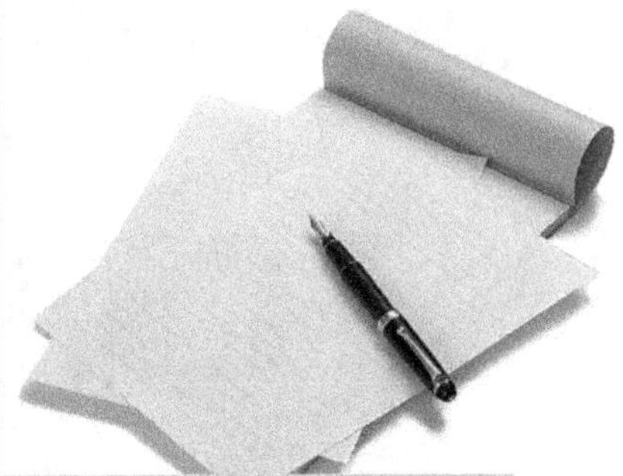

会长单位及分会

中国社会科学院俄罗斯东欧中亚研究所

2020年，俄罗斯东欧中亚研究所（以下简称“俄欧亚所”）克服新冠肺炎疫情给科研工作造成的困难，认真完成中国社会科学院下达的各项任务，努力完善科研管理体制机制，积极推动课题研究与学术交流，在基础科研、智库建设、外事工作等方面取得了良好成绩，现总结如下。

一、科研工作

俄欧亚所积极配合中国社会科学院科研局、国际合作局等职能部门的工作，完成中国社会科学院机关下达的科研组织管理方面专项任务30余项，召集俄欧亚所学术委员会10余次，取得了丰硕的科研成果。

（一）基础科研

俄欧亚所重视学科建设，召开多次专题会议，组织各学科编写学科发展报告，认真落实党组部署，推进“三大体系”建设和学科人才培养，构建“三大体系”的原创方法、学术观点与概念，从本地区的历史和现实国情出发，以国家发展为主线，综合研究和探索欧亚国家在政治发展、经济社会发展方面的绩效、问题与挑战，研判国家和地区总体的稳定与安全态势，并在此基础上提出结论。

2019年11月1日至2020年10月31日，俄欧亚所科研人员共出版了专著七本和《俄罗斯发展报告（2020）》《上合组织发展报告（2020）》《中亚发展报告（2020）》三本黄皮书及《“一带一路”建设发展报告（2020）》蓝皮书，发表了核心期刊论文66篇（其中一篇为权威期刊论文），一般论文79篇，成功申报国家社科基金项目两项，创新工程项目《中白关系史研究（1992—2020）》顺利结项。

俄欧亚所主办了“第十二届俄罗斯东欧中亚与世界高层论坛”“2020年俄罗斯东欧中亚形势研讨会”等重要国内高端学术会议，很好地促进了本所科研人员之间以及与学界的学术交流，取得了很多学术成果。

（二）智库建设

俄欧亚所在智库建设方面取得较好成绩，完成中国社会科学院办公厅和国际局下达或转达的中央部委委托交办任务10项，完成其他渠道下达的中央部委课题多项。2019年11月1日至2020年10月31日，完成了要报99篇，其中要报正刊16篇。

俄欧亚所多名专家应邀赴中办、中宣部、外交部、商务部等部门参加国际问题咨询会或作报告，对相关部门决策发挥了积极影响。俄欧亚所共举办线上国际和国内智库交流活动11场，在活动的策划组织、议题设置、参会专家等方面严格把关，在保障交流活动质量的同时，坚持做好意识形态管理，使活动取得了圆满成功。俄欧亚所与俄罗斯国际事务委员会联合举办的主题为“新冠肺炎疫情背景下的国际合作与中俄战略协作”的国际网络视频研讨会，邀请了中国社会科学院院长谢伏瞻、中国驻俄罗斯大使张汉晖、俄罗斯前外长伊万诺夫等领导和外宾参加。与会专家重点讨论了国际局势变化及其给中俄两国带来的机遇与挑战，中俄全面战略协作伙伴关系在新形势下的新发展方向，中俄抗疫合作经验，新冠肺炎疫情对中俄两国社会经济及双边关系的影响以及中俄加强人文领域合作、深化互信等议题，有力地配合了中央对俄罗斯政策的执行。

二、外事工作

俄欧亚所不断加强与境外合作伙伴的关系，有效拓宽国际交流渠道，保障了国际交流工作的有序高效，实现了国际交流目标。俄欧亚所主办国际学术视频会议12场，为在新冠肺炎疫情条件下加强国际交流积累了成功经验和重要成果，具体情况如下。

1. “新冠肺炎疫情背景下的国际合作与中俄战略协作”国际视频研讨会

会议由中国社会科学院和俄罗斯国际事务委员会主办，俄欧亚所承办，于2020年4月28日召开。会议聚焦新冠肺炎疫情下的国际合作与中俄战略协作和务实合作，重点讨论了国际局势变化及给中俄两国带来的机遇与挑战，中俄全面战略协作伙伴关系在新形势下的新发展方向，中俄抗疫合作经验，新冠肺炎疫情对中俄两国社会经济及双边关系的影响和中俄加强人文领域合作、深化互信等议题。

2. “全球疫情背景下的中俄蒙经济走廊建设”国际视频研讨会

会议由俄欧亚所主办，于2020年5月21日召开，邀请了15名中俄资深专家发言，研讨了中俄蒙经济走廊建设在新冠肺炎疫情期间及其后的发展和走势、新冠肺炎疫情对全球化和“一带一路”建设的影响等，旨在为我国维护周边稳定、促进区域经济复苏、推动“一带一路”高质量发展提供智力支持。

3. “中俄战略协作：现状特点与发展前景”国际视频研讨会

会议由俄欧亚所和俄罗斯国际事务委员会主办，于2020年6月19日召开，邀请了中俄专家15名。2001年中俄两国元首签署的《中华人民共和国和俄罗斯联邦睦邻友好合作条约》将于2021年到期。鉴于新冠肺炎疫情出现新变化，疫情对全球化和“一带一路”建设的影响，也给中俄全面战略协作伙伴关系带来了新的挑战和机遇。会议围绕中俄全面战略协作伙伴关系特点和发展前景，重点就《中华人民共和国和俄罗斯联邦睦邻友好合作条约》的重要意义及续签问题进行了深入研讨。

4. “中俄智库研究报告”国际视频发布会

会议由中国社会科学院和俄罗斯国际事务委员会联合主办，俄欧亚所承办，于2020年7月2日召开，邀请了中俄专家50人参会，中国社会科学院院长谢伏瞻、中国驻俄罗斯大使张汉晖、俄罗斯国际事务委员会主席伊万诺夫、俄罗斯驻华大使杰尼索夫分别致辞。

5. “新形势下中乌全面战略伙伴关系”国际视频研讨会

会议由俄欧亚所和乌兹别克斯坦总统战略与地区研究所联合主办，于2020年7月9日召开。来自中乌两国30余名专家围绕中乌高质量共建“一带一路”、新冠肺炎疫情背景下数字人文合作前景、疫情对中亚地区局势影响等议题展开深入讨论，并一致认为，新冠肺炎疫情背景下中乌两国人民的鼎力互助为国际社会树立了共建人类命运共同体的典范。

6.“新形势下中国与中亚”国际视频研讨会

会议由俄欧亚所和哈萨克斯坦中国研究中心联合主办，于2020年8月10日召开。中亚既是“一带一路”建设取得重要前期成果的地区，也是未来“一带一路”建设的重点区域。在共建“一带一路”框架下，我国与中亚国家经济联系日益密切，在贸易、能源、基础设施建设、矿产开发等领域的合作不断加强。中亚地区还是我国西部安全屏障，我国与中亚国家在上海合作组织框架下加强合作对于维护我国战略安全环境具有重要意义。来自中哈双方的20余名专家就后疫情时代中国和中亚各领域合作潜力与前景等问题进行了深入研讨，为促进地区繁荣稳定积极提供智力支持。

7.“上海合作组织参与地区治理：新理念、新平台”国际视频研讨会

会议由中国社会科学院和俄罗斯国际事务委员会联合主办，俄欧亚所承办，于2020年9月28日召开。上海合作组织自2001年6月成立至今，已成长为欧亚大陆最具影响力的国际组织之一。面对新冠肺炎疫情全球蔓延的严峻态势，在中国和俄罗斯推动下，上海合作组织发挥了联合抗击疫情的重要功能。俄罗斯自2019年接任上海合作组织轮值主席国以来，已推动举办系列活动，并积极筹备元首峰会。为配合上海合作组织元首峰会，支持俄方主席国工作，推动中俄在上海合作组织框架下团结协作，会议围绕上海精神与构建人类命运共同体、上海合作组织扩员与地区安全秩序构筑、后疫情时代经济恢复与联动发展、对非传统安全挑战的治理功能与实践等议题进行了研讨，为促进上海合作组织在新形势下更好发挥自身作用和打造上合命运共同体积极建言献策。

8.“塔吉克斯坦形势”国际视频研讨会

会议由俄欧亚所和塔吉克斯坦科学院联合主办，于2020年10月14日召开，邀请了中塔专家30名。塔吉克斯坦是我国全面战略伙伴，“一带一路”的重要合作伙伴。2019年中国社会科学院与塔吉克斯坦科学院签署了两院合作协议，约定开展学术交流和科研活动。2020年是塔吉克斯坦政局变化较大的

一年，受新冠肺炎疫情影响，塔吉克斯坦经济形势下滑，加上4月议会选举和10月总统选举，国内形势出现若干变化。研讨会很好地帮助了我国专家及时掌握塔吉克斯坦的相关情况，并加强与塔吉克斯坦学者的交流与合作。

9.“吉尔吉斯斯坦形势”国际视频研讨会

会议由俄欧亚所和吉尔吉斯斯坦科学院联合主办，于2020年10月15日召开，邀请了中吉专家30名。中国社会科学院2019年与吉尔吉斯斯坦科学院签署合作协议，约定交流合作。2020年受新冠肺炎疫情影响，加上10月份吉尔吉斯斯坦举行新一届议会选举，其国内形势面临进一步的变化，“一带一路”项目也面临考验。新一届议会产生后，产生了新的政府内阁。会议为我方专家与吉方专家交流提供了平台，加深了我方对吉尔吉斯斯坦国内形势的了解。

10.“疫情背景下中亚地区形势和中哈合作”专家会议

会议由俄欧亚所主办，于2020年11月12日召开，邀请了中哈专家30名。2020年伊始，新冠肺炎疫情开始在世界蔓延，给世界各地区国家和人民带来巨大影响。中亚地区国家在疫情影响下，政治经济形势均出现不同程度的变化，地区安全出现新问题。会议聚焦中亚地区安全和中哈合作发展新形势，梳理新冠肺炎疫情对中亚地区国家造成的负面影响，综合分析新冠肺炎疫情背景下中哈“一带一路”合作面临的挑战和机遇，为推动构建中哈永久全面战略伙伴关系提供智力支持。借举办此次学术研讨会的机会，我方学者也积极宣介了十九届五中全会精神，深入阐释我国新发展格局和互利共赢的开放战略。哈方学者围绕哈萨克斯坦形势和中亚地区形势，以及中哈“一带一路”合作、疫情后的风险与机遇等发表了看法。

11.“中塔‘一带一路’合作：机遇与挑战”国际视频研讨会

会议由俄欧亚所主办，于2020年11月19日召开，邀请了中塔专家30名。塔吉克斯坦与我国毗邻，是我国全面战略伙伴和上海合作组织创始成员国。塔吉克斯坦也是国际社会中最早表态支持“一带一路”倡议的国家之一，中塔共建“一带一路”在基础设施建设、产能合作与农业合作等领域取得积极成效。为深入探讨在新冠肺炎疫情背景下如何推动中塔共建“一带一路”走深走实、构建更加牢固的中塔发展共同体和安全共同体，我方与塔吉克斯坦科学院共同举办了此次线上研讨会。会议围绕疫情对“一带一路”合作影响、拉赫蒙总统新任期塔吉克斯坦相关政策走向、中塔投资与科技合作、中塔产业园建设、共建“一带一路”高质量发展等议题展开了研讨和交流，为推动我国“一带一路”建设提供决策参考。

12.“美国总统大选对中俄关系的影响”国际视频研讨会

会议由中国社会科学院和俄罗斯国际事务委员会联合主办，俄欧亚所承办，于2020年12月3日召开，邀请了中俄专家50名。中俄美关系是当今世界最具重量级的一组大国关系，是推动世界格局演变的关键性因素。在我国实施“十四五”规划和实现2035年远景目标进程中，中俄美战略互动是至关重要的影响因素。美国总统大选后，中俄美关系走势值得深入研究。此次会议围绕未来四年内俄美和中美关系发展前景，美国拜登政府对华、对俄政策展望，中、美、俄互动中的战略竞争和机遇等议题展开了研讨。

三、教学工作

2020年度，俄罗斯东欧中亚研究系（以下简称“俄欧亚系”）系主任由柴瑜副所长调整为庞大鹏副所长担任。该系坚持学习贯彻习近平新时代中国特色社会主义思想，全面贯彻党的十九大精神和十九届二中、三中、四中、五中全会精神，把立德树人作为研究生教育的根本任务，严格落实研究生培养制度，执行中国社会科学院大学和俄欧亚所的工作部署和要求，在研究生日常教学管理、人才培养、师资队伍建设等方面取得了显著成绩。2020年研究生的报考人数、招生人数和在校人数继续稳步提高。

（一）日常管理

截至2020年12月，俄欧亚系圆满完成了2020级研究生新生注册和导师信息配对工作，以及各专业研究生培养方案和个人培养计划制订工作，也较好地完成了2018级硕士研究生中期筛选和2019级博士研究生学科综合考核工作，在读研究生选课开课、成绩录入、培养计划管理、研究生招生和论文答辩等工作。同时，支持和配合中国社会科学院大学学位办第五轮学科评估工作，较好地完成了中国社会科学院大学申报“双一流”大学数据填报和方案撰写工作，积极参加中国社会科学院大学组织的各类活动。

（二）人才培养

2020年度，俄欧亚系在校研究生45人，其中博士研究生28人，硕士研究生17人。2020年度新招研究生13人，其中博士研究生7人，硕士研究生6人。研究生论文开题报告会2018级博士2人次、2017级硕士1人次。博士研究生答辩并获得学位4人，硕士研究生答辩并获得学位3人，共计7人完成学业。完成学业的研究生有1人继续深造，6人分别在国家机关、教育科研机构、金融机构等单位就业。12名研究生获得年度奖学金。

（三）师资建设

2020年度，俄欧亚系在任硕士生导师24人，博士生导师10人，共计34名研究生导师。博士生导师全部具有博士学位和正高职称，硕士生导师全部具有博士学位和副高及以上职称。硕博学位分别开设国际政治专业和世界经济专业。研究方面齐全，涵盖俄罗斯政治、经济、外交、历史，中亚和上海合作组织研究，乌克兰研究，中东欧研究等多个领域。

中国俄罗斯东欧中亚学会
俄语教学研究分会

一、重要沿革

中国俄罗斯东欧中亚学会俄语教学研究分会，在国际交往中仍沿用“中国俄语教学研究会”的名称。2020年中国俄罗斯东欧中亚学会俄语教学研究分会在册会员单位包括98所高校。

2019年10月，第一届中国俄罗斯东欧中亚学会俄语教学研究分会（暨第八届中国俄语教学研究会）理事会圆满完成届期内相关工作，于2019年10月24日在山东大学召开第二届中国俄罗斯东欧中亚学会俄语教学研究分会（暨第九届中国俄语教学研究会）会员代表大会，全体会员代表对新一届理事会建议名单进行选举表决。大会一致通过第二届中国俄罗斯东欧中亚学会俄语教学研究分会（暨第九届中国俄语教学研究会）理事会建议名单，通过理事单位、常务理事、副会长、会长建议名单，选举产生以宁琦为会长的新一届领导机构。经过新任会长提名和大会表决，大会一致同意由北京大学张冰担任第九届中国俄语教学研究会秘书长。秘书处所在地为北京大学。

二、研究方向

1. 以研究分会为平台，组织专业俄语学术研究及俄罗斯学的研究，指导、支持会员单位开展相关的研究工作；

2. 举办各类学术研讨会、交流会、座谈会、报告会和讲习班，组织学术调研和科研协作；

3. 对俄语教学和研究中的学科教学情况及学术成果进行评审、奖励和推广；

4. 加强与国内其他有关学术团体的联系并开展学术交流活动；

5. 加强同国外俄语教学和研究机构以及俄语教学工作者之间的联系与合作，积极参加和举办国际学术会议，开展学术和信息资料交流，邀请国外专家来中国讲学；

6. 出版会刊《中国俄语教学》和学术论文专集；

7. 组织符合本研究分会宗旨的其他活动。

三、历届领导

现任领导：

第九届理事会（2019年10月至今）

会长：宁琦

副会长：许宏、孙超、戴桂菊、王宗琥

秘书长：张冰

历任领导：

第一届理事会（1981年5月—1986年6月）

顾问：曹靖华、师哲、姜椿芳、王季愚、杨化飞、赵洵

会长：胡孟浩

副会长：田宝齐、李鑫、李越然、陈楚祥、周春祥、赵辉、赵云中、倪波、鲍恺、群懿

秘书长：胡宏骏

第二届理事会（1986年6月—1990年1月）

会长：胡孟浩

副会长：王超尘、王福祥、华劭、吴贻翼、沈友泰、余绍裔、赵云中、倪波、祝肇安、葛澹云、群懿

秘书长：阮福根

第三届理事会（1990年2月—1994年4月）

会长：王福祥

副会长：王超尘、华劭、吴贻翼、沈友泰、余绍裔、杨藻静、张洪良、赵云中、倪波、祝肇安

秘书长：刘光准

第四届理事会（1994年5月—1999年5月）

会长：王福祥

副会长：丁昕、孔延庚、沈友泰、杨藻静、张洪良、阎家业、倪波

秘书长：刘光准

第五届理事会（1999年5月—2003年11月）

会长：王福祥

副会长：邓军、刘利民（常务）、李勤、吴国华

秘书长：刘光准

第六届理事会（2003年11月—2008年3月）

会长：刘利民

副会长：李英男、李勤、吴国华、郝斌

秘书长：王铭玉

第七届理事会（2008年3月—2014年6月）

会长：刘利民

副会长：王松亭、王铭玉、史铁强、郑体武

秘书长：杜桂枝

第八届理事会（2014年6月—2016年3月）

会长：刘利民

副会长：王松亭、白文昌、张国有、黄玫、章自力

秘书长：杜桂枝

第八届理事会（2016年4月—2019年10月）

会长：张国有

副会长：王松亭、黄玫、隋然、章自力/许宏、白文昌/孙超

秘书长：宁琦

四、主办刊物

研究分会会刊《中国俄语教学》，每年4期，每期刊登10—12篇学术论文，由北京大学出版社负责出版。该刊正式创刊于1982年5月20日，为中国俄罗斯东欧中亚学会俄语教学研究分会会刊，2005年起扩大为大16开本，是国内外公开出版发行的关于俄语教学与研究的学术性刊物，CSSCI扩展版来源期刊。研究分会会长单位负责杂志管理，主编原则上由研究分会会长兼任，由会长任命常务副主编并组成会刊编委会。主管单位为教育部。

五、学术活动

2019年开展的各项学术活动以线下交流为主。2020年，受突如其来的新冠肺炎疫情影响，大部分活动采用了线上视频会议的形式，却也由此超越了地理空间的限制，吸引了更多的俄语学界师生参加线上研讨和交流，使研究会的影响力得到进一步提升。

1. 2019年9月20—22日，“中国对外俄语文学教学：发展趋势与前景”国际研讨会在北京俄罗斯文化中心举办。本次活动由俄罗斯联邦独联体事务、俄侨和国际人文合作署、中国俄罗斯东欧中亚学会俄语教学研究分会、“友好团结”有限责任公司联合主办，来自中国和俄罗斯多所大学的专家学者与会并进行了主题发言，共同探讨了中国对外俄语教学的发展趋势及前景。开幕式上，俄罗斯文化中心主任卡西亚诺娃女士、中国俄罗斯东欧中亚学会俄语教学研究分会副会长隋然教授先后致辞，随后来自中俄两国高校的教师代表进行了大会主旨发言，他们分别是来自莫斯科大学的叶利斯特拉托夫教授、莫斯科州国立大学的斯捷潘年科教授、北京第二外国语学院的张惠芹教授和北京大学的刘淼副教授。与会的专家学者举行了圆桌会议，就对外俄语教学过程中出现的新问题新挑战进行了集中探讨。9月21—22日，二十几位俄罗斯对外俄语教学领域的专家学者进行了大会主题发言，就教学法的新趋势、新的交互式教学手段、课堂应用的新技术等话题进行了深入探讨，会议成果颇丰。此次会议的举办为促进专家学者间经验交流、提升对外俄语教学质量、推广积极有效的教学新方法新手段提供了良好的平台。

2. 2019年9月28日，第三届全国俄语口译教学与口译理论学术研讨会在四川外国语大学召开。此次会议由中国俄罗斯东欧中亚学会俄语教学研究分会、教育部高等学校外语专业教学指导委员会、四川外国语大学联合主办，四川外国语大学俄语系承办，上海外语教育出版社、外语教学与研究出版社协办，来自全国30多所高校的50多名专家学者及博士和硕士研究生参加此次会议。

3. 2019年10月12日，“外语本科专业复合型人才培养：理念·特色·路径·方法”学术研讨会在西安外国语大学长安校区召开，此次会议由教育部高等学校外语教学指导委员会俄语分委员会、中国俄罗斯东欧中亚学会俄语教学研究分会主办，西安外国语大学俄语学院承办。西安外国语大学副校长姜亚军教授出席会议并致辞，中国俄罗斯东欧中亚学会俄语教学研究分会秘书长、北京大学外国语学院院长宁琦教授，以及来自全国30多所外语院校、出版社、研究所等机构的专家、学者、负责人，俄语学院师生参加了研讨会。宁琦教授在致辞中强调，随着全球经济一体化进程加快，国家之间的合作和交流更加密切和频繁，要求外语教学研究与时俱进，从而为维护国家利益，提升国家软实力，树立大国形象提供支撑。此次研讨会意在总结我国高校外语本科专业复合型人才培养经验，围绕新时期新形势下俄语、乌克兰语、哈萨克语、白俄罗斯语、捷克语等专业课程建设、教学改革、信息技术等与人才培养密切相关的议题展开交流，充分展示了新时期高校外语专业在复合型人才培养领域中积累的经验和取得的成果，有力促进了俄语复合型人才培养。

4. 2019年10月24日，第二届“中国俄语教育终身成就奖”和“中国俄语教育杰出贡献奖”颁奖典礼在山东大学隆重举行，来自全国18所高校的27位德高望重的俄语教学界前辈学者获奖。中国俄罗斯东欧中亚学会会长李永全、第一届中国俄罗斯东欧中亚学会俄语教学研究分会（暨第八届中国俄语教学研究会）会长张国有为获奖前辈颁发了荣誉奖牌和证书。

5. 2019年10月23—25日，由中国俄罗斯东欧中亚学会俄语教学研究分会主办、山东大学承办的“第5届全国高校俄语专业学科建设高层论坛”在山东大学中心校区成功举行。山东大学校长助理邢占军教授出席开幕式并致欢迎辞。中国俄罗斯东欧中亚学会会长、中国社会科学院大学国际关系学院院长李永全教授，中国俄罗斯东欧中亚学会俄语教学研究分会前会长张国有教授，中国俄罗斯东欧中亚学会俄语教学研究分会会长、北京大学外国语学院院长宁琦教授，山东大学外国语学院党委书记、院长王俊菊教授出席开幕式。山东大学外国语学院副院长李建刚教授主持了论坛开幕式。来自全国74所高校的100多名俄语专业院长、副院长、系主任及骨干教师参加了此次论坛。

6. 2019年11月23—24日，中国俄罗斯东欧中亚学会俄语教学研究分会和上海外国语大学俄罗斯东欧中亚学院联合举办了第二届“跨学科视野下俄罗斯东欧中亚研究”国际学术研讨会。国内外44所高校、科研院所和学术单位共百余名代表参加了此次学术研讨会。11月23日上午，第二届“跨学科视野下俄罗斯东欧中亚研究”国际学术研讨会隆重开幕。开幕式由俄罗斯东欧中亚学院院长许宏教授主持。开幕式上，上海外国语大学校长李岩松、中国俄罗斯东欧中亚学会俄语教学研究分会会长宁琦、教育部外语教学指导委员会非通用语分委会副主任委员赵刚先后致开幕辞。大会开幕式后，北京大学宁琦教授、北京外国语大学赵刚教授、天津外国语大学王铭玉教授、南京大学王加兴教授、大连外国语大学彭文钊教授、白俄罗斯国民教育研究所A.M.沃洛奇科教授、西安外国语大学邓滢教授从不同学科视角做了大会主旨发言，分享了有关俄罗斯东欧中亚的最新研究成果。本次研讨会以“跨学科视野下俄罗斯东欧中亚研究”为主题，进行了四场分组讨论。O.沙哈布教授与杨明天教授主持的“语言学研究”、Г.Ц.巴杜耶娃副教授与陈松岩副教授主持的“文学与翻译学研究”、李娜教授与牛立伟副教授主持的“区域国别研究A”、A.沃夫恰克副教授与郭辉副教授主持的“区域国别研究B”，分别进行了专题发言与研讨，达到了充分的学术交流与互动。

7. 2019年11月23日，“俄语（师范）专业认证与中学俄语教学研讨会”在哈尔滨师范大学成功举办。此次会议由教育部外语教学指导委员会俄语分委会、中国俄罗斯东欧中亚学会俄语教学研究分会主办，哈尔滨师范大学斯拉夫语学院承办，北京大学出版社、外语教学与研究出版社、黑龙江大学出版社协办，旨在全面贯彻落实全国教育大会精神，深入研讨新时代我国高校俄语专业建设和发展的一系列问题，联手打造一流俄语专业和俄语金课，推动俄语专业高质量发展，顺利开展俄语（师范）专业认证的相关工作，加强高校与中学的积极交流与合作，实现互通有无、博采众长、共谋发展。与会代表有来自上海、河南、黑龙江省内各个地市26所中学的50余名俄语教师、校长以及10余所高校近50名教师和俄语专业负责人，哈尔滨师范大学西语学院、东语学院的多位教师和研究生，共计100余人。本次研讨会安排两场大会发言，围绕专业认证与高校俄语教学、中学俄语教学与国际化、中学俄语课程标准与课程设计三大主题，共有12位专家和老师作主旨发言。本次会议的系列主旨报告对外语专业认证的理论和实践问题进行了深度交流，对高校开展外语专业认证相关工作具有积极的促进作用。分组研讨活动直接面向外语专业认证的具体工作、中学俄语教学实践以及高校和中学俄语教学的衔接。本次会议是高校和中学俄语人才培养对接的研讨，是俄语高等教育同基础教育深度合作的探讨，是高校和中学俄语教学管理者的论坛，是高校和中学俄语教学国际化办学理念的交流，是高校和中学教师之间教学技艺的切磋。

8. 2020年9月20日，由教育部外语教学指导委员会俄语分委会、中国俄罗斯东欧中亚学会俄语教学研究分会主办，湖南师范大学外国语学院承办的“新文科、新指南视域下高校俄语专业教学：标准、建设与评价研讨会”顺利举行。教育部高等学校外国语言文学类专业教学指导委员会副主任委员、教育部外语教学指导委员会俄语分委会主任委员、大连外国语大学校长刘宏，教育部高等学校外国语言文学类专业教学指导委员会副主任委员、教育部外语教学指导委员会英语分委会主任委员、湖南师范大学党委书记蒋洪新出席开幕式并致辞。会上，教育部外语教学指导委员会俄语分委会和中国俄罗斯东欧中亚学会俄语教学研究分会的各位委员，通过线上方式展开商讨。来自北京大学、南京大学等19所国内知名高校的俄语专业负责人和学科带头人，分别从俄语专业建设、新文科背景下俄语专业教学与人才培养、新时代俄语专业人才培养及俄语专业四级八级考试、新国标背景下俄语专业建设、新时代（人工智能时代）俄语教学方式及俄语课程思政建设等议题做主旨发言。教育部外语教学指导委员会俄语分委会委员、中国俄罗斯东欧中亚学会俄语教学研究分会各会员单位负责人、全国各高校俄语专业院长（系主任）及教师500余人以线上和线下同步进行的形式，共商我国俄语专业改革与发展大计。

9. 2020年10月11日，为促进国内俄罗斯文学研究，推动学科建设，加强国内外俄罗斯文学研究者、翻译者和教学者之间的学术交流，由中国外国文学学会俄罗斯文学研究分会、中国俄罗斯东欧中亚学会俄语教学研究分会主办，辽宁大学外国语学院承办的“新时代俄罗斯文学研究：问题、方法、意识”学术研讨会通过线上方式在辽宁大学隆重召开。中国外国文学学会秘书长、中国外国文学学会俄罗斯文学研究分会副会长吴晓都教授，中国俄罗斯东欧中亚学会俄语教学研究分会秘书长张冰研究员，辽宁大学副校长杨松教授出席开幕式并致辞，开幕式由辽宁大学外国语学院院长刘熠教授主持。来自全国高校的300多名教师、学生通过线上方式参加了此次研讨会。来自中国社会科学院、北京师范大学、四川大学、南开大学、北京外国语大学、上海外国语大学、上海交通大学、天津师范大学、首都师范大学、黑龙江大学的12位专家学者围绕新时代俄罗斯文学研究进行了主旨发言。各位专家的发言紧紧围绕会议主题，既有对新时代俄罗斯文学研究的理论研讨，又有对新文科视域下俄罗斯文学研究的方法创新，还有对当下中国文学与俄罗斯文学对话的具体尝试，更有对新时代俄罗斯文学研究中国范式建构的深刻思考。各位专家的报告体现出新时代俄罗斯文学研究中的问题导向、方法建构与前沿意识，既有理论探讨，又有务实分析，为新时代俄罗斯文学研究带来了新思考与新启发。

10. 2020年11月6—8日，“纪念鲍里斯·帕斯捷尔纳克诞辰130周年”国际学术研讨会在浙江大学隆重召开。本次研讨会由中国俄罗斯东欧中亚学会俄语教学研究分会及浙江大学外国语言文化与国际交流学院联合主办。受新冠肺炎疫情的影响，研讨会采取线上线下同步进行的方式举行。来自俄罗斯、美国、哈萨克斯坦等国家以及北京大学等国内高校的60余位专家学者共同纪念鲍里斯·帕斯捷尔纳克诞辰130周年，交流切磋其创作研究的最新进展和前沿动态。大会开幕式由浙江大学外语学院俄语所所长王永教授主持。浙江大学副校长何莲珍教授致欢迎辞。中国俄罗斯东欧中亚学会俄语教学研究分会会长、北京大学外语学院院长宁琦教授在致辞中指出，帕斯捷尔纳克是世界文学天空中最明亮、最璀璨的星辰，以召开国际学术研讨会的形式来纪念其诞辰130周年，不仅能够进一步加深国内外学者的交流与合作，更有助于人们从作家的作品中汲取战胜苦难的力量和信心。帕斯捷尔纳克故居博物馆馆长叶里萨诺娃致辞，她介绍了作家故居博物馆的情况，感谢并赞赏了中国学者为纪念帕斯捷尔纳克所做的努力。在短短三天的时间里研讨会组织了大会主旨发言6场，共15个专家报告；小组讨论5组，共28名学者发言，线上线下有序结合进行，为学者们提供了充分交流的机会和平台。学者们对长篇小说和散文的主题、人物形象、诗学特征和译介问题，以及帕氏诗歌的语言特征、比喻体系、音乐性等问题进行了阐释，并且对作家的自传和作家与《新世界》杂志的关系进行了较为深入的研究。可以说，专家学者们研究视角新颖、研究方法丰富多样，对帕斯捷尔纳克的创作研究可谓是全方位和立体化的。大会主旨发言为研究者们提供了帕斯捷尔纳克跨学科研究的有效启示，并拓展了其学术研究视野，而小组讨论展现了帕斯捷尔纳克研究涉及的广阔领域，青年学者也展现出可喜的研究潜力。

11. 2020年11月14日，由中国俄罗斯东欧中亚学会俄语教学研究分会主办、北京大学外国语学院和北京大学出版社联合举办的“新文科背景下的一流俄语专业建设论坛”顺利召开。本次论坛以线上会议的形式进行。在积极推进新文科与一流专业建设的大背景下，2019年首批14所高校俄语专业获批国家级一流专业建设点，为更好地总结一流俄语专业建设经验，助力新一轮一流俄语专业申报，探索一流俄语专业建设新模式，推动俄语专业高质量发展，本次论坛邀请14所获批一流俄语专业建设点的专业负责人进行主旨发言，围绕一流俄语专业建设中的专业定位、队伍建设、人才培养、课程建设、教材建设、专业管理和评估评价等主题，交流一流专业申报与建设经验，80余家会员单位的一百余名代表与会参加研讨。会议期间还举行了第二届中国俄罗斯东欧中亚学会俄语教学研究分会2020年度会议及理事会，通报研究分会2020年工作总结及协调2021年活动计划，并对研究分会新会员单位申请进行审议和表决。

12. 2020年12月11—12日及18—19日，在教育部外语教学指导委员会俄语分委会和中国俄罗斯东欧中亚学会俄语教学研究分会的指导下，北京外国语大学、外语教学与研究出版社举办了“第七届俄语专业教学法”学术研讨会暨2020年全国高校俄语专业教师研修班。2020年4月，由教育部组织编写的《普通高等学校本科俄语专业教学指南》(以下简称《俄语指南》)出版。《俄语指南》旨在为俄语教育的创新发展提供行动路线和解决方案。此前，教育部发布《教育部办公厅关于公布2019年度国家级和省级一流本科专业建设点名单的通知》，全国共有14所高校的俄语专业入选国家级一流本科专业建设点。在此背景下，本期会议主题为“新时代、新指南、新举措”，聚焦《俄语指南》提出的高校统一俄语人才培养质量标准，对《俄语指南》进行详细解读，对指南实施提出指导意见，并邀请专家就指南指导下的“国家级一流本科专业”建设标准、建设思路、专业方向、专业评估等问题进行经验分享。同时，本期会议邀请了国内多所高校的优秀教师示范展示本科基础阶段、提高阶段以及翻译硕士（MTI）教学设计，共同研讨、深入探索、创新更加高效的教学模式，切实推动高校俄语师资队伍建设。

13. 2020年12月19日，由中国俄罗斯东欧中亚学会俄语教学研究分会主办，哈尔滨师范大学斯拉夫语学院、教育部国别和区域研究中心“哈尔滨师范大学斯拉夫国家研究中心”承办的第三届“‘一带一路’视域下斯拉夫国家语言文化及发展战略研究生论坛”在腾讯会议平台线上举办。来自北京外国语大学、上海外国语大学、天津外国语大学、北京大学、北京师范大学、首都师范大学、黑龙江大学等国内23所高校，圣彼得堡国立大学、莫斯科国立师范大学、莫斯科语言大学、普希金俄语学院、远东联邦大学等俄罗斯5所高校的100多位研究生以及部分教师、本科生共240余人参加论坛。论坛以专家讲座形式开启。中国社会科学院俄罗斯东欧中亚研究所博士生导师朱晓中研究员，苏州大学外国语学院俄文系博士生导师赵爱国教授，黑龙江大学俄语学院院长、博士生导师孙超教授分别作了精彩的学术报告。专家讲座后，11位来自不同高校的研究生进行主旨发言，并接受了专家点评。在接下来的六个分论坛的研讨中，共有85位同学展示了各自的研究成果，由担任主持人的相关领域教师进行点评，论坛学术研讨气氛热烈，达到了互学互鉴的目的。

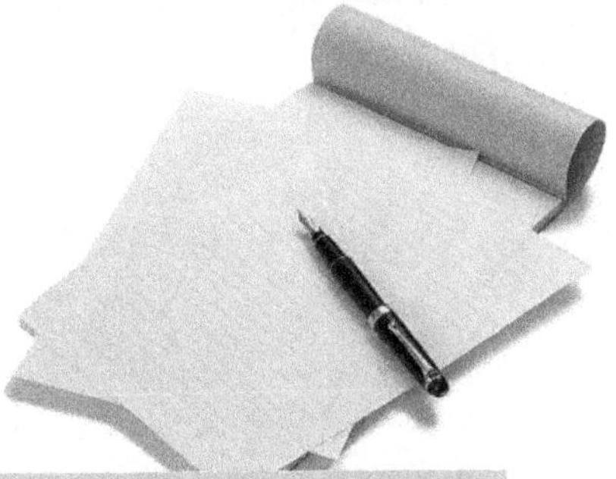

常务理事单位

国务院发展研究中心欧亚社会发展研究所

一、研究方向

国务院发展研究中心欧亚社会发展研究所成立于1989年7月1日，研究方向主要有两个方面：一是研究和跟踪社会主义国家的政治经济发展情况；二是重点研究社会主义的发展史，包括对北欧和西欧国家的社会党和社会民主党的发展史研究。目前研究所集中力量跟踪、分析和研究欧亚地区，即俄罗斯、中亚和其他独联体国家、欧盟、中东欧和巴尔干地区国家的政治、经济和社会发展状况，对外政治经济合作、内外政策、热点和重大问题，为政府提供信息咨询和政策建议，以促进中国与该地区各国友好关系的发展，并为中国经济建设和社会发展服务。

二、人员情况

研究所名誉所长：

李凤林（2020年1月至今）

研究所历任所长：

金挥（1989年7月—1998年10月）

陈之骅（1998年10月—2004年1月）

李凤林（2004年1月—2020年1月）

李庆义（2020年1月至今）

科研团队：目前研究所设有学术委员会和五个研究室，分别为俄罗斯国内问题研究室、俄罗斯外交研究室、中亚问题研究室、上海合作组织研究室和欧洲问题研究室。另外还设有编辑出版部和办公室。除本所研究人员外，研究所还聘用国内各大科研院所等研究机构的60余人为特邀研究员。

三、主办刊物

1.《欧亚社会发展研究》杂志（年刊）：1995年创刊，截至2012年共出版发行了18期，是研究所免费对内、对外公开交流的杂志。

正如时任国务院发展研究中心主任孙尚清同志于1995年7月1日对《欧亚社会发展研究》杂志问世的贺词中所强调的那样，欧亚社会发展研究所是国务院发展研究中心主管的一个研究机构，自1989年成立以来，取得了较好的成绩。1989—1995年，苏联和东欧地区发生了巨大的变化。然而，这些情况并没有降低这一地区的重要性，继续加强这一地区的研究，仍然十分必要。创办《欧亚社会发展研究》杂志，发表研究人员的研究成果，便于大家共同交流、共同推进对这一地区的研究。

从2013年开始，《欧亚社会发展研究》杂志改版为由中国发展出版社正式公开出版的年度形势研究报告集，主要介绍和分析俄罗斯、中亚、其他独联体国家、中东欧和巴尔干地区国家前一年的形势发展特点、发展趋势及其对我国的影响，以及对欧亚地区重大和热点问题的研究成果。所选文章主要由参加每年年会的专家、学者提供，部分文章由其他特约知名专家、学者撰写。截至2020年12月31日，研究报告集已出版了8集（2013—2020年）。

2. 白皮书：不定期的专供中央有关领导参阅的论文集。主要内容是对欧亚地区发生的热点、重大问题进行研究分析，并提出处置意见和建议，部分受到中央领导的重视和批阅。

3.《中亚要闻》：2019年1月始，国务院发展研究中心欧亚社会发展研究所与中国社会科学院俄罗斯东欧中亚研究所、观澜智库、西北大学丝绸之路研究院、浙江财经大学哈萨克斯坦经济社会研究中心、中国俄罗斯东欧中亚学会联合主编。其形式为网络版，每月一期。

四、学术活动

1. 年会。2019年年会于2019年11月13—14日举行，邀请外交部、商务部、中国社会科学院以及各大院校研究人员与研究所研究员共同总结2019年一年来欧亚地区形势发展，前瞻未来地区热点，研讨我国与欧亚地区国家关系的发展。2020年年会因疫情原因，于2020年12月7日下午举行，首次采用线上视频会议。发言的12位研究员，分别就大国关系，欧亚地区形势，俄罗斯内政与外交，2020年上海合作组织的成就、问题与前瞻，中亚形势，中欧关系，中东欧国家情况等热点问题，发表了自己的观点。

2. 全所研究员大会。大会于2020年1月8日举行，李凤林名誉所长作2019年全所工作总结，李庆义所长针对2020年国际形势研究作指导。高中毅副所长就2019年全所刊物出版情况作总结。各研究室分别研讨2020年各研究方向需关注的国际问题。

3. 专题研讨会。研究所就疫情对国际格局及欧亚地区的影响、俄罗斯修宪及政改、白俄罗斯政治局势、中俄美三角关系演变及走向等热点问题组织专题研讨会，深入分析原因，准确把握事件走向，形成科研成果。

4. 国际学术交流。

2019年10月6—10日，学术委员会主任李永全、副所长李少捷、学术秘书杜宁一行代表团赴白俄罗斯，参加“第二届明斯克对话论坛”，并与白俄罗斯智库进行学术交流。

2019年10月16日上午，李少捷副所长，杜宁、王晓亮和卢擘学术秘书等参加国务院发展研究中心举办的，由委内瑞拉统一社会主义党第一副主席迪奥斯达多·卡韦略针对委内瑞拉和拉丁美洲形势所作的分析报告会。

2020年11月20日，李庆义所长受邀参加俄罗斯科学院西伯利亚分院的Zoom平台网络会议，与该院北亚和东北亚跨境合作国际学术研究中心签署网络合作伙伴协议，为双方开展共同研究、信息交流、共同主办论坛等活动奠定了基础。

北京师范大学俄罗斯研究中心

一、中心概况

北京师范大学俄罗斯研究中心（以下简称“俄罗斯研究中心”）成立于2012年，是由教育部设立的、旨在加强对俄罗斯及独联体国家研究的学术研究机构。

俄罗斯研究中心现有专职研究人员16名，兼职研究人员多名，专职中心秘书1名。研究人员分别来自北京师范大学8个学部院系及国内外其他高等学府。专职研究人员中教授11名，副教授5名。俄罗斯研究中心全体成员都熟练掌握俄语，并在各自的学术领域享有很高的学术声誉。中心4位教授入选教育部“新世纪优秀人才”支持计划；1位教授因在俄罗斯思想文化研究方面作出卓越贡献而获得俄罗斯国家奖章“普希金奖章”；1位教授获得乌克兰政府颁发的“苏霍姆林斯基国家教育奖章”，成为获此殊荣的首位外国学者；1位教授两次获得“莱蒙托夫奖章”。

俄罗斯研究中心作为新型高校智库，自成立以来持续为国家各部委机关提供咨政报告和咨询服务，推进“一带一路”倡议，助力中俄人文合作。中心提交的报告涵盖国际重点、热点问题，为教育部、外交部、中央外事办公室、北京外国问题研究所、教育部国别和区域研究基地等各级党政机关制定相关政策和应对措施提供了有力依据和可行性建议。

俄罗斯研究中心自成立以来，在科学研究、人才培养、社会服务、国际交流与合作等方面开展了大量工作，取得了突出成绩。中心每年举办多项学术活动，如俄罗斯学国际工作坊、俄罗斯学研究生国际学术论坛、京师亚欧名家讲坛、“奔向莫斯科”俄语奥林匹克竞赛、俄罗斯学系列讲座、“一带一路”研究生研习营等，其中多项活动成为俄罗斯研究中心的品牌活动。

中心积极开展与国内外高等院校及科研机构的合作，与莫斯科国立大学、圣彼得堡国立大学、莫斯科国立师范大学、美国威廉玛丽大学、美国埃默里大学、美国俄亥俄州立大学、德国汉堡大学、日本东京大学等国外高校和研究机构建立了友好的学术往来。

二、研究方向

1. 国际关系与国际政治
2. 俄语语言文学
3. 俄国历史学
4. 俄罗斯哲学
5. 俄罗斯教育学，比较教育学
6. 俄罗斯法学
7. 俄罗斯电影、戏剧
8. 俄罗斯艺术学
9. 对外汉语教学
10. 基于交叉学科研究的俄罗斯学

三、人员情况

北京师范大学俄罗斯研究中心主任：刘娟（2012年至今）

北京师范大学俄罗斯研究中心学术委员会主席：李兴（2012年至今）

科研团队：

1. 刘娟：博士（后）、教授、博士生导师，研究方向为俄罗斯语言文学及俄罗斯文化

2. 李兴：博士（后）、教授、博士生导师，研究方向为俄罗斯—亚欧区域研究、国际关系与中国外交研究、国际关系史

3. 肖甦：博士、教授、博士生导师，研究方向为比较教育学、苏俄教育理论与制度

4. 张建华：博士、教授、博士生导师，研究方向为俄国（苏联）思想文化史、俄国（苏联）外交史、中俄关系史与俄国汉学史

5. 张百春：博士、教授、博士生导师，研究方向为宗教学、俄罗斯哲学

6. 贾放：博士、教授、博士生导师，研究方向为对外汉语教学及中国文化教学、民俗文化学、俄罗斯民间文化

7. 张冰：博士、教授、博士生导师，研究方向为俄国文学及批评史

8. 夏忠宪：博士、教授、博士生导师，研究方向为巴赫金研究、俄罗斯文学研究

9. 李正荣：博士、教授、博士生导师，研究方向为俄罗斯文学

10. 杨衍春：博士、教授、硕士生导师，研究方向为俄罗斯文学

11. 古棕：博士、教授、博士生导师，研究方向为俄罗斯视觉艺术、油画人物技法、油画静物技法

12. 穆新华：硕士、副教授、硕士生导师，研究方向为俄罗斯语言文学

13. 吴萍：博士、副教授、硕士生导师，研究方向为俄罗斯语言文学

14. 赵路：博士、副教授、硕士生导师，研究方向为俄罗斯法律、比较刑法

15. 张晓东：博士（后）、副编审、硕士生导师，研究方向为俄罗斯文学、电影学

16. 刘溪：博士（后）、副教授、硕士生导师，研究方向为俄罗斯文学、戏剧

四、主办刊物

《俄罗斯文艺》创刊于1980年，是教育部主管、北京师范大学主办的中文社会科学引文索引（CSSCI）期刊，前身是内参刊物《苏联文学研究资料》。1979年，经教育部批准，杂志定名为《苏联文学》，1994年，更名为《俄罗斯文艺》，并沿用至今。

《俄罗斯文艺》作为学术期刊，秉承为教育、科研服务的原则，近年来，通过策划学术前沿研究专题，出版专刊，举办学术前沿论坛，举办征文大赛、翻译大赛等多种形式，不断推动国内的俄罗斯文学科研与教学工作。杂志在俄罗斯文学研究领域、国内外读者中一直有着较高的声誉。

《俄罗斯文艺》也是中俄文化交流的重要桥梁。该杂志是俄罗斯境外唯一的此类专业学术期刊。苏联时期，作家、艺术家代表团来访交流频繁；俄罗斯时期，历任俄罗斯联邦驻华大使罗高寿、拉佐夫、杰尼索夫都对《俄罗斯文艺》作出高度评价，并欣然题词。罗高寿评价道,《俄罗斯文艺》在增进俄中两国人民相互了解与友谊的事业中作出了重要贡献。2001年,《俄罗斯文艺》杂志获得中国对外友协授予的“中俄友谊纪念奖章”。该杂志不断拓宽国际交流渠道，与俄罗斯权威学术期刊《哲学问题》《旗》《俄罗斯与当代世界》《阿里翁》《各民族友谊》等建立了联系，与俄罗斯科学院俄罗斯文学研究所“普希金之家”、俄罗斯科学院世界文学研究所的学者展开学术交流，并刊登了俄罗斯学者的系列优秀学术成果。

五、学术活动

(一)“京师亚欧名家讲坛——云端对话”

1. 第一期：聚焦中俄关系——战略协作、面临问题、发展前景

2020年7月20日，由教育部国别和区域研究基地北京师范大学俄罗斯研究中心、中国俄罗斯东欧中亚学会联合主办的“京师亚欧名家讲坛——云端对话”系列活动第一期成功举办。本期对话邀请了北京师范大学俄罗斯研究中心学术委员会主席、北京师范大学历史学院国际关系教研室主任李兴教授和中国人民争取和平与裁军协会副会长、全国政协参政议政特聘专家、中共中央对外联络部前副部长于洪君研究员参加，对话主题为“聚焦中俄关系：战略协作、面临问题、发展前景”。俄罗斯研究中心主任刘娟教授担任本场对话主持人。此次云端对话共有80余名来自全国各地的相关学者、学生参加。

2. 第二期：俄罗斯油画的民族性格与国家精神

2020年7月30日，由教育部国别和区域研究基地北京师范大学俄罗斯研

究中心、中国俄罗斯东欧中亚学会联合主办的“京师亚欧名家讲坛——云端对话”系列活动第二期成功举办。本期对话邀请了北京师范大学俄罗斯研究中心专家、北京师范大学艺术与传媒学院美术与设计系主任古棕教授和中央美术学院教授、中国油画学会理事叶南教授参加，对话主题为“俄罗斯油画的民族性格与国家精神”。俄罗斯研究中心副主任张晓东担任本场对话主持人。此次云端对话共有200余名来自全国各地的相关学者、学生参加。

3. 第三期：哲学家陀思妥耶夫斯基及其对20世纪哲学的影响

2020年8月7日，由教育部国别和区域研究基地北京师范大学俄罗斯研究中心、中国俄罗斯东欧中亚学会联合主办的“京师亚欧名家讲坛——云端对话”系列活动第三期成功举办。本期对话由北师大俄罗斯研究中心专家、北京师范大学哲学学院张百春教授邀请国立圣彼得堡国立大学哲学学院俄罗斯哲学与文化教研室叶甫兰皮耶夫·伊戈尔·伊万诺维奇教授参加，对话主题为“哲学家陀思妥耶夫斯基及其对20世纪哲学的影响”。此次云端对话吸引了200余人参加。

4. 第四期：列夫·托尔斯泰的东方情结

2020年8月13日，由教育部国别和区域研究基地北京师范大学俄罗斯研究中心、中国俄罗斯东欧中亚学会联合主办的“京师亚欧名家讲坛——云端对话”系列活动第四期成功举办。北京师范大学俄罗斯研究中心专家、北京师范大学文学院李正荣教授邀请北京大学俄罗斯学研究所所长、北京大学俄罗斯语言文学系李明滨教授参与本期对话，对话主题为“列夫·托尔斯泰的东方情结”。此次云端对话共有200余人参加。

（二）第九届“俄罗斯学”研究生线上国际学术论坛——“疫情背景下的全球责任与青年使命”

2020年10月17—18日，由教育部国别和区域研究基地北京师范大学俄罗斯研究中心主办的第九届“俄罗斯学”研究生线上国际学术论坛成功举办。本次论坛吸引了来自北京师范大学、北京大学、北京航空航天大学、大连外国语大学、西南大学、西南政法大学、哈尔滨师范大学、莫斯科国立大学、俄罗斯人民友谊大学、莫斯科国际关系学院、俄罗斯科学院、乌克兰格尔洛夫卡外语学院、哈萨克斯坦国立大学、斯洛伐克俄语教师联合会等国内外知名高校和科研机构的青年学者。北京师范大学副校长周作宇、莫斯科国立大学副校长塔·弗·科尔塔娃、俄罗斯驻华大使馆一等秘书伊·阿·波兹尼亚科夫、德国汉堡大学东北德意志历史与文化研究所副所长维克多·登宁豪斯应邀出席，外文学院党委书记、俄罗斯研究中心主任刘娟主持了论坛开幕式。

本届论坛的主题为“疫情背景下的全球责任与青年使命”，旨在为青年学者提供学术平台，交流新冠肺炎疫情背景下的世界经济、政治、文化秩序的现状与发展，以及青年在其中应当承担的全球责任。

周作宇副校长在开幕式致辞中介绍了北京师范大学各学部院系在新冠肺炎疫情期间完成的抗疫学术成果，对北京师范大学—莫斯科国立大学俄语教师联合发展中心在新冠肺炎疫情期间完成的线上全国中学俄语教师教学技能提升工作坊活动表示赞赏，肯定了论坛在促进中俄青年交流方面所作出的贡献。他同时表示，2020年是中俄建交第八个十年的开局之年，中俄人文教育合作的重要性日益凸显，此次论坛主题具有极强的现实意义。周校长勉励青年学者在抗疫语境下需要冷静思考，秉承全球使命与责任，为世界传递正能量。

俄罗斯研究中心学术委员会主席李兴教授在闭幕式上致辞，他指出，席卷全球的新冠肺炎疫情为所有领域的学者们提供了新的研究角度，而本次“俄罗斯学”研究生国际论坛为新冠肺炎疫情背景下俄罗斯学相关领域的探讨和研究提供了平台和资源。

（三）“中俄教师聚力战‘疫’，服务基层不忘使命”——中学俄语教师线上教学技能提升系列公益活动

2020年4月11日至6月7日，北京师范大学—莫斯科国立大学俄语教师联合发展中心面向中国中学俄语教学开展的系列公益活动成功举办。为进一步落实新课程标准要求，促进新课程改革背景下的中学俄语课程建设，提高中学俄语教师教学技能和水平，尤其是针对目前中学俄语教师线上教学所遇到的困难，在为期两个月的时间里，教师发展中心的中俄专家团队为山东、贵州、内蒙古、黑龙江、河南等20余省超过500名中学俄语教师分6期进行了线

上教学技能提升培训。

此次线上培训通过网络直播形式进行，由中俄专家联合授课，培训内容紧密结合当下的教学改革和新课标思路，包括教学方法指导与经验展示、教学资源分享、俄语口语实践演练等多个方面。培训受到了广大中学俄语教师的热烈欢迎，参训人数几乎全面覆盖了我国中学俄语教师群体。这是北京师范大学—莫斯科国立大学俄语教师联合发展中心自成立以来所组织的规模最大、形式最新、内容最为丰富的一次教学技能培训，在培训过程中教师们认真听课及时记录，积极参与互动提问。许多参与此次培训的老师表示，此次培训学到很多实用的教学方法，也得到了大量宝贵的教学资源。今后将不断提升自我，更好地为中国俄语人才的培养贡献力量。

北京师范大学—莫斯科国立大学俄语教师联合发展中心中方主任刘娟教授在最后一期培训闭幕式上表示，北京师范大学的办学定位从一百年前就是为民族复兴办教育，为国家富强育英才，所以在所有师大人的血液里都流淌着历史的使命感和责任感。我们希望能够通过这一系列培训活动作出实实在在的工作，推动俄语教学的快速发展，为培养复合型俄语人才奠定基础。今后我们会一如既往地持续推进中学俄语教学改革，传播教学经验与方法，还会实地去各地区进行线下培训，希望我们坦诚、真挚的行为能够对我国中学俄语教学的发展起到一定的推动作用，也希望我们的行动能够带动更多人投身到为社会服务、为国家服务、为中国教育事业服务的行动中。

六、教学成果

在“一带一路”倡议付诸实施的背景下，培养既熟练掌握外语，又具备扎实专业知识的复合型国际化区域国别人才是国家战略的需要。北京师范大学俄罗斯研究中心具有跨学科、多专业、开放性的鲜明特点。来自校内8大学部院系的16位中心专家发挥各自优势和专业特长，协力打破学科壁垒，在复合型国际化国别区域人才的教育教学探索中取得显著成效，培养了一批国家急需的战略人才及“一带一路”沿线国家的外国学生。

中心遵循智库建设与人才培养并举的原则，构建多元立体、开放综合的培养模式，使独立培养与联合指导相贯通，国内培养与国外研修相辅助，课堂教学与线上课程相补充，实现了传统教学与创新式教学相结合。中心组织来自8个院部的老师开设与俄罗斯学相关的课程，构建“俄语+俄罗斯学”课程结构，并通过鼓励开设新生研讨课和通识课，面向全校学生开设相关课程，建设开放性、跨学科课程体系。这一体系涵盖“俄语语言文化学”“俄罗斯与东欧中亚研究”“俄国历史与文化”“俄国诗歌史”“俄国文学批评史”“区域国别教育研究”“苏俄文化教育”“俄苏戏剧研究”“俄罗斯概况”等47门课程，涉及俄罗斯政治、历史、文化、文学、教育、哲学、法律等学科，并有多名中心成员制作了慕课和精品线上课，其中张建华教授在“喜马拉雅”平台上开设的“世界历史大师课——俄国史30讲”已有超过百万的点击率。

七、科研成果

（一）著作

1. 张冰译:《雅典与耶路撒冷》，商务印书馆，2020年版。

【内容摘要】《雅典与耶路撒冷》系商务印书馆出版《舍斯托夫文集》的第十卷，是舍斯托夫重要著作之一。此书除前言外共分四卷。第一卷《被缚的巴门尼德》，第二卷《在法拉利公牛的肚子里》，第三卷《论中世纪哲学》，第四卷《论思维的第二个维度》。

2. 张冰（主编）:《旷野呼告——克尔凯郭尔与存在哲学》，商务印书馆，2020年版。

【内容摘要】《旷野呼告——克尔凯郭尔与存在哲学》系商务印书馆出版《舍斯托夫文集》第九卷，是作者成熟时期的代表作。舍斯托夫在阐释克尔凯郭尔的同时也揭示了克氏思想与其思想的相近之处。

3. 肖甦:《天赋与卓越——国际视野下英才教育的政策与实践》，上海教育出版社，2020年版。

【内容摘要】本书集英才教育的理论研究、英才教育国别政策与制度研究、英才教育实施及具体个案于一体，由理论梳理、国别研究、专题探讨和中国考察四大部分构成。

4. 肖甦:《俄罗斯教育制度与政策研究》，人民出版社，2020年版。

【内容摘要】本书在梳理俄罗斯国家发展历史与社会变革时代背景基础上，着重研究其现行国民教育体系的基本结构、核心职能和主要特征，同时对社会转型以来国家教改政策的制定与实施、存在问题与发展趋势进行了尽可能系统的考察与评析。本研究有助于读者了解苏联解体后俄罗斯教育发展的整体概貌与主要走向，可为我国教育如何在新时期条件下推进改革、理性反思、创新发展提供借鉴与警示。

5. 肖甦:《教育政策运行的国际比较研究》，人民出版社，2021年版。

【内容摘要】本书以国际比较视角下的教育政策运行为核心，对不同国家的某项或某几项有代表性的重要教育政策及法规的具体运行进行深入探析。研究内容涉及对7个国家及一个区域性组织的11项重要教育政策法规的制定、实施或评价的立体考察。作者力求在探讨教育政策形成、实施与评价一般理论形态基础上，揭示不同国家教育政策实际运行过程中所遵循的基本原则和突出特色。

6. 肖甦:《世界主要国家教育政策形成、实施与评价机制研究》，人民出版社，2020年版。

【内容摘要】本书以俄罗斯、英国、法国、德国、日本、韩国、印度、南非和中国9个主要国家为研究对象国，探讨其教育政策形成、实施及评价的整体形态以及具体教育政策的运行过程，力求在呈现教育政策研究的国别立体图景基础上分析不同国别的特征和世界共性的发展趋势。对于拓展教育学仁的国际视野、建构对相关领域的国际化与本土化的立体审视空间而言，本书是一部内容丰富且具有启发意义的理论著作。

7. 刘溪:《两个人的车站：布拉金斯基、梁赞诺夫名作集》，四川人民出版社，2019年版。

【内容摘要】梁赞诺夫是在中国上映作品最多的苏联和俄罗斯电影导演。本书收录了布拉金斯基与梁赞诺夫合著的电影剧本《两个人的车站》，戏剧剧本《办公室的故事》《车库》。这四部成为几代人银幕记忆的电影作品的剧本改编小说和舞台演出剧本将引领读者重温经典，走进梁赞诺夫的喜剧世界。

8. 刘溪译:《他是龙》，上海译文出版社，2020年版。

【内容摘要】本书为当代俄罗斯奇幻小说，电影《他是龙》的文学原著。为了完成种族的延续，龙族血脉阿尔曼抓走人族的公主。然而，两人渐渐产生感情。为了让公主幸福，阿尔曼故意被王子打败。王子光辉的外表下埋藏着邪恶的阴谋，他准备将公主献祭给龙族的天敌，以此获得更大的权势。最终，阿尔曼战胜被诅咒的命运，击退天敌，救出公主。在奇幻的情节和凄美的故事背后，是对爱情的渴望、对荣誉的捍卫和对宿命的抗争。

（二）论文

1. 刘娟、弗拉基米尔·伊里奇·托尔斯泰:《从雅斯纳亚·波良纳到中国——弗·伊·托尔斯泰访谈》,《俄罗斯文艺》2020年第4期。

【内容摘要】弗拉基米尔·伊里奇·托尔斯泰，列夫·尼古拉耶维奇·托尔斯泰的玄孙。1962年9月出生于莫斯科。1982年毕业于莫斯科大学新闻系。1993年担任俄罗斯文化部首席专家，专门从事博物馆问题研究。1994年8月起担任雅斯亚纳·波良纳国立托尔斯泰庄园博物馆馆长，长达18年。2012年5月，弗拉基米尔·伊里奇·托尔斯泰被俄罗斯总统普京任命为总统文化顾问。2019年，弗拉基米尔·伊里奇·托尔斯泰相继担任世界俄语学会主席、俄罗斯俄语学会主席和俄罗斯总统俄语委员会主席。2020年是列夫·尼古拉耶维奇·托尔斯泰从雅斯纳亚·波良纳出走，在风雪小站逝世110周年，北京师范大学俄罗斯研究中心主任刘娟教授对弗拉基米尔·伊里奇·托尔斯泰进行了通讯采访。

2. 张建华:《〈资本论〉俄文版在俄国和中国》,《中国图书评论》2020年第6期。

【内容摘要】《资本论》是马克思最重要的著作之一，其1872年俄文版是第一个外文版本，这一版本较早被翻译和介绍到中国，对于中国学术界以及中国革命和进步运动产生了重要影响。因此，对于《资本论》第一卷的研究，尤其是版本的鉴定是一个重要问题。

3. 肖甦、王玥:《21世纪俄罗斯高校海外办学：动因、现状与特征》,《比较教育研究》2020年第4期。

【内容摘要】在高等教育国际化背景下，俄罗斯积极推进高等教育领域的海外办学活动，一方面力求以“教育出口”刺激经济增长向创新型社会过渡，另一方面努力将海外分校打造成促进人文交流合作的重要平台。俄罗斯高校海外办学涉及区域较广，在亚洲、欧洲乃至中东都有分布，但主要集中于独联体国家，目的在于巩固对该地区的传统影响力和区域性国际关系秩序；与此同时，近年来中俄战略协作伙伴关系日渐深化也极大地推动了两国高校间的合作。但面对国际教育市场的激烈竞争，俄罗斯高校海外办学还存在俄语普及率低、教育竞争力较弱、频遭西方制裁等问题，俄罗斯政府仍在不断调整对策以应对挑战。

4. 肖甦、朋腾:《俄罗斯天才儿童补充教育的新型模式研究》,《比较教育研究》2020年第9期。

【内容摘要】基于国家创新发展的总体战略，创新性人才培养成为俄罗斯教育的重要使命。创新人才从娃娃抓起、重视天才儿童教育的策略自21世纪以来越发凸显。俄罗斯政府陆续出台一系列天才儿童教育法令和国家纲要，不断完善补充教育体系，尝试依托补充教育平台创建新型的精细化天才儿童发现与培养模式。其中，全俄天才儿童教育中心“天狼星”模式备受瞩目。该中心集公平科学的选拔方式、立体全面的个性化培养、延展性关注天才儿童的职业发展、打造高水平师资队伍、以人才培养推动区域全方位创新发展于一身的有效实践成就显著。作为从娃娃开始培养创新人才的有效探索，一种能在俄罗斯被广泛复制的天才儿童补充教育的新模式已经初步形成。

5. 杨衍春:《雅各布森与特鲁别茨柯依之间的学术往来》,《俄罗斯文艺》2020年第3期。

【内容摘要】雅各布森和特鲁别茨柯依在近20年时间里以独特的书信交流方式共同创建了20世纪最规范、最清晰的语言科学理论，当之无愧地成为20世纪现代语言学的杰出代表。这样一种特殊方式的平等对话、辩论和学术思想的碰撞成为他们各自在语言学研究领域成长的重要源泉与动力，极大推动了结构语言学建立与发展。

6. 阿·波尔沙科娃、夏忠宪:《俄罗斯诗学关键词：原型》,《俄罗斯文艺》2020年第1期。

【内容摘要】本文旨在揭示从中世纪至今俄罗斯文学统一的发展。作为民族文化常数的文学原型是其研究基础。本文对在哲学和文学广泛的背景下的原型（和永恒的形象）予以极大的关注，并揭示出19—20世纪俄罗斯经典文学主要原型的历史—文学起源，其根源在于民族文化形成之初。

7. 刘溪:《2000年以来我国引进的俄罗斯剧目回顾与评析》,《戏剧文学》2020年第8期。

【内容摘要】近年来俄罗斯话剧团来华演出规模逐年增加。借助于各类演出平台，俄罗斯名团、名剧、名导来华访演渐成常态。在上演剧目上，俄罗斯巡演剧目以经典剧作、获奖剧目和小说改编剧为主；在剧场美学上，则展现了鲜明的导演风格和剧场变革意识。巡演的俄罗斯剧目展示了当代俄罗斯戏剧在民族戏剧传统和戏剧文学性上的坚守，在社会反思上的勇气以及开拓新剧场美学的强大动力。

中国社会科学院大学中俄关系高等研究院

一、学科建设

中国社会科学院大学中俄关系高等研究院骨干教授积极参与学科建设，助力中国社会科学院大学国际关系及外国语言文学学科发展建设。中俄关系高等研究院专家担任中国社会科学院大学国际关系学院本科生学业导师，参与学生人才培养并进行学业指导。中俄关系高等研究院李永全教授为学生开展前沿学术讲座。

二、人员情况

中国社会科学院大学中俄关系高等研究院
首席专家：王伟光、张政文
院长：李永全
常务副院长：吴波龙
研究室主任：庞大鹏
研究室主任：徐坡岭
秘书长：李提
副秘书长：高焓迅

三、师资队伍

1. 中俄关系高等研究院专家庞大鹏、徐坡岭担任博士生、硕士生导师。

2. 中俄关系高等研究院专家李永全、庞大鹏、吴波龙等为学生开设专业课程。

3. 中俄关系高等研究院专家李永全教授2017年被聘为特聘教授。

四、学术活动

1. 2020年8月10日中俄关系高等研究院与中国俄罗斯东欧中亚学会共同主办“疫情下中亚形势及中哈关系”国际视频会议。

2. 2020年11月28—29日，中俄关系高等研究院作为中国俄罗斯东欧中亚学会常务理事单位参与学会年会和学术活动。

3. 2020年10月22日，中俄关系高等研究院院长李永全出席四川大学举办的“第三届长江—伏尔加河高校联盟智库论坛”并发表“中俄地区合作与人才培养”主旨演讲。

4. 2020年11月18日，中俄关系高等研究院院长李永全参加俄罗斯科学院远东分院召开的跨界合作国际会议，李永全在会上作“‘一带一盟’对接合作与中俄关系”主旨演讲。

5. 2020年12月5日，中俄关系高等研究院院长李永全出席“第二届全国俄罗斯与欧亚青年教师论坛”视频会议并作报告“如何认识百年未有之变局下的欧亚局势”。

6. 2020年12月6日，中俄关系高等研究院院长李永全参加黑龙江大学举办的“俄罗斯学发展与人才培养”线上国际学术研讨会并作《中国俄罗斯学发展历史与人才培养》主旨演讲。

中俄关系高等研究院专家还参加了其他各种学术活动。

五、科研成果

（一）以中心名义发表

1. 李永全:《俄罗斯修宪与普京长久国家》,《俄罗斯学刊》2020年第2期。

2. 李永全:《欧亚地缘政治形势与大国博弈》,《俄罗斯研究》2020年第4期。

3. 李永全主编:《“俄罗斯学”在中国》（第四辑），社会科学文献出版社，2017年版。

4. 李永全:《疫情下的红场阅兵依旧万众瞩目》,《光明日报》2020年5月10日。

5. 徐坡岭主编:《俄罗斯经济要闻》（2020年第1期至第10期）。

（二）非中心名义

1. 庞大鹏:《俄罗斯的发展道路：国内政治与国际社会》，社会科学文献出版社，2020年版。

2. 庞大鹏:《俄罗斯保守主义的政治逻辑》,《国外理论动态》2020年第1期。

3. 庞大鹏:《应对挑战与积极外交：2019年俄罗斯的内外政策》,《俄罗斯学刊》2020年第2期。

4. 庞大鹏:《普京修宪的政治分析》,《俄罗斯东欧中亚研究》2020年第4期。

5. 庞大鹏:《俄罗斯外交战略中的拉丁美洲》,《拉丁美洲研究》2020年第4期。

6. 庞大鹏:《且看普京如何破解“2024政治方程式”》,《世界知识》2020年第3期。

7. 庞大鹏:《俄罗斯及欧亚地区形势分析与展望》（合著），载谢伏瞻主编:《中国社会科学院国际形势报告（2020）》，社会科学文献出版社，2020年版。

8. 庞大鹏:《俄罗斯内政变化与中俄美三边关系》,《世界经济调研》2020

年第20期。

9. 庞大鹏:《俄罗斯对外战略中的上海合作组织》,《世界政治研究》2020年第2期。

10. 庞大鹏:《俄罗斯总统普京的“疫情政治学”》,《世界知识》2020年第10期。

11. 庞大鹏:《中国与俄罗斯关系》,载蔡昉、李培林、谢寿光主编:《中国对外关系(1978—2018)》,社会科学文献出版社,2020年版。

12. 庞大鹏:《中美俄,新冠疫情之后如何互动》,《世界知识》2020年第12期。

13. 庞大鹏:《2019年俄罗斯外交战略中的上海合作组织》,载李进峰、杨进、张宁主编:《上海合作组织发展报告(2020)》,社会科学文献出版社,2020年版。

14. 庞大鹏:《2019年俄罗斯政治形势:应对挑战与宪政改革》,载孙壮志、张昊琦、李中海主编:《俄罗斯发展报告(2020)》,社会科学文献出版社,2020年版。

15. 庞大鹏:《中国对外战略中的上海合作组织》,《世界知识》2020年第20期。

六、对外交流

1. 中俄关系高等研究院与国务院发展研究中心欧亚社会发展研究所共同举办若干学术研讨会。

2. 中俄关系高等研究院与华东师范大学和中国社会科学院俄罗斯东欧中亚研究所共同开展俄罗斯学研究有关活动。

3. 中俄关系高等研究院与北京外国语大学俄语学院、黑龙江大学俄语学院共同开展俄罗斯学及其人才培养方面的合作,合作形式包括举办讲座、专家交流等。

中信改革发展研究基金会中俄战略协作中心

一、重要沿革

中信改革发展研究基金会中俄战略协作中心（以下简称“中俄战略协作中心”）成立于2019年7月17日，遵照中信改革发展研究基金会（国家高端智库建设培育单位）的宗旨，突出“中国学派”特色，发挥高端智库作用，服务于“新时代中俄全面战略协作伙伴关系”的战略运筹，服务于中央对俄罗斯政策的制定与实施，服务于中俄大项目合作的推进。中俄战略协作中心每年举办国际和国内研讨会、报告会、专题沙龙，承担国家发展和改革委员会等部门委托的课题任务，与俄罗斯智库和资深专家开展联合课题研究，出版《中俄战略协作研究》内刊，组织中俄专家在国内外媒体发声，正确引导舆论。

中俄战略协作中心各项工作推进顺利，与国家发展和改革委员会国际司等中央职能部门建立了机制化合作关系，协助中央职能部门举办专题研讨会和开展课题研究。为促进中国知识界对俄罗斯东欧中亚地区国家及其思想界、学术界的了解，推介欧亚地区各文明体的思想与学术成果，解读国际重要问题和热点问题，中俄战略协作中心与观察者网于2020年联袂打造“欧亚名家观察”专栏，推介中国，俄罗斯等欧亚地区国家的思想家、战略家、理论家及其精彩观点。中俄战略协作中心与俄罗斯智库的合作不断深化，2020年与俄罗斯知名智库“瓦尔代”国际辩论俱乐部建立了联合举办高端研讨会的机制性合作，双方举办了两场视频研讨会。中俄战略协作中心主任孔丹受邀参加了“瓦尔代”国际辩论俱乐部的演讲会。2020年，中俄战略协作中心在学习贯彻十九届五中全会精神的基础上制定了中期发展规划，明确了工作方向和重点任务。

二、研究团队

中俄战略协作中心主任由中信集团原董事长、中信改革发展研究基金会理事长孔丹兼任，总顾问由中俄友协会长、第十二届全国政协副主席陈元担任，高级顾问委员会主任由中国前驻俄罗斯大使馆武官王海运少将兼任，学术委员会主任由中信改革发展研究基金会副秘书长王湘穗兼任，执行主任由中国俄罗斯东欧中亚学会秘书长王晓泉兼任，秘书长由中国社会科学院“一带一路”研究会副秘书长任晶晶兼任。

中俄战略协作中心的人才队伍迅速壮大，邀请了外交部原副部长张德广、发展与改革委员会原副主任朱之鑫、中共中央对外联络部原副部长周力、中国人民银行原副行长苏宁、中国工商银行原行长杨凯生、中国进出口银行原董事长李若谷、中国石油化工集团原董事长傅成玉、中国俄罗斯东欧中亚学会会长李永全、中国社会科学院政治学所所长张树华等十余名领导同志担任高级顾问；邀请了中国石油化工集团原总地质师曾兴裘、国家开发银行原总经济师王沅、中国国际文化交流中心原秘书长丁奎松、北京师范大学俄罗斯研究中心学术委员会主任李兴等一批资深专家担任特聘专家；还邀请了俄罗斯联邦公众院副主席卡卢什科、俄罗斯政治理论家杜金、俄罗斯储蓄银行研究部主任利萨沃里克等俄罗斯资深专家担任外籍特聘专家。

三、学术活动

1.“中俄关系的法律基础”专题研讨会

2001年签订的《中华人民共和国和俄罗斯联邦睦邻友好合作条约》于2021年7月到期。根据双方约定，“如果在本条约期满一年前缔约任何一方均未以书面形式通知缔约另一方要求终止本条约，则本条约将自动延长五年，并依此法顺延”。鉴此，中信改革发展研究基金会中俄战略协作中心于2019

年10月14日邀请外交部原副部长张德广、中共中央对外联络部原副部长周力、中国前驻俄罗斯大使馆武官王海运少将、中国社会科学院学部委员李静杰、中国社会科学院政治学所所长张树华、中信改革发展研究基金会副秘书长王湘穗、中国国际问题研究院研究员石泽、中国俄罗斯东欧中亚学会秘书长王晓泉、中国社会科学院“一带一路”研究中心副秘书长任晶晶等同志进行了专题研讨。这些专家大多为2001年签订《中华人民共和国和俄罗斯联邦睦邻友好合作条约》的亲历者，张德广同志时任外交部副部长，周力同志时任外交部欧亚司主管副司长。与会专家一致认为，当前国际形势和中俄关系水平较2001年发生了巨大变化，续订或者新订中俄国家间条约问题应尽快提上日程。

2.“中俄关系的法律条约基础”国际沙龙

为了解俄方专家对《中华人民共和国和俄罗斯联邦睦邻友好合作条约》2021年到期后修改或者新签的考虑，中信改革发展研究基金会中俄战略协作中心于2019年11月18日召开了“中俄关系的法律条约基础”国际沙龙。中信改革发展研究基金会理事长孔丹、中国外交部原副部长张德广、中国前驻俄罗斯大使馆武官王海运、中国俄罗斯东欧中亚学会秘书长王晓泉等同志与俄罗斯远东发展部原部长卡卢什科进行了深入交流。卡卢什科带来了俄方关于新条约的要点和相关考虑，并就中俄新条约的问题与中方专家形成了诸多共识。

3.“后疫情时代中俄经济领域战略协作”专家视频对话会（中信改革发展研究基金会—俄罗斯“瓦尔代”国际辩论俱乐部联合研讨会）

新冠肺炎疫情对世界经济的冲击已超过2008年金融危机。为在后疫情时代大幅深化中俄经济合作，中信改革发展研究基金会中俄战略协作中心与俄罗斯瓦尔代国际辩论俱乐部于2020年7月23日联合主办了“后疫情时代中俄经济领域的战略协作”视频研讨会。中信改革发展研究基金会理事长孔丹、副秘书长王湘穗、咨询委员李若谷，瓦尔代俱乐部理事长贝斯特里茨基、俄罗斯驻华大使杰尼索夫、俄罗斯储蓄银行研究部主任利萨沃利克、欧亚稳定与发展基金首席经济学家维诺库罗夫与会并发言。中俄专家探讨了后疫情时代的世界秩序变化、多边经济合作、欧亚区域合作、中俄战略协作等问题，普遍认为中俄进一步深化经济合作意义重大，需要不断开拓新领域、增加新内涵、创造新方式。

4.“新欧亚多边主义：中国和俄罗斯的回应”国际视频研讨会（中信改革发展研究基金会—俄罗斯“瓦尔代”国际辩论俱乐部联合研讨会）

欧亚地区是中俄共同引领的上海合作组织、俄罗斯主导的欧亚经济联盟和集安条约组织的所在地区，同时也是中国的“一带一路”倡议和俄罗斯的“大欧亚伙伴关系”倡议的重点实施地区。中信改革发展研究基金会与俄罗斯“瓦尔代”国际辩论俱乐部，着眼于推动几大区域合作机制的共同发展、两大战略倡议的对接合作，以及深化中俄战略协作、引领构建欧亚地区新型秩序和全球“多边共治”，决定联手倡导“新欧亚多边主义”，并于2020年11月3日共同举办了“新欧亚多边主义：中国和俄罗斯的回应”国际视频研讨会。与会中俄专家一致认为，在世界局势发生深刻变化的大背景下，中俄有责任、有能力以“新欧亚多边主义”引领构建欧亚新秩序及新形势下的全球治理。中俄应加强理论探讨与实践总结，设计好区域多边合作模式，并以此共同推进“一带一路”倡议和“大欧亚伙伴关系”倡议的对接合作，共同推动新型全球化和区域经济一体化的发展及新型国际秩序的构建。

5.“环贝加尔湖—环渤海”合作共同体研讨会

为加强中俄就贝加尔湖地区开发进行深度合作，论证两国建立“环贝加尔—环渤海”合作共同体（以下简称“共同体”），即以贝加尔湖为核心链接俄罗斯各行各业，以中国渤海为核心链接到中国南方、华北以及东北，从而带动中俄全面合作，中信改革发展研究基金会中俄战略协作中心于2019年11月25日协助丝路规划研究中心举办了“环贝加尔湖—环渤海”合作共同体研讨会。中信改革发展研究基金会中俄战略协作中心总顾问、第十二届全国政协副主席陈元作了主旨报告。中俄战略协作中心主任孔丹，中俄战略协作中心高级顾问，外交部原副部长张德广，中俄战略协作中心高级顾问、中国前驻俄罗斯大使馆武官王海运，商务部国际贸易经济合作研究院欧亚所所长刘华芹，中国社会科学院俄罗斯东欧中亚研究所俄罗斯经济室主任徐坡岭，中俄战略协作中心执行主任王晓泉等专家进行了发言。

6.“中欧班列发展”专家研讨会

新冠肺炎疫情期间，中欧班列运量大幅增长70%以上。以此为契机，为进一步发挥中欧班列的作用，中俄战略协作中心协助国家发展和改革委员会国际司举办了“中欧班列发展”专家研讨会。会议由国家发展和改革委员会国际司副司长潘江和中信改革发展研究基金会秘书长郭克彤主持，中俄战略中心特邀专家、中国社会科学院俄罗斯东欧中亚所经济室原主任李建民，北京大学经济学院教授曹和平，中国交通运输协会常务副会长王德荣，中俄战略协作中心执行主任王晓泉等专家发言，为中欧班列发展贡献了真知灼见。

2020年，中俄战略协作中心的专家克服新冠肺炎疫情造成的困难，积极参加俄罗斯东欧中亚研究领域的学术活动。例如，中俄战略协作中心学术委员会主任王湘穗于2020年11月27日参加了中国俄罗斯东欧中亚学会与中国人民大学联合主办的“第十二届俄罗斯东欧中亚与世界高层论坛”，并作了题为“中俄合作与陆权复兴”的发言。中俄战略协作中心执行主任王晓泉于2020年8月8日参加了中国俄罗斯东欧中亚学会、中国社会科学院俄罗斯东欧中亚研究所与哈萨克斯坦中国研究中心联合主办的“新形势下的中国与中亚”国际网络研讨会，并作了题为“中国与中亚共同赢得新时代经济发展新机遇”的发言；于2020年10月26日参加了由欧亚经济委员会、欧亚经济联盟成员国和中国商务部共同主办的“对接欧亚经济联盟与‘一带一路’倡议”视频论坛，并作了题为“将共建‘中欧班列经济带’作为‘一带一路’与欧亚经济联盟对接合作的重点领域”的发言。

华东师范大学俄罗斯研究中心

一、发展沿革

华东师范大学俄罗斯研究中心（以下简称“俄罗斯研究中心”）成立于1999年，其前身是1981年创办的上海苏联东欧研究所，2000年9月成为教育部人文社会科学重点研究基地。

2001—2010年，是俄罗斯研究中心逐步凝聚学术方向、汇聚科研队伍、构建发展平台、推进改革创新的十年。“十二五”（2011—2015年）期间，俄罗斯研究中心发展再上新台阶。在2016年结束的最新一轮教育部151所人文社会科学重点研究基地评估中，中心获评“优秀”，成为全国30个优秀基地之一。“十三五”（2016—2020年）期间，俄罗斯研究中心以我国发展、改革开放和参与国际秩序重构为立足点，以俄罗斯与欧亚地区为重点，以多学科、国际化为方向，以多学科协同建设新型地区与国别研究模式为己任，以加强与对象国和欧美亚国家等多方学术合作为方式，努力建成在学科、咨政、育人等方面都具有广泛国内国际影响力的前沿研究机构。

2017年9月，俄罗斯研究中心成为教育部正式签约的首批31家高校高端智库联盟成员。同年，入选“中国智库索引”（CTTI）来源智库，开启发展新征程。在2020年教育部国际司对全国高校国别和区域培育基地、备案中心的评估中，俄罗斯研究中心获评高水平建设单位备案中心Ⅰ类。

二、学术研究与咨政服务

在长期的发展过程中，为适应国家重大战略与发展需求，俄罗斯研究中心的俄罗斯与欧亚研究，有针对性地侧重于有关俄罗斯与欧亚地区发展的重大趋势性问题、与我国和平发展相关的重大全局性问题和区域性问题，特别是与中俄双边战略伙伴关系建设、中亚、上海合作组织相关的重大问题，同时也包括广义上的欧亚空间相关问题研究。本研究方向从历史、政治、经济、人文、外交、地理等多个视角和维度，展开对俄罗斯与欧亚地区相关问题的研究，由俄罗斯研究中心主任冯绍雷教授领衔，逐渐形成一支老、中、青骨干相结合的研究团队。

目前，俄罗斯研究中心已在中俄关系、俄罗斯转型、当代俄罗斯政治与外交、俄罗斯经济、大国关系、欧亚地区安全、欧亚地区与国别研究、国外俄苏研究、上海合作组织、“一带一盟”、苏联史、俄苏文学史等方面形成了研究特色，取得了有影响力的研究成果，逐渐形成具有中国高校特色的俄罗斯与欧亚研究。

俄罗斯研究中心多年产出重要咨政成果。每年向中央办公厅、教育部、中宣部、外交部、国家发展和改革委员会、新华社和上海市相关部门提供数十份高质量决策咨询报告，其中多篇被国家相关部门采纳。据不完全统计，“十三五”期间俄罗斯研究中心共向上级部门提交咨询报告接近400篇，其中130余篇获得批示或采纳。

“十四五”期间俄罗斯研究中心的发展目标是，建成具有广泛国际影响力、以扎实学术研究为支撑的大学智库型研究机构，成为国际俄罗斯问题研究重镇，以杂志的基础研究带动咨政启民，在涉及俄罗斯与欧亚国别研究的重大理论问题上实现突破与创新，为国际问题研究的学科建设提供人才和规范基础，在此基础上，密切关注俄罗斯内政、外交的重大与热点问题，为国家作出相关决策、判断，提供及时、准确的智力支撑。

“十四五”期间，俄罗斯研究中心的主攻方向是：后“2024”时期俄罗斯国内政治经济发展及其对欧亚地区和大国关系的影响。

该主攻方向是在“十三五”期间主攻方向合理延续基础上的深化与延伸。“十三五”设定的主攻方向是“一带一路”与大欧亚伙伴关系的对接合作，关注的是中俄双方在欧亚地区的合作，努力实现“一带一路”倡议与俄罗斯的欧亚经济联盟的战略对接。“十四五”期间，在俄罗斯修宪以及普京“后2024”时代的到来，俄罗斯研究中心将以准确认知俄罗斯国内政治经济发展为根基，放眼大国互动关系，密切关注与中国国家利益直接相关的欧亚地区、“大欧亚地区”的格局变动。具体而言“十四五”期间，俄罗斯研究中心的主要研究计划包括：

第一，在前期组织翻译和出版《普京文集》（2012—2014）、《普京文集》（2015—2019）的基础上，继续翻译、出版《普京文集》（2020—2024）。

第二，在口述史与实地访谈的基础上出版《大使眼中的俄罗斯以及中俄关系》（下册）。前期已经出版了《回顾与展望——中俄关系70年大使论坛演讲实录》（上册）、《大使眼中的中白关系》（2019年）。

第三，出版《俄罗斯与世界》系列丛书，这也是俄罗斯研究中心设立的研究项目，包括俄罗斯与中东欧、中亚、印度、澳大利亚、东盟、金砖国家的当前关系研究。

第四，出版关于俄罗斯研究的系列研究生教材。全国研究生教育大会后，面向研究生的教材编写是国家文科基地的重要任务之一。因此，面向全国未来的俄罗斯及欧亚研究领域的新生力量，组织俄罗斯政治、经济、外交及文化领域的权威专家编写高质量的教材，对规范夯实青年学生关于俄罗斯与欧亚研究的知识素养，提升年轻人从事俄罗斯与欧亚研究的热情具有较为重要的意义。

第五，学术研究方面，以加强区域与国别研究基本框架为纲，力争全面提升俄罗斯研究的质量。《俄罗斯三部曲》以及《俄国通史》即将于2021年出版。

第六，撰写提交咨询报告与媒体发声。“十四五”期间，俄罗斯研究中心将继续依托基础研究的优势与活跃的国际交流机制，积极服务于我国“十四五”规划的大局，提供高质量、可靠、有效的政策建议文本。

三、研究团队

俄罗斯研究中心现有专职研究人员14名（包括俄罗斯籍研究员1名），兼职研究人员15名。

中心主任为冯绍雷教授（1999年至今），同时担任上海市高校智库——华东师范大学周边合作与发展协同创新中心主任，国家社科基金重大项目《俄国通史》主编；现任教育部社科学部委员，国家社科基金评审委员，上海会议大使，中国国际关系学会副会长，中国俄罗斯东欧中亚学会副会长，中国新兴经济体研究会副会长；曾任中俄友好、和平与发展委员会中方委员、上海市政府决策咨询专家、联合国开发计划署和独立国家联合体宏观经济问题专家，华东师范大学学术委员会副主任、人文学院院长、国际关系与地区发展研究院院长等职。冯绍雷教授的主要研究领域：俄罗斯与欧亚地区历史与当代问题、社会转型研究、金砖国家与大国关系、国际政治思想与理论问题。

刘军，俄罗斯研究中心副主任，同时担任华东师范大学国际关系与地区发展研究院院长，《俄罗斯研究》主编，教授、博士生导师，主要研究领域：北约问题研究、当代俄罗斯与大国关系研究。

贝文力，俄罗斯研究中心副主任，同时担任华东师范大学国际关系与地区发展研究院党总支书记、白俄罗斯研究中心主任，副教授，主要研究领域：俄罗斯文化艺术、中俄人文合作。

张昕，俄罗斯研究中心副主任，副研究员，政治学博士，主要研究领域：比较政治经济学、国际发展、俄罗斯与欧亚地区。

曲文轶，俄罗斯研究中心教授，经济学博士，主要研究领域：转型国家经济、转型理论等。

王海燕，俄罗斯研究中心副研究员，哈萨克斯坦研究中心执行主任，经济学博士，主要研究领域：中亚、俄罗斯等国家经济、社会问题研究。

阎德学，俄罗斯研究中心副研究员，政治学博士，主要研究领域：俄日关系、安全合作、俄罗斯与欧亚地区问题。

万青松，俄罗斯研究中心副研究员，政治学博士，主要研究领域：大国关系、俄罗斯与欧亚地区事务。

肖辉忠，俄罗斯研究中心讲师，政治学博士，《俄罗斯研究》副主编，主要研究领域：中俄农业合作、俄罗斯与欧亚地区问题。

郑润宇，俄罗斯研究中心讲师，政治学博士，主要研究领域：后苏联空间大国关系、后苏联空间国际组织、中亚政治安全。

张红，俄罗斯研究中心讲师，政治学博士，主要研究领域：大国关系、俄罗斯文化与外交、中亚社会福利以及反恐研究。

崔珩，俄罗斯研究中心博士后，政治学博士，主要研究领域：俄罗斯地区问题、俄罗斯的亚洲政策等。

宋羽竹，俄罗斯研究中心博士后，文学博士，主要研究领域：比较文学研究、俄罗斯政治思想等。

四、主办刊物

俄罗斯研究中心面向国内外公开发行俄罗斯、欧亚研究领域的学术期刊《俄罗斯研究》，并入选《中文社会科学引文索引（CSSCI）》《中文核心期刊要目总览》《中国人文社会科学核心期刊要览》。自创刊以来，《俄罗斯研究》努力打造成体现我国关于俄罗斯问题和相关领域研究成果和水平的重要平台之一，为推进我国的俄罗斯问题和相关领域的研究作出自己的一份贡献，同时把开展国际学术交流作为工作的一个重要目标，旨在与我国俄罗斯问题和相关领域研究的广度和深度相适应。2019年3月，《俄罗斯研究》入选南京大学人文社会科学综合评价研究院发布的《中文社会科学引文索引（CSSCI）》来源期刊（2019—2020年）目录。

此外，自2011年起，俄罗斯研究中心承担教育部发展报告项目，每年定期发布《上海合作组织发展报告》，截至目前已经出版五辑，受到上级部门和国内外学界的关注。

2020年起，俄罗斯研究中心推出《俄罗斯与世界》系列研究报告，使用汉语、俄语、英语撰写，在微信公众号、网站上公开发布。

五、国际化发展

“国际化”是俄罗斯研究中心多年保持和追求的传统与特色。目前，中心与莫斯科国立高等经济学院，俄罗斯科学院世界经济与国际关系研究所，远东研究所，俄罗斯外交部下属莫斯科国际关系学院与外交学院，挪威国际事务研究所，法国巴黎人文之家，荷兰阿姆斯特丹国际社会史研究所，日本北海道大学斯拉夫研究中心，新加坡国立大学等国际一流科研机构、高校以及中亚和东欧的重要研究机构和高等院校建立了稳定的学术联系。其中，与俄罗斯“瓦尔代”国际辩论俱乐部之间的战略合作，是俄罗斯研究中心推进国际化的一个重点。2017年10月，在“瓦尔代”国际辩论俱乐部正式公布的诸多著名国际合作伙伴机构名单中，俄罗斯研究中心位列第一位。

俄罗斯研究中心所在的国际关系与地区发展研究院拥有国际关系博士学位授予权，设有以面向欧亚国家留学生为主的“当代中国研究”全英文硕士项目。2018年华东师范大学批准国际关系与地区发展研究院与俄罗斯莫斯科国际关系学院、挪威诺德大学联合设立“国际治理与商务”三方联合硕士课程项目，该项目在2019年正式开始招生。

俄罗斯研究中心每年定期举办一系列重要的高水平国内外学术活动，包括：

1. 自2011年起，俄罗斯研究中心与莫斯科国立高等经济学院互设海外工作室，开展联合研究和教学活动，连续9年（2011—2019年）与莫斯科国立高等经济学院合作在莫斯科举办暑期学校。每年有15位左右的中方研究生受资助前往莫斯科研修。

2. 连续5年（2014—2018年）举办“中俄联合研究院中俄青年学术精英讲习班”，作为中俄人文合作的重要内容，得到时任国务院副总理刘延东同志的批示。

3. 连续举办6届（2010年、2013年、2016年、2017年、2018年、2019年）“瓦尔代”辩论俱乐部中俄论坛。这是当前研讨中俄关系发展的最高规格国际学术会议之一，在国内外具有较大知名度和重要影响力。

4. 连续10年（2010—2019年）举办上海市教委委托项目“上海合作组织成员国和观察员国大学生暑期学校”。每次有30余名上合组织成员国及观察员国的青年学员来华，进行为期一个月的多形式交流活动。

六、学术活动

2020年，俄罗斯研究中心主（承）办的重点学术活动如下：

1. 召开“梅德韦杰夫辞职后的俄罗斯形势研讨会”

2020年1月19日，华东师范大学俄罗斯研究中心召开“梅德韦杰夫辞职后的俄罗斯形势研讨会”。来自外交部欧亚司、北京大学、清华大学、外交学院、复旦大学、上海外国语大学、同济大学、上海国际问题研究院、中共江苏省委党校、华东师范大学的30余位专家学者参加了此次会议。

会议围绕2020年最新俄罗斯国情咨文、俄罗斯政府集体辞职、宪法修改等俄罗斯当前最新的国家政治生态发展走向，从各个角度评估分析俄罗斯的国家发展问题，以及可能对中国带来的影响。与会代表认为，普京的内政外交政策基本上得到俄罗斯各个政治力量支持，尤其是强国富民的目标在社会上有共识，这次政府改组，俄罗斯反应总体平静，新总理人选没有遇到阻力，普京执政团队呈现出日益年轻化、专业化趋势。普京当局的政策取向是求稳定、谋长远，普京第四任期把工作重心转向经济建设，让民众有更多获得感，以及培养俄罗斯在比较长远的一段时期内的经济竞争力，虽说不是一帆风顺，但总体上来说还是向前推进，改革措施均付诸实施。

关于中俄关系，会议认为，俄罗斯对中国发展认可度逐渐提高，积极开展对华合作。无论是从中俄关系内生角度，还是从双方面临的国际环境来看，双方都有进一步加强全面战略协作的需要和可能性，双方的共同利益逐渐增多，这是两国新时代全面战略协作伙伴关系的特点。会议还认为俄罗斯政府改组之后，比较大的可能性还是政策保持延续性。会议由华东师范大学俄罗斯研究中心副主任张昕副教授作总结发言。

2. 召开“新冠肺炎疫情对世界政治经济与国际关系的影响”线上研讨会

2020年4月18日，华东师范大学国际关系与地区发展研究院、华东师范大学俄罗斯研究中心共同主办的“新冠肺炎疫情对世界政治经济与国际关系的影响”线上研讨会在华东师范大学召开，与会专家作了交流发言。中共中央对外联络部原副部长于洪君、中共中央对外联络部原副部长周力、姚培生大使、中国社会科学院政治学所所长张树华研究员、中心副主任张昕、中心副主任刘军、德国慕尼黑大学亚历山大·李普曼教授、中心研究员曲文轶教授、王海燕副研究员、阎德学副研究员参加会议。

3. 举办“新冠肺炎疫情对世界政治经济与国际关系的影响”线上研讨会

2020年5月7日下午，华东师范大学俄罗斯研究中心和俄罗斯智库“瓦尔代”国际辩论俱乐部联合举办网络视频会议，主题为“新冠肺炎的经济效应：全球新形势中的‘一带一路’倡议”。本次网络会议是华东师范大学俄罗斯研究中心与“瓦尔代”俱乐部加强合作的一次新尝试，同时也是“瓦尔代”俱乐部2020年年度研究项目之一“全球民主与国际治理”中的一个环节。

4. 举办“新时代中俄关系的历史方位与时代特征”圆桌会议

2020年7月17日，值《中华人民共和国和俄罗斯联邦北京宣言》发表二十周年之际，教育部人文社科重点研究基地、华东师范大学俄罗斯研究中心举办主题为“新时代中俄关系的历史方位与时代特征”圆桌会议，邀请国内知名专家学者进行研讨。俄罗斯研究中心研究员刘军、贝文力、曲文轶、张昕、郑润宇，青年研究员崔珩、宋羽竹应邀参加此次圆桌会议并作主题发言。

5. 举办第二届全国俄罗斯欧亚青年教师与博士生论坛

2020年12月5—6日，第二届全国俄罗斯欧亚青年教师与博士生论坛在华东师范大学国际关系与地区发展研究院举行。此次论坛由中国俄罗斯东欧中亚学会指导，《俄罗斯研究》编辑部、《俄罗斯东欧中亚研究》编辑部、《俄罗斯学刊》编辑部、北京大学中国政治学研究中心、华东师范大学国际关系与地区发展研究院、华东师范大学俄罗斯研究中心主办，华东师范大学国际关系与地区发展研究院和华东师范大学俄罗斯研究中心承办。本次论坛采取线上和线下相结合的形式，来自中国社会科学院、北京大学、武汉大学、中山大学、山东大学、西安交通大学、北京外国语大学、上海外国语大学、暨南大学、外交学院、北京外国语大学、辽宁大学、黑龙江大学和华东师范大学的50余位学界专家、青年教师和研究生参加。教育部人文社会科学重点研究基地华东师范大学俄罗斯研究中心成员刘军、张昕、阎德学、王海燕、张红、宋羽竹等参加了此次会议。

6. 举办中国世界经济学会俄罗斯经济论坛

2020年12月21日，由中国世界经济学会和教育部人文社科重点研究基地华东师范大学俄罗斯研究中心联合主办的“俄罗斯经济论坛（2020）”，在华东师范大学以线上与线下相结合的方式成功举办。本次会议主题为“新冠大流行背景下的俄罗斯经济”，来自全国的100多位专家学者重点围绕“欧亚国家经济与中国—欧亚经济关系”“中东欧国家经济与中国—中东欧经济关系”“俄罗斯经济”“中俄经济合作”四个专题展开深入交流与对话。中国世界经济学会副会长兼秘书长姚枝仲研究员，中国社会科学院荣誉学部委员陆南泉研究员，以及来自中国社会科学院世界经济与政治研究所、俄罗斯东欧中亚研究所、欧洲研究所、国务院发展研究中心欧亚所、中央财经大学、南开大学、武汉大学、华中师范大学、辽宁大学、黑龙江大学、新疆师范大学、新疆财经大学，以及复旦大学、上海外国语大学、上海政法学院、上海社会科学院、华东师范大学等单位的30多名专家学者们在会议上发表了自己的研究成果。

7. 冯绍雷教授参加“瓦尔代”年会

2020年10月20日，俄罗斯知名智库“瓦尔代”国际辩论俱乐部第十七届年会在莫斯科正式开幕，来自全球的150多位政要、资深学者、社会活动人士、企业家与会。2020年的年会主题是“新冠肺炎疫情的教训与新议程：如何于全球危机中育世界之新机”。本次会议采取线上与线下相结合的方式举办。在为期三天的会议中，与会嘉宾重点围绕国家的作用、世界经济形势、全球政治、科技与人工智能、绿色经济与气候变化等热点与现实问题展开思想碰撞。华东师范大学俄罗斯研究中心主任冯绍雷教授应邀出席本次年会。

七、科研成果

（一）著作

1. 华东师范大学俄罗斯研究中心：《回顾与展望——中俄关系70年大使论坛演讲纪实》（上卷），北京：世界知识出版社，2020年版。

【内容摘要】这是一部客观、公正、理性回顾中俄关系70年历程及展望新时代中俄关系的权威文献。作者均是长期在苏联或俄罗斯及欧亚其他国家担任大使的高级外交官。书中既有全景式的历史描述，也有对若干重大问题、外交案例的深度剖析；既有对中俄关系发展基本史实的再回顾、再思考，也有对正确处理中俄关系基本条件与原则的概括与凝练。这些成果是外交外事官员、学界或智库科研人员研究和处理对俄关系时可资借鉴的珍贵参考资料。

2. 曲文轶：《时空变迁中的上海合作组织》，北京：时事出版社，2020年版。

【内容摘要】该书以上海合作组织扩员和国际大变局为背景，共16位专家学者撰写了12篇文章，详细剖析了上海合作组织扩员后的新发展机遇和前景，上海合作组织国际金融公共产品的供给和跨国移民问题，苏联解体后中亚的一体化进程，中国和上海合作组织成员的投资合作问题，印度和俄罗斯的能源合作，并对俄罗斯、塔吉克斯坦和印度的发展问题进行了研究。

（二）论文

1. 阎德学、华桂萍：《新时代中国外交理论的创新性发展》，《国际问题研究》2020年第2期。

【内容摘要】在中华民族进入伟大复兴的关键历史阶段，从新时期中国外交实践中形成和确立的习近平外交思想，着眼世界百年未有之大变局，深刻把握中国发展的历史方位和世界发展大势，提出一系列新理念新主张新倡议，回答了新时代如何做好对外工作的重大理论和实践问题，形成了人类命运共同体、全球伙伴关系、共建“一带一路”等富有学理性和标识性的新理念，打造出易为全球国际关系理论界所理解和接受的新范畴，对中国和平发展、世界繁荣进步具有重大而深远的意义。

2. 王海燕:《中国与中亚国家共建数字丝绸之路：基础、挑战与路径》,《国际问题研究》2020年第2期。

【内容摘要】中国与中亚国家共建数字丝绸之路对“一带一路”建设和提升中亚国家现代化发展水平意义重大。中亚国家数字经济发展潜力巨大，各国纷纷出台数字经济发展战略，电子商务发展方兴未艾，电子政务能力不断提升，但各国数字经济发展差距较大。中国与中亚国家共建数字丝绸之路有着良好的基础，双方已建立起较为稳定持久的互信关系，都提出了数字经济发展战略，已有多层次合作机制，中亚国家对双方合作的内在动力较强。但双方合作也面临不少挑战，中亚国家数字基础设施建设较为薄弱、数字人才紧缺，网络安全和地缘政治风险亦不断增加。中国和中亚国家可从数字基础设施建设、数字治理、电子商务、数字人才培养等路径入手展开合作，因国施策，共建数字丝绸之路。

3. 王海燕:《中亚国家经济新形势、新举措及前景展望》,《欧亚经济》2020年第2期。

【内容摘要】2019年，受中美贸易冲突升级，全球经济增速放缓以及亚洲贸易和投资走弱，地区经济发展面临的风险不断上升等影响，中亚各国经济增速持续下降，但仍然超过世界和独联体地区平均增速，成为世界经济发展的一大亮点。从全球范围比较，中亚国家经济社会环境仍需改善。中亚各国纷纷调整农业生产结构和政策；中亚各国产业结构多元化趋势明显，各有特色；中亚各国贸易投资发展差异较大。展望未来，中亚国家经济发展将越来越与世界经济同步，进入低增长时代；随着世界局势不确定性的增加，中亚地区经济发展的不确定性也会增加。

4. 何金科:《中亚安全共同体与中亚一体化趋势研究》,《国外理论动态》2020年第1期。

【内容摘要】中亚地区整合主要萌生于苏联解体初期，起初是中亚五个加盟共和国为应对苏联解体冲击而谋求在经济领域实现合作。1994年五国成立中亚经济联盟，自此正式开启地区一体化。2004年，改名后的中亚经济联盟并入俄罗斯主导的欧亚经济共同体，标志着中亚地区整合陷入停滞，五国的发展方向也逐渐发生分歧。然而，五国在上海合作组织框架下的反恐合作却如火如荼地进行，安全领域的合作使五国的互信程度得到加强。中亚五国领导人两次会晤表明，五国有意凭借自身力量解决地区性问题，是五国联合自强、共担地区命运的一种积极表现。五国两次“联手”催生了国家间的政治互信和地区利好形势，有助于五国在地区性事务上实现深度合作，尤其是通过上海合作组织的第三方平台逐渐在安全领域加强共同体建设，推动了中亚一体化向前发展。

5. 张红：《法国的俄苏研究：发展、影响因素及思考》，《国外社会科学》2020年第2期。

【内容摘要】法国对于俄苏研究的兴趣主要缘起于法俄两国之间源远流长的历史联系以及双边的经济往来和战略考量的需要，同时也有来自俄罗斯侨民源自生命体验的大力推动。法国的俄苏研究经历了四个发展阶段：混沌时期（1717—1917年）、萌芽时期（1917—1945年）、发展时期（1945—1991年）、革新和反思时期（1991年至现在）。法俄双边关系、法国俄苏研究机构的发展、理论与方法论的创新、顶尖的俄苏研究专家的引领，共同构成了法国俄苏研究的四个重要推动因素，形成了法国俄苏研究独有的特色。而高校教育体系的僵化、意识形态的限制、区域研究的滞后以及政治学的制约则曾一起牵制了法国俄苏研究的发展。回顾和反思法国的俄苏研究，无疑能为我国的俄苏研究乃至区域研究提供镜鉴和启示。

6. 冯绍雷：《普京执政20年与俄罗斯对外战略新动向》，《当代世界》2020年第4期。

【内容摘要】普京执政20年来，励精图治，在压力和挑战中积聚并提升了强劲的国家力量，获得了民众和精英阶层的持续支持。普京坚持保守主义政治路线，保障了国家统一与大国地位，并坚定不移地抵御霸权，为维护全球与地区稳定作出了贡献；与中国合作为构建睦邻友好的战略协作伙伴关系并推动国际秩序的完善与改革作出了努力。当今，俄罗斯对外政策正在积极探索新的发展和定位。从“大欧洲”走向“大欧亚”，表明俄罗斯对外战略发展重点在统筹兼顾中发生重大转移；从“大三角”转向寻求中、美、俄三方关系的新构架，以及在全球有所选择的拓展中发掘新机遇，说明俄罗斯正在力争实现“和平的支持者、自由选择发展道路的担保者、反对霸权与‘新不结盟运动’的领导者和地球环境的维护者”的目标。

7. 冯绍雷:《中俄欧在欧亚大陆的互动——兼论“一带一路”对三方关系的影响》,《俄罗斯研究》2020年第4期。

【内容摘要】欧盟、欧亚经济联盟、“一带一路”这三种区域进程的历史文化背景不同，意识形态与主导政治观念不同，社会经济发展的水平和速度也不同，但中、俄、欧这三大行为主体也有寻求接近与合作的愿望。推动欧亚大陆三大板块互相接近的动力，不光显著地出自经济领域，还来自国际力量此消彼长的结构变迁，更由于观念形态所出现的深层变化。当然，三大主体间的接近与合作，同时也存在着相当的阻碍和牵制。正是在这样的背景下，“一带一路”倡议凸显出十分重要的现实意义和长远价值。“一带一路”以其各种功能，既可以穿行在欧亚大陆不同的区域体制之间，成为连接各个国家的交往管道；同时也必定会在共同利益之上，经过长时间努力，建立起机制和规则，推动互联互通。在可见的将来，这种目标合宜、小步推进、避免冲突、求同存异、非排他性的建构方式，能够为推进欧亚合作，乃至未来地区与国际秩序构建作出应有的贡献。

8. 宋羽竹:《俄罗斯“长久之国”的构建——从“大书奖”看国家叙事》,《俄罗斯研究》2020年第4期。

【内容摘要】俄罗斯国家文学奖“大书奖”是反映21世纪俄罗斯国家意志的文化现象，文学话语与政治话语之间的呼应，涉及国家发展内生性方面的问题。苏尔科夫在概括普京执政特色时提出的“长久之国”，包含了人民与领袖相互信任、聚合统一的核心内容。本文以“大书奖”批评活动为客体，研究了俄罗斯国家叙事的构建问题。这种构建与政治话语中的国家构建之间相互关联，相互促进。另外，俄罗斯国家的历史文化深度和民族性渊源使得俄罗斯的确有可预见的长久性。

9. 张红:《马克龙政府对俄政策调整与法俄关系》,《国际展望》2020年第6期。

【内容摘要】法国总统马克龙自上任以来始终坚持“戴高乐—密特朗主义”的外交方针，积极调整对俄罗斯政策。在全球事务中，针对涉及俄罗斯的危机，法国在保持与西方阵营立场一致的同时也尽量将各方拉回多边机制。在区域层面，法国与俄罗斯进行选择性接触，避免直接冲撞。在双边关系上，法俄增进经贸关系，重建政治互信，加强社会、文化交流。全球秩序的深刻转型、欧美关系的日渐疏离、区域格局的微妙变化、法国对俄罗斯及法俄关系认知的变化，这些因素是马克龙政府调整对俄政策的动因。但是，俄乌关系、欧盟内部“挺俄”和“反俄”两股势力的较量、美国因素以及俄罗斯的回应将制约法俄关系的发展。法俄关系回暖有利于多极秩序的构建，中国乐见其成。同时，中国可在“一带一路”与欧盟互联互通计划、欧亚经济联盟对接的基础上发展三方合作，并在气候变化、国际公共卫生等领域践行多边主义，积极推进合作。

10. 张红：《法俄重启战略对话与合作：动因及局限》，《国际问题研究》2020年第6期。

【内容摘要】近年来，法国与俄罗斯两国高层互动频繁，重启外交与国防“2+2”战略对话机制，围绕如何增进经济往来及解决地区热点问题加强协调。法国接近俄罗斯，旨在提升其国际影响力、牵制美国的单边主义和建立欧洲的战略自主。俄罗斯改善与法国的关系，旨在缓解经济制裁和政治孤立、推动国内经济转型、抑制美国霸权和推动世界多极化发展。对两国战略关系重启构成制约的主要是美国的钳制、欧盟内部的意见分歧及法俄双边关系不对称等因素。

（三）咨政与启民

2020年，俄罗斯研究中心全体科研人员充分发挥自身的长期积累和优势，紧紧围绕着关乎国家安全与发展的重大问题，积极向中央部门提交多份高质量的咨询报告，其中多篇被中央、国家部委和上海市政府下属各机构采纳，部分报告获得国家领导人的批示，中心成员还积极完成上级政府部门的约稿任务，为我国制定外交政策提供了重要的信息参考。2020年年初新冠肺炎疫情暴发以来，中心积极组织研究骨干撰写“新冠疫情”专题咨政报告，集中向上级部门提交三十余篇专报，其中刘军教授、万青松副研究员的专报获得国家领导批示。

2021年，俄罗斯研究中心将继续大力推进智库建设、学术研究、咨政启民、人才培养等方面的工作，更加积极主动对接服务国家和社会发展需要，继续产出高质量学术研究与咨政服务，努力把中心建成一个国内知名、具有广泛国际影响力、以扎实学术研究为支撑的大学智库型研究机构。

黑龙江大学俄罗斯语言文学与文化研究中心

一、重要沿革

教育部人文社会科学重点研究基地“黑龙江大学俄罗斯语言文学研究中心”成立于2001年；2010年更名为“俄罗斯语言文学与文化研究中心”；2016年9月，黑龙江大学将俄罗斯语言文学与文化研究中心、俄罗斯研究院、《俄罗斯学刊》编辑部、《远东经贸导报（俄文版）》编辑部合并为“俄罗斯研究中心”；2019年6月更名为“俄罗斯语言文学与文化研究中心”。2018年12月5日，黑龙江大学俄罗斯语言文学与文化研究中心获批教育部中俄全面战略协作省部共建协同创新中心；2019年8月获批国家民委“一带一路”国别和区域研究中心。

机构历届负责人：

2000—2008：张家骅，中心主任

2008—2010年：黄忠廉，中心主任

2011年1—4月：薛恩奎，中心主任

2011年4月—2016年5月：孙淑芳，中心主任

2016年5月—2019年4月：李洪儒，中心主任

2020年3月至今：叶其松，中心主任

二、研究方向

俄罗斯语言文学与文化研究中心的研究方向主要包括：中俄关系，中俄

关系史，俄罗斯经济，俄罗斯外交，欧亚地区创新发展与合作，俄罗斯东部问题，俄罗斯文学、宗教哲学、美学与文化，应用语言学（词典学、术语学），俄语语言文学，外国语言学，语言文化比较研究。

三、人员情况

俄罗斯语言文学与文化研究中心现有专职科研人员23人。其中，教授8人，副教授12人，拥有博士学位者19人，其余为硕士。团队中有国家级重点学科带头人3人，省级重点学科带头人和后备带头人2人；博士生导师6人。

四、主办刊物

1.《俄罗斯学刊》：创刊于2011年，是经国家新闻出版总署批准、面向国内外公开出版发行的学术期刊，双月刊。《俄罗斯学刊》立足学术研究，主张创新理论思维，积极推进对俄罗斯历史与现实重大课题的研究，关注对中俄关系的战略性、前沿性问题的研究，反映俄罗斯政治、经济、外交、历史、文化、法律等领域问题的研究成果以及中俄关系全局性及区域性合作问题的研究成果。2014年入选中国社会科学院哲学与社会科学创新工程核心期刊。2018年进入中国人文社会科学期刊AMI扩展版。2020年5月17日，国家哲学社会科学文献中心发布《国家哲学社会科学文献中心学术期刊数据库用户关注度报告（2019）》，《俄罗斯学刊》入选“2019年度政治学学科最受欢迎的20种期刊”，排名第19位。这是《俄罗斯学刊》首次入选国家哲学社会科学文献中心学术期刊数据库最受欢迎期刊。

2.《远东经贸导报》（俄文版）报纸：2005年正式出版，周报4开8版，国内外公开发行。办报宗旨为面向俄罗斯读者说明中国文明、发展、开放的现代新形象，介绍中国深化改革、扩大开放的基本国策，增进俄罗斯人民对中国政治稳定、经济繁荣、人民生活水平不断提高现状的了解，促进两国文化交流和经贸往来，推动中俄睦邻友好、平等信任、互利合作长期稳定的战略协作伙伴关系的发展。

3. 电子期刊《俄罗斯语言文学与文化研究》（季刊）：教育部人文社会科学重点研究基地黑龙江大学俄罗斯语言文学与文化研究中心主办的在线学术期刊（http://www.sinoss.net），创办于2003年，已出版70期。办刊宗旨为促进俄罗斯语言文学与文化的本土化研究，推动我国语言学、文学与文化的建设和发展，反映学术前沿、服务作者和读者。内容为反映普通语言学（含语音学、语法学、语义学、语用学）、语言哲学、术语学、辞典学、翻译学、俄汉语对比、俄罗斯文学与文化、国别和区域研究等研究领域的学术成果，以及国外语言学、文学、文化等领域最新研究成果的译介文章和书评。

五、学术活动

1. 黑龙江大学邀请吴大辉教授作中俄关系专题报告

2019年10月28日下午，新时代高教改革发展政策理论与实践培训班第十五讲在黑龙江大学主楼一楼报告厅开讲。黑龙江大学邀请了清华大学国际关系学系教授、博士生导师吴大辉教授担任本次报告的主讲人。全体校领导、全校中层干部、第六期走进高校全省立法工作人员培训班全体学员、俄语学科全体教师等参加了报告会。黑龙江大学副校长于文秀主持本次报告会。

2. 俄罗斯话剧《拉丽萨》在黑龙江大学精彩上演

为了纪念中俄建交70周年，促进中俄两国文化交流，2019年10月28日晚上，俄罗斯话剧《拉丽萨》哈尔滨首场演出在黑龙江大学音乐厅精彩上演。

3. “你的高傲的美闪闪耀眼”——“俄罗斯文学在中国七十年”庆祝活动在黑龙江大学举行

2019年10月31日晚上，在中华人民共和国成立70周年、中俄建交70年之际，“你的高傲的美闪闪耀眼”——“俄罗斯文学在中国七十年”庆祝活动在黑龙江大学主楼一楼报告厅举行。本次活动由人民文学出版社主办，黑龙江大学俄语学院承办，旨在回顾俄罗斯文学在我国传播的难忘历程，展望中俄人文交流合作的美好未来。俄语学院院长孙超教授主持活动。

4. 刘文飞教授莅临俄语学院讲学

2019年11月1日下午，首都师范大学外国语学院刘文飞教授莅临黑龙江大学俄语学院讲学，为俄语学院师生作了一场精彩的学术讲座——“俄国文学面面观”。讲座由黑龙江大学俄语学院郑永旺教授主持。

5. “学术研究与国家战略讲坛”——俄罗斯语言文学与文化研究中心开展俄罗斯专家系列讲座

2019年11月2—4日，俄罗斯语言文学与文化研究中心邀请了俄罗斯科学院东方学研究所科布杰夫教授、奥尔洛娃教授访问黑龙江大学，为黑龙江大学师生进行了四场精彩的学术讲座。科布杰夫教授讲座主要涵盖三大主题：一是俄罗斯“汉学”发展的历史和现状，二是俄罗斯版《中国通史（十卷本）》的编纂历史和存在问题，三是俄罗斯举办国际汉学学术会议的历史及现状。奥尔洛娃教授介绍了俄罗斯汉学网站的发展情况。围绕以上主题，科布杰夫教授进行了详尽的分析和论述，引发到场师生的浓厚兴趣和深入思考。讲座分别由马蔚云研究员、靳会新研究员和叶其松研究员主持。

6. 俄罗斯东欧中亚研究所李建民教授应邀作学术报告

2019年11月9日上午，中国社会科学院俄罗斯东欧中亚研究所李建民教授应邀到黑龙江大学作题为“西方制裁与俄罗斯对外经济关系调整”的学术讲座。黑龙江大学俄罗斯语言文学与文化研究中心、俄语学院师生参加了报告会，报告会由俄罗斯语言文学与文化研究中心马蔚云研究员主持。

7. 南京大学董晓教授受邀作学术讲座

2019年11月9日，南京大学文学院董晓教授应邀到黑龙江大学作题为“从契诃夫到贝克特：20世纪喜剧精神的深化”的学术讲座。黑龙江大学俄罗斯语言文学与文化研究中心、俄语学院师生参加了讲座，讲座由黑龙江大学俄语学院郑永旺教授主持。

8. 天津外国语大学王铭玉教授应邀作讲座

2019年12月12日上午天津外国语大学王铭玉教授应邀到黑龙江大学作题为“科研及论文写作漫谈”的学术讲座。俄罗斯语言文学与文化研究中心、俄语学院部分师生参加讲座，讲座由黑龙江大学俄罗斯语言文学与文化研究中心叶其松研究员主持。王铭玉教授的讲座主要围绕外语科研的研究方法和学术论文的写作而展开。

9. 上海外国语大学李勤教授应邀作讲座

2019年12月12日，上海外国语大学李勤教授应邀到黑龙江大学作题为“语言研究方法论与汉俄词典创新谈”的学术讲座。讲座由黑龙江大学俄语学院黄东晶教授主持。李勤教授首先介绍了语言研究的基本方法，还以《新时代汉俄大词典》为例，介绍了该词典的编纂过程、学术意义、应用价值和创新之处。

10. 南京师范大学文学院李葆嘉教授应邀作讲座

2019年12月14日，南京师范大学李葆嘉教授应邀到黑龙江大学作题为“西洋汉语文法学三百年：17—19世纪”的学术讲座。讲座由黑龙江大学俄语学院叶其松研究员主持。

11. 黑龙江大学举办“大数据驱动的语言文化创新研究高端论坛”

2020年1月4日，“大数据驱动的语言文化创新研究高端论坛”在黑龙江大学举办，本次论坛由教育部人文社会科学重点研究基地——俄罗斯语言文学与文化研究中心、黑龙江大学俄语学院、黑龙江大学西语学院、黑龙江大学东语学院、黑龙江大学应用外语学院与《外语学刊》编辑部主办，来自教育部语言文字应用研究所、中国社会科学院、全国科学技术名词审定委员会、南京大学、上海外国语大学、复旦大学、华东师范大学、四川大学、广东外语外贸大学、北京航空航天大学等国内高等院校和科研机构的40余位专家学者与会。

12. 黑龙江大学与科大讯飞股份有限公司签署战略合作协议

为推动高校与行业企业协同育人和联合科研，2020年1月6日，黑龙江大学与科大讯飞股份有限公司在科大讯飞合肥总部签署战略合作协议。黑龙江大学副校长严明、科大讯飞副总裁赵翔出席仪式并讲话，严明副校长与科大讯飞黑龙江公司王茵总经理代表双方签约。根据协议，黑龙江大学与科大讯飞股份有限公司将设立一批大数据驱动的语言信息科技项目，希望能不仅在语言文学与文化研究领域取得创新突破，而且在新一代人工智能背景下推动外国语言文学和大数据相关学科专业转型建设发展与复合型人才培养方面取得成效。

13. 中国社会科学院俄罗斯东欧中亚研究所所长孙壮志研究员应邀讲学

2020年1月5日，中国社会科学院俄罗斯东欧中亚研究所所长孙壮志研究员应邀在黑龙江大学作了题为“俄罗斯和欧亚研究的历史和方法”的学术讲座。俄罗斯语言文学与文化研究中心、俄语学院师生参加了此次讲座，本次讲座由中心马蔚云研究员主持。孙壮志研究员介绍了俄罗斯研究的现状，梳理了俄罗斯学学科的历史脉络，对21世纪初我国的俄罗斯研究、“梅普组合”时期的俄罗斯研究以及普京新时期的俄罗斯研究做了详细阐释。他表示虽然俄罗斯问题研究方法多种多样，但最重要的和基本的要求是要大量占有事实，掌握丰富的资料。

14. 中国社会科学院外文所吴晓都研究员应邀作学术讲座

2020年1月5日，中国社会科学院外国文学研究所研究员吴晓都为黑龙江大学师生作了题为“世界文学与普希金”的讲座。黑龙江大学俄语学院院长孙超教授主持讲座。吴晓都教授从世界文学的理念及其缘起、世界文学语境中的普希金、普希金引领俄国文学崛起三个方面论述了世界文学与普希金。

15. 俄罗斯语言文学与文化研究中心“紫丁香”论坛（第一期）成功举行

2020年5月23日，中心成功举行了“云”学术交流会议——“‘紫丁香’论坛（第一期）：语言　文学　文化　问题”，全体科研人员与会。

16. 国立普希金俄语学院M.C.米洛瓦诺娃教授应邀作线上学术报告

2020年5月9日，俄罗斯语言文学与文化研究中心邀请俄罗斯国立普希金俄语学院M.C.米洛瓦诺娃教授作线上学术报告，报告题目为“俄语语法的过渡现象——功能性同音异义问题探析”。来自国内外高校的俄语同行、研究生150余人在线参加此次学术报告会。报告会由中心主任叶其松研究员主持。

17. 复旦大学冯玉军教授应邀作线上学术报告

2020年5月30日，黑龙江大学俄罗斯语言文学与文化研究中心、中俄全面战略协作省部共建协同创新中心邀请复旦大学国际问题研究院副院长、俄罗斯中亚研究中心主任、博士生导师冯玉军老师作题为“国际大变局下的中俄关系”的学术讲座。校内外160多人参加了此次讲座。

18. 清华大学吴大辉教授应邀作线上学术报告

2020年6月17日下午，应黑龙江大学俄语学部邀请，清华大学俄罗斯研究院副院长、国际关系学系教授、博士生导师、黑龙江大学中俄全面战略协作省部共建协同创新中心首席专家吴大辉教授作了题为“新冠疫情下的世界与中国”学术讲座，讲座以视频会议方式进行。

19. 北京大学张冰教授作线上学术报告

2020年6月24日，应俄罗斯语言文学与文化研究中心邀请，北京大学俄罗斯文化研究所研究员、北京大学出版社外语部主任张冰教授在腾讯会议平台作了题为“俄罗斯知识分子眼中的中国文化典籍”的在线学术讲座，来自国内外俄语学界、汉语学界、英语学界的专家、学生约270人参加。会议由中心主任叶其松研究员主持。

20. 浙江大学周启超教授作线上学术报告

2020年6月29日，应黑龙江大学俄罗斯语言文学与文化研究中心邀请，浙江大学人文学院“文科领军学者”、博士生导师周启超教授在腾讯会议平台作了题为“现代斯拉夫文论核心理念的学术价值与现实意义”的在线学术讲座，来自国内外俄语学界、英语学界、汉语学界的专家、学生约250人参加会议。报告由中心刘锟研究员主持。

21. 中俄科技创新年黑龙江大学系列学术活动启动

由黑龙江省科学技术厅和黑龙江大学主办的“中俄科技创新年黑龙江大学系列学术活动”于2020年8月29日以“线下+线上直播”的方式启动。黑龙江省科技厅厅长张长斌、省水利厅一级巡视员王铁、黑龙江大学校长付宏刚、副校长于文秀等出席启动仪式并致辞。黑龙江大学副校长严明主持启动仪式。启动仪式上同时举办了“中蒙俄寒区水利工程建设与水资源高效利用培训班”开幕式。为期20天的培训班通过线上学术讲座、课程培训、习题研讨等形式进行，共5000余人次通过直播和回放参与培训。

22. 中国社会科学院程亦军研究员作线上学术报告

2020年7月8日下午，应黑龙江大学俄语学部邀请，中国社会科学院俄罗斯东欧中亚研究所研究员、博士生导师程亦军作了题为“逆全球化浪潮与中俄经贸合作”的学术讲座，讲座以视频会议方式进行。讲座由黑龙江大学俄罗斯语言文学与文化研究中心博士生导师马蔚云研究员主持，共有150余名师生通过网络聆听讲座。

23. 中国科学院自动化研究所宗成庆研究员作线上学术报告

2020年7月17日下午，应黑龙江大学俄罗斯语言文学与文化研究中心邀请，中国科学院自动化研究所研究员、博士生导师宗成庆在腾讯会议平台作了题为“基于网络大数据的语言资源建设”的在线学术讲座，来自国内各高校的专家、学生约130人参加此次线上学术报告。报告由黑龙江省“头雁”团队首席专家易绵竹教授主持。

24. 黑龙江大学举办“第二届新时代中俄全面战略协作高层论坛”

2020年11月21日，由黑龙江大学俄罗斯语言文学与文化研究中心、中俄全面战略协作省部共建协同创新中心主办的“第二届新时代中俄全面战略协作高层论坛”在北京举行。论坛主题为“中俄关系：新时代、新内涵”，来自国务院发展研究中心、国家安全部、中国社会科学院、清华大学、新华社世界问题研究中心、中国人民解放军战略支援部队信息工程大学、黑龙江省社会科学院、中国知网和黑龙江大学的30余位专家学者参加了本次高端论坛。在开幕式上，黑龙江大学党委书记王永清致欢迎辞。黑龙江大学中俄全面战略协作省部共建协同创新中心学术委员会会议于当天下午举行。王永清书记为中心学术顾问、学术委员会委员、首席专家颁发聘书。

25. 黑龙江大学举行国家社科基金重大项目“新华现汉俄译工程”开题报告会

2020年10月17日，国家社科基金重大项目“新华现汉俄译工程”开题报告会在黑龙江大学举行。黑龙江大学于文秀副校长指出“新华现汉俄语工程”是黑龙江大学俄语学科第二个国家社科基金重大项目，此项目的开展对词典学、汉字文化传播、翻译实践研究具有重要支撑作用，是很好的科研增长点，对俄语学科的发展具有重要意义，学校将对项目的顺利推进予以全力支持和保障。

26. 俄罗斯语言文学与文化研究中心主办2020年海关总署高级俄语翻译培训班

受海关总署委托，2020年海关总署高级俄语翻译培训班开班仪式于2020年10月12—31日在黑龙江大学举行。本届培训班由黑龙江大学俄罗斯语言文学与文化研究中心和继续教育学院共同主办，来自全国海关系统的20余名学员参加了培训。

27. 北京师范大学张百春教授应邀作学术讲座

2020年10月11日，北京大学哲学学院教授、博士生导师张百春教授应邀来到黑龙江大学作题为“俄语和俄罗斯思想”的学术讲座。张百春教授从五个方面传授学好俄语的方法，还就“俄罗斯思想”展开论述。报告由中心刘锟研究员主持，俄语学部、外语学科100余名师生聆听了讲座。

28. 中国社会科学院邢广程研究员应邀讲学

2020年10月11日，中国社会科学院中国边疆学研究所所长、学部委员邢广程研究员受邀到黑龙江大学作题为“俄罗斯：‘谜中之谜’”的学术讲座。报告由黑龙江大学俄语学院副院长关秀娟教授主持，俄语学部、外语学科100余名师生聆听了讲座。邢广程教授从历史、文化、民族特性、俄罗斯与世界的关系等层面对俄罗斯进行解读。

29. 苏州大学赵爱国教授应邀作学术讲座

2020年10月17日，苏州大学外国语学院俄文系主任、博士生导师赵爱国教授受邀为黑龙江大学师生作题为“俄语文化关键词”的学术讲座。讲座由黑龙江大学俄语学院副院长关秀娟教授主持，俄语学部、外语学科100余名师生聆听了讲座。

30. 中国人民解放军战略支援部队信息工程大学陈勇教授应邀作讲座

2020年10月17日，中国人民解放军战略支援部队信息工程大学博士生导师、《解放军外国语学报》主编陈勇教授应邀到黑龙江大学作题为“论文写作规范”的学术讲座。讲座由黑龙江大学俄语学院党总支书记黄东晶教授主持，俄语学部、外语学科100余名师生聆听了讲座。

31. 中国人民解放军战略支援部队信息工程大学熊友奇教授应邀到俄罗斯语言文学与文化研究中心作学术讲座

2020年10月18日上午，战略支援部队信息工程大学洛阳校区俄罗斯中亚西亚系主任熊友奇教授应邀到黑龙江大学作题为“俄语拟声词的功能及汉译”的学术讲座。讲座由黑龙江大学俄语学院副院长关秀娟教授主持，俄语学部、外语学科100余名师生聆听了讲座。

32. 俄罗斯远东联邦大学别斯佐夫教授应邀作线上学术报告

2020年10月31日，俄罗斯远东联邦大学东方学院教授别斯佐夫受俄罗斯语言文学与文化研究中心邀请以“云”讲座形式与黑龙江大学校内外近80名师生就“俄中伙伴关系：机遇、制约因素、发展前景”进行交流研讨。

33. 广东外语外贸大学黄忠廉教授应邀到俄罗斯语言文学与文化研究中心作讲座

2020年12月13日上午，广东外语外贸大学博士生导师、国家社科基金重大项目首席专家黄忠廉教授来中心作题为“外语论文点子——影响轨迹论”的专题学术讲座。讲座由中心主任叶其松研究员主持，俄语学部、外语学科100余名师生聆听了讲座。

34. 乌克兰Helvetica出版社和乌克兰汉学家协会向乌克兰研究中心赠送图书

2020年12月15日下午，乌克兰Helvetica出版社与乌克兰汉学家协会向俄罗斯语言文学与文化研究中心乌克兰研究中心进行线上赠书。乌方对此次赠书活动非常重视，精心挑选了乌克兰学者的学术新作，作品内容涉及语言、历史、政治、经济、哲学、社会学等诸多领域。俄罗斯语言文学与文化研究中心出席此次赠书活动的有中心主任叶其松研究员、沈莉华教授、李秀蛟副研究员和徐睿老师。赠书仪式上，乌克兰研究中心主任沈莉华教授代表黑龙江大学向乌方表示感谢，并展示了乌克兰研究中心近几年取得的主要科研成果。乌克兰汉学家协会主席基克坚科表示，此次活动不仅能够促进乌克兰研究在中国的发展，也将推动中乌两国在人文领域的友好合作。乌克兰Helvetica出版社社长戈洛夫科介绍了出版社与中国开展合作的情况，并表达了与黑龙江大学乌克兰研究中心进一步发展友好合作关系的愿望。

35. 第十三届全国高校俄语大赛在黑龙江大学举办

2020年12月24—25日，由教育部国际交流与合作司主办，黑龙江大学承办，福建亿学教育科技集团有限公司、东北网协办的第十三届全国高校俄语大赛在黑龙江大学举办。全国高校俄语大赛是中俄“国家年”“语言年”活动教育领域五大机制化项目之一，为选手们展示俄语语言技能以及对俄罗斯文化、历史的了解提供平台。大赛吸引了全国各地151所高校的392名选手参加。大赛共分为初赛、复赛和决赛三部分，设低年级组、高年级组和研究生组三个组别。由于疫情防控需要，大赛初赛于10月10日采取线上模式进行。

复赛和决赛部分于10月24日、25日举办，通过决赛角逐，并按照初赛、复赛和决赛在总成绩中的权重累计决出一、二、三等奖和优胜奖。

六、科研成果

（一）著作

1. 俄罗斯语言文学与文化研究中心服务国家“一带一路”建设智库系列成果“‘一带一路’国别概览　原苏联加盟共和国”共15卷，至2020年已由大连海事大学全部出版。

2. 金亚娜:《对未来的回忆——俄罗斯文学与文化论集》，黑龙江大学出版社，2020年版。

【内容摘要】本书汇集了俄罗斯语言文学与文化研究中心金亚娜教授十余年来发表的21篇论文，内容涉及俄罗斯人文文化、哲学、美学、宗教、文学及艺术等诸多领域。本书内容还包括作者在国内学界率先介绍和评论俄国白银时代文化和唯心主义哲学的部分文章。

3. 靳铭吉:《俄汉语词汇语义与交际结构的对比研究》，科学出版社，2020年版。

【内容摘要】全书是国家社会科学基金青年项目结项成果。该书以词汇的语义研究为出发点，以词汇的交际功能为落脚点，对部分俄语和汉语副词、动词、名词、语气词的词汇语义特征进行分析，进而证明这些词在句中倾向于充当主位（话题）、述位（述题）或主述位标记词，由此建立起词汇语义与语句交际结构之间的关系，即词汇语义会影响或制约语句的交际结构。

4. 潘晓伟:《俄国远东地区中国人活动史（1860—1917）》，中国社会科学出版社，2020年版。

【内容摘要】全书通过对帝俄时代中国人在俄国远东种植、工商、采金、交通运输、渔猎采集等领域的活动以及俄国对其政策的阐述，力求还原帝俄时代中国人在俄国远东地区移民史，并揭示出俄国政府对其政策演变及其成因。在以上研究的基础上，探寻帝俄时代俄国远东地区的中国人与远东社会经济发展的关系以及他们在当时俄国了解中国、感知中国形象中发挥的作用。

（二）论文

1. 姜振军:《中俄蒙共同建设国际跨境运输走廊问题研究》,《北方经济》2019年第7期。

【内容摘要】2016年俄罗斯政府批准的《“滨海—1号”和“滨海—2号”国际跨境运输走廊规划纲要》中，对中俄共同建设“滨海—1号”和“滨海—2号”提出了详尽的规划设计方案：线路、货源、运量等。在此基础上，我们设计了中俄蒙共同建设“滨海—1号”和“滨海—2号”国际跨境运输走廊的线路、环境、模式、货源及建设思路等。中俄蒙共同建设国际跨境运输走廊不仅对三方基础设施互联互通具有重要意义，而且对东北亚地区，乃至亚太地区的经济社会发展产生着相当大的影响。

2. 彭玉海:《俄语动词隐喻义变的多向位分析》,《外文研究》2019年第4期。

【内容摘要】语言认知语义同句法语义、交际语义是一个互促互进的综合体，这在俄语动词隐喻义变及其语义实现中有着深刻的反映。建立动词隐喻义位的语义、交际、句法多维度分析方法和理论架构，以俄语动词“падать”为例，从题元结构变异、交际语义功能转换、非常规语法属性以及词汇—句法转换等四个方面对其隐喻义变展开个案分析，从多维解析和刻画的角度深入挖掘动词隐喻认知的语义实现机制和相应交际—句法语义变异特点，拓宽俄语动词多义句法语义整合研究的理论视野和分析思路、推进语言认知和句法语义、词汇语义的界面理论研究。

3. 彭玉海:《称名的价值意向探析》,《中国俄语教学》2019年第4期。

【内容摘要】称名是一种基本而核心的语言行为方式和表义手段，其信息载蓄功能和语义构成同价值意向性具有不可分割的联系。从称名的价值意向动因、价值意向功能对称名问题进行多维分析和探究，从认知价值意向和情态语义方面进入思想表达的主观现实认识层面，并由此通达语言表达所对应的思想、意念和情感、精神现实；通过对称名的价值意向分析可以发掘出语言思维中的价值意识和认知表现潜势对自然语言所具有的特殊语义驱动力，价值意向是称名（功能）的深层语言实质和本体性的概念语义生发点与操作端，而称名的价值意向特质决定它本身即构成语言世界图景的重要组成部分和表现形式。

4. 彭玉海：《动词多义义位的组合特征分析》，《外国语言文学》2019年第6期。

【内容摘要】动词多义是自然语言中极为普遍、典型的词汇语义和认知语义现象。以认知语义衍生的动词多义性为分析焦点，对动词隐喻所产生的多义义位即动词隐喻义位进行研究，从动词配价（题元）结构、题元次语义属性方面，对动词隐喻认知多义义位在组合形式，同时也是从多义义位的句法行为和界面特征进行考察，可以发现动词多义背后丰富的语义功能表征。

5. 彭玉海：《动词隐喻义位的组合形式性能》，《外国语文》2019年第6期。

【内容摘要】动词隐喻语义衍生会产生大量新的义位，由于动词语义决定着其句法表现，进入语言运作过程中，这些衍生而来的不同语义会有形式句法上的规律性映射，由此形成动词多义义位相应不同的组合形式性能。该句法组合性能差异有多方面内容和表现，从题元语义功能和动词兼容共现特征这两个方面，对动词隐喻的多义义位所涉及的组合形式表征研究，进而充分展现动词题元特性和句法扩展方式、扩展性形式检测语在其语义区分、语义描写中的特殊作用和价值，印证了动词隐喻义变所蕴含的形式、语义内在机制。

6. 刘锟：《论洛谢夫的神话哲学与美学思想》，《俄罗斯文艺》2020年第1期。

【内容摘要】作为俄罗斯文化白银时代最后一位伟大的哲学家和思想家，洛谢夫的美学思想与其在整个人文领域的探索路径一脉相承，即立足于现象学辩证法的视角，体现为立体多维的特征。古希腊及现代西方哲学中的相关概念，如数、名谓、艺术、象征在他立体复杂而完整的思想体系中生发出新的本质内涵，焕发出新的光辉，而神话是其美学理论思辨的基础和核心。

7.〔俄〕B.H.卡卢茨科夫：《文化地理学视角下的俄罗斯》，李传勋（译），《俄罗斯学刊》2020年第1期。

【内容摘要】俄罗斯民族、语言和宗教信仰的特殊性与其广博的文化地理空间有较大的关系。在文化地理学视域下，可将俄罗斯划分为12个文化地理大区，每个大区的文化、生态和经济资源不同，在民族、语言和宗教信仰方面表现出的特征也各有差异。俄罗斯空间最重要的属性包括完整性、向心性、多标准性。俄国文化空间的完整性是指，作为国家的历史核心使用了“俄罗斯的”这个形容词；向心性属性可以认为是俄国空间组成中的基本属性之一，其空间的中心则是莫斯科；多标准属性是指在分出大的文化地理区域时使用了（历史国家文化空间形成史）标准和民族文化标准。在文化地理方面俄罗斯与中国有许多共同点，民族、语言和宗教的多样性是俄罗斯也是中国文化空间的重要属性。因此，像“一带一路”这样大规模的项目，就不仅应当考虑各国和各地区经济和基础设施的现实情况，而且要考虑各国和各地区的文化特点。

8. 李秀姣:《俄罗斯发展有机农业与中俄在该领域合作前景初探》,《北方园艺》2020年第2期。

【内容摘要】俄罗斯幅员辽阔，土地肥沃，农业发展的自然基础条件得天独厚。乌克兰危机爆发后，在西方制裁不断加码的背景下，俄罗斯农业发展势头相当迅猛，小麦等农产品出口屡创新高，这与经济整体低迷的形势形成了强烈反差。然而，目前俄罗斯市场上90%的有机农产品仍来自进口。近10年来，俄罗斯有机农业发展已经十分迅速，但与欧美国家相比，尚处于发展的初级阶段。俄罗斯领导层多次呼吁发展有机农业，并准备加大国家扶持和监管力度。在国家层面的大力助推之下，俄罗斯有机农业面临广阔的发展前景。考虑到“一带一路”倡议与欧亚经济联盟对接合作的难得机遇，中俄在有机农业领域的合作具有很大潜力，这将为中俄农业及经贸合作提供更广阔的发展空间。

9. 李淑华、所铃峰:《俄罗斯媒体对中国留学生的认知与中国在俄留学生适应性研究》,《知与行》2020年第2期。

【内容摘要】中俄留学生教育合作始于20世纪50年代，进入21世纪随着两国政治、经济交往不断扩大，中俄国家年、中俄博览会、中俄媒体交流年、中俄“青年友好交流年”等活动的展开，尤其是“一带一路”倡议的提出更加深了中国与俄罗斯在高等教育领域的交流与合作。俄罗斯作为中国的友好邻邦，一直以来都是中国学生留学地点的重要选择。俄罗斯高等教育水平比较高，同时留学费用较低，满足了中国很多工薪阶层子女出国留学的梦想，因此越来越多的中国学生选择到俄罗斯留学。目前，在俄罗斯的中国留学生已成为一个庞大的社会群体，中国已经成为俄罗斯第二大留学生来源国。数据表明，在俄罗斯高校的中国留学生虽然普遍适应俄罗斯生活，但由于文化差异的存在以及语言学习能力的不同，导致部分留学生在生活以及与外国人进行深层语言交际方面仍存在诸多问题。本文认为采取一些有力的应对策略，以期在改善俄罗斯高校中国留学生适应状况方面提供一定借鉴。

10. 叶其松：《“新型冠状病毒”命名的术语学思考》，《中国科技术语》2020年第3期。

【内容摘要】术语集和系统术语集是科学语言的两个功能性子系统，作为系统术语集要素的名称需要借助术语或属概念名称进入学科概念系统之中，名称的命名需要找到所指称概念在相应概念系统中的位置，进行跨学科和跨语种的协调，尽量采用中立的语词。随着新名称在科学语言、日常语言的传播，它们都将归为统一。以术语学理论为出发点，对“新型冠状病毒”的命名过程展开分析，发现，科学命名的最终结果难以改变“新型冠状病毒”被大众接受的现状。

11. 滕仁：《王季愚一流外语人才培养的思想与实践》，《黑龙江教育（理论与实践）》2020年第6期。

【内容摘要】王季愚先生是我国著名的人民教育家和外语教育家，其教育思想及办学实践为我国外语教学和一流外语人才培养积累了宝贵的经验。王季愚很早就发现了我国传统外语教学模式存在的问题，并提出了针对性的建议，为俄语教育事业指出了新的发展方向。对王季愚在外语一流人才培养方面的探索和成功经验进行反思总结和科学借鉴有着重要的理论和现实意义。

12. 刘丽芬：《“公示语”定名理据及概念重识》，《中国外语》2020年第2期。

【内容摘要】“公示语”在汉语、英语、俄语等语言中有多种名称，探讨各名称间的关系，采用“公示语”的理据性，认为该术语目前比较适切，可更清楚地了解各个名称的差异，规范术语的使用；以“属+种差”规范分析十几种既有定义，能更科学地重新界定其内涵，明确其外延。

13. 刘丽芬、潘盈汕:《语言景观俄译失调因子分析》,《中国翻译》2020年第2期。

【内容摘要】基于实地拍摄的图片，从翻译空间和谐理论视角考察三亚市俄语景观的译写生态。结果表明，三亚语言景观俄语译写与原文或与译语大多失调，表现为书写、词法、句法、词汇乃至文化等方面失调。分析译文失调原因及其后果，重构和谐译文，为构建和谐俄语翻译提供借鉴，为整饬与规范语言景观俄语译写提供依据。

14. 田刚健:《俄罗斯文学现实品格的当代回响》,《中国社会科学报》2020年10月26日。

【内容摘要】以“黄金时代”为代表的俄罗斯文学，因济世救民的责任伦理、上下求索的进取精神、自我牺牲的人文关怀和崇高伟岸的爱国主义，形成了与欧美文学截然不同的深沉厚重的现实品格，并对世界文学产生了深远影响。进入21世纪，虽然俄罗斯文学的生产环境发生了变化，但深植于俄罗斯作家内心的民族精神代言者和国家命运探求者的角色定位却始终未曾改变。他们汲取民族文学经典资源，以各自独特的审美思维和文学视角关注俄罗斯人民的生存现状，在创作中体现出浓厚的现实品格。

15. 关秀娟:《国际专业认证优化中国外语专业建设》,《中国社会科学报》2020年8月4日。

【内容摘要】专业认证是对专业人才培养质量实施的一种外部评价，由专门性教育评估认证机构依照认证标准实施。学生中心、产出导向、持续改进是专业认证的核心理念，以学生为中心是出发点和落脚点，产出导向是教学设计和达成评价的依据，持续改进机制则是不断提高人才培养质量的保障和认证的核心目标。作为规范引导专业建设的战略举措，专业认证对于全面提高人才培养质量、推进教师教育内涵式发展具有重要意义。黑龙江大学俄语专业是首批通过中俄联合国际专业认证的外语类专业，其有益探索与实践必将为国内其他高校专业认证提供参考和借鉴。

16. 于学斌:《俄侨文献：20世纪上半叶的中国记忆》,《中国社会科学报》2020年7月27日。

【内容摘要】20世纪上半叶，俄罗斯侨民在中国的侨居地主要分布在中东铁路沿线城镇以及上海、天津等地，以哈尔滨居多。他们在中国建立出版机构、创办刊物杂志、发表文章、出版著作。据统计，1898—1945年，俄侨仅在哈尔滨出版的杂志就有350种，书籍2万多册。除了正式出版物外，还有大量非正式出版物。目前这些文献收藏在各图书馆、博物馆等机构以及个人收藏者手中。俄侨文献有俄、汉、英等不同文种，体裁、题材多种多样，内容庞杂，包含1898—1945年政治、经济、文化、教育、考古、民族、外交、民俗等多方面的内容。

17. 孙秋花:《隐喻思维理解之点式机制研究》,《外文研究》2020年第3期。

【内容摘要】隐喻思维理解过程是隐喻翻译的前奏。点式隐喻指的是隐喻建构中只出现标域，源域和相似性被隐藏；或只出现源域，标域和相似性被隐藏。这两种情况的表现形式多集中在词、短语、小句中的某个词上，或少数也表现在某个短语上，呈现点式。根据源语隐喻只出现标域或源域两种模式，推导出4种隐喻思维理解的点式机制。

18. 黄东晶:《俄语拔尖人才培养模式探索与实践》,《中国高等教育》2020年第9期。

【内容摘要】面对我国高等教育改革的新形势，黑龙江大学俄语教学探索出“一个目标，两个载体，三种模式”的全新体系；在教学方法上形成了“精讲多练”的特色和风格，通过“一制三化四结合”等方式开展系列改革尝试，对提高俄语教师的整体教学水平发挥了积极作用。

19. 叶其松:《英美学习词典与俄罗斯积极词典比较研究》,《鲁东大学学报》（哲学社会科学版）2020年第5期。

【内容摘要】学习词典与积极词典都是为语言使用服务的教学词典，两者有不少共同之处。但是，在英美词典学传统和俄罗斯词典学传统中发展而来的上述两类词典在编纂理念、描写的广度和深度、释义元语言等方面存在显著差异。了解学习词典与积极词典的异同有助于我国教学词典博采众家之长，推动我国教学词典学理论的发展。

（三）咨询报告

沈莉华、马蔚云、滕仁、李秀蛟、姜振军、葛新蓉、刘阳、叶其松、宫楠、戚文海等撰写的17份智库成果被中宣部、教育部国际交流与合作司、黑龙江省委、黑龙江省政府、国家计算机网络应急技术处理协调中心黑龙江分中心、黑龙江省委网信办、同济大学全球治理与发展研究院、大国策智库等采纳。

（四）科研项目

立项

1. 张春新申报的课题“俄罗斯词典编纂史研究”获批为2019年度国家社会科学基金一般项目，项目批准号：19BYY208。

2. 陈雪申报的课题“中国传统文化术语俄译研究”获批为全国科学技术名词审定委员会“十三五”科研规划2019年度科研一般项目，项目批准号：YB2019019。

3. 靳会新申报的“‘一带一路’视域下中俄高等教育合作”获批为“一带一路”教育国际合作2019年度专项研究重点课题（课题批准号：19YDYL05）。

4. 陈雪申报的“汉俄英源外来术语本土化及文化认同对比研究”获批为国家社会科学基金一般项目（课题批准号：20BYY220）。

5. 马蔚云、滕仁特聘为国家社科基金重大项目“中俄关系通史”子课题负责人。

6. 于文秀主持的“俄罗斯汉学研究现状与中国现当代文学在俄罗斯的译介传播研究”获教育部批准立项（编号：20JJD740001）。

7. 姜振军“中俄教育合作交流发展战略研究”（编号：JWRW20-FB025）获教育部2020年度中外人文交流专项研究课题。

8. 李淑华“中俄人文交流机制建设研究”（编号：JWRW20-FB002）获教育部2020年度中外人文交流专项研究课题。

结项

1. 国家社科基金重大项目“俄罗斯《语言学大百科词典》翻译工程”（项目编号：11&ZD131）结项，鉴定结果为“优秀”。

“俄罗斯《语言学大百科词典》翻译工程”于2011年11月立项，共有来自全国各高校俄语专业的30余名优秀人才参与其中，项目历时9年，最终成果达350万字。该项目最终成果译自俄罗斯《语言学大百科词典》（增订版），俄罗斯大百科全书出版社，2002年版。词典由苏联科学院语言学研究所主持，是俄罗斯有史以来第一部以普通语言学问题为专门描写对象的大型百科词典。项目最终成果的完成将为我国语言学研究提供新的视角，为“一带一路”建设、构建人类命运共同体的伟大事业增添一部案头参考文献。

2. 李淑华副研究员主持的国家社会科学基金一般项目“苏联传媒体制研究”（项目编号：15BXW007）结项。

3. 信娜副研究员主持的国家社会科学基金青年项目“中华文化关键词俄译的语料库实证研究”（项目编号：15CYY051）结项。

4. 姜振军研究员主持的国家社会科学基金一般项目“中俄共同保障粮食安全问题研究”（批准号：14BGJ015）结项。

5. 于晓丽主持的国家社会科学基金一般项目“后苏联空间国际人口迁移问题研究”（批准号：13BRK014）结项。

6. 戚文海主持的黑龙江省哲学社会科学研究规划专项项目“转型深化中创新驱动发展的国家治理体系研究”（批准号：14D014）结项。

7. 戚文海主持的黑龙江省哲学社会科学研究规划智库项目“我省加快推进‘一带一路’建设投资贸易自由化便利化研究”（批准号：18ZK019）结项。

8. 戚文海主持的黑龙江省哲学社会科学研究规划项目——黑龙江省委十二届六次全会精神专题项目“中国黑龙江自贸试验区创新发展对策研究”（批准号：19GJH052）结项。

9. 张立才主持的黑龙江省哲学社会科学研究规划项目“现代性视域中的文化转型”（批准号：17ZXD258）结项。

10. 邓军主持的教育部人文社会科学重点研究基地重大项目“俄汉新时代教学词典的理论与实践研究”（批准号：08JJD740054）结项。

11. 张政文主持的国家社会科学基金重大项目“当代俄罗斯文艺形势与未来发展研究”（批准号：13&ZD126）结项。

辽宁大学转型国家经济政治研究中心

一、重要沿革

辽宁大学转型国家经济政治研究中心作为辽宁大学唯一的教育部人文社会科学重点研究基地，成立于2001年9月1日。其前身为比较经济体制研究中心，2010年12月30日经教育部批准更名。2020年当选为中国俄罗斯东欧中亚学会常务理事单位。研究中心的主要研究方向为俄罗斯、中亚及中东欧国家经济政治转轨历程的实证分析和比较研究。

二、人员情况

转型国家经济政治中心作为辽宁大学党委直接领导下的院级科研实体单位，设立专门的学术委员会，设置主任、副主任、办公室主任、基地秘书4个管理岗位。现有专职研究人员32人，其中高级职称25人，中级职称7人。

三、学术活动

（一）主办学术会议

2019年10月24日，由辽宁大学和中国社会科学院俄罗斯东欧中亚研究所主办，辽宁大学转型国家经济政治研究中心、《俄罗斯东欧中亚研究》编辑部和《欧亚经济》编辑部承办，辽宁大学俄罗斯东欧中亚研究中心、波罗的海国家研究中心和中国社会科学院俄罗斯研究中心协办的“2019转型国家经济政治论坛”在沈阳举办。来自中国社会科学院、辽宁省社会科学院、吉林省社会科学院、黑龙江省社会科学院、辽宁大学、武汉大学、中国人民大学等22家机构的共计50余名学者和博士硕士研究生参加会议，大家围绕“俄罗斯宏观经济形势”“能源及北极问题”“中俄经贸合作与‘一带一路’”和“欧亚经济研究选题和方法论”四个议题作了专题发言和讨论。辽宁大学转型国家经济政治研究中心副主任崔铮主持会议开幕式，辽宁大学原党委书记、校长程伟教授和中国社会科学院东欧中亚研究所所长孙壮志研究员在开幕式致辞。

2020年5月31日，辽宁大学转型国家经济政治研究中心与四川外国语大学金砖国家研究院联合举办“后疫情时期金砖国家进一步深化合作的路径与方式”线上学术研讨会。中心副主任崔铮、专职研究员殷红教授、李永涛副教授、孔桥雨博士、尹如玉博士、国际关系学院硕士生杨越茗、四川外国语大学特聘教授江时学教授、四川外国语大学金砖国家研究院对外关系研究所所长朱天祥副教授、金砖国家研究院人文交流研究所所长张庆副教授、金砖国家研究院经贸投资研究所所长谌华侨副教授等分别从多角度围绕“后疫情”时期金砖国家合作发展进行了交流发言。

（二）参加学术交流

2019年9月20日，教育部人文社会科学重点研究基地管理会议在武汉大学举行，部分省市教育工作主管部门同志、部分高校分管社科部门同志和部分高校人文社科重点研究基地主任参加了会议。教育部社科司司长刘贵芹、副司长谭方正参加了会议，并就二十年基地建设成就、新时代基地面临的新形势和新任务及未来基地建设发展等方面发表了重要讲话。辽东大学杨松副校长、转型国家经济政治研究中心崔铮副主任参加上述会议。杨松副校长代表第一讨论组，就《教育部人文社会科学重点研究基地管理办法（修订稿）》作了总结发言。

2019年9月25日，四川外国语大学金砖国家研究院代表团一行四人到转型国家经济政治研究中心调研交流。双方就智库建设、金砖国家政治安全、经贸合作、人文交流、中俄人文科技合作前景等问题进行了深入交流。

2019年11月27—28日，“中国俄罗斯东欧中亚学会会员大会暨第十一届俄罗斯东欧中亚与世界高层论坛”于北京师范大学珠海校区隆重召开。本次会议由中国俄罗斯东欧中亚学会、北京师范大学、中国社会科学院俄罗斯东欧中亚研究所主办，教育部区域和国别研究基地北京师范大学俄罗斯研究中心、中国社会科学院“一带一路”研究中心、中俄教育类高校联盟承办，中信改革发展研究基金会中俄战略协作中心支持。130余名俄罗斯东欧中亚领域研究学者参加了大会，并对2019年俄罗斯东欧中亚地区的政治、经济、外交等方面的热点问题作了详细报告和讨论。转型国家经济政治研究中心学术委员会主任程伟教授、中心副主任崔铮和殷红教授受邀参会。程伟教授当选“第九届中国俄罗斯东欧中亚学会”副会长，崔铮副教授和殷红教授当选学会理事。

2019年10月30—31日，新西伯利亚国立技术大学孔子学院举办了第四届“俄罗斯—中国双边合作与区域交流”国际学术研讨会。会议以中华人民共和国成立70周年和中俄建交70年为契机，在孔子学院总部和新西伯利亚州政府的大力支持下召开。此次会议共有来自包括辽宁大学、圣彼得堡国立大学、新西伯利亚大学、新西伯利亚国立技术大学等20余所高校的50多位专家学者出席。转型国家经济政治研究中心副主任崔铮、殷红教授及孔桥雨助理研究员受邀参加了“俄罗斯—中国双边合作与区域交流”的全体会议及“中俄合作：现状与前景”的第一分论坛，并分别作了题为“新时代中俄关系全面战略协作伙伴关系的政治经济学分析”“远东地区发展新模式与中俄区域经济合作”“核威慑的问题与中俄战略稳定合作”的发言。

2019年12月29—30日，全国高校国别和区域研究2019年学术年会在上海外国语大学松江校区召开。这是教育部自2011年启动国别和区域研究工作以来的第一次全国性学术年会，来自全国158所高校400多家国别和区域研究中心的负责人及专家学者参会。教育部国际合作与交流司司长、港澳台办主任刘锦出席年会并讲话。刘锦司长强调，高校国别和区域研究将是新时代我国教育对外开放新的增长点，各高校要有更加强烈的使命感和责任感，要更注重研究梯队的培养力度，要更加突出特色发展理念，避免低水平重复建设，树立起优势互补发展的意识，要建设更加广泛的共建共享平台。会议期间，参会学者分别在以高校“国别和区域研究咨政服务”“国别和区域研究学科建设探讨”“国别和区域研究学术研讨交流”“国别和区域研究特色人才培养探索”为主题的四个分论坛展开讨论。转型国家经济政治研究中心副主任崔铮受邀参会。

2020年1月3日，由金砖国家智库合作中方理事会主办、北京第二外国语学院承办的“第三届金砖国家智库合作中方理事会年会暨第二届万寿国际形势研讨会”在北京召开。本次会议以“百年变局下的复兴之路”为主题，来自国内高校、研究机构及企事业单位等近百家理事单位与70余位专家学者共计200余人与会。转型国家经济政治研究中心崔铮副主任作为理事单位代表参加了会议，并在“百年变局与中美关系”议题研讨中作了发言。

2020年11月20—22日，转型国家经济政治研究中心副主任崔铮赴广州参加由暨南大学国际关系学院、华侨华人研究院举办的“新冠疫情下的中国与世界”学术研讨会。来自国内近二十家教育部人文社会科学重点研究基地的负责人和专家学者通过线上和线下相结合方式参加了会议。研讨会设“新冠疫情下的国际政治秩序”“新冠疫情下的国际经济合作”与“新冠疫情下的国际传播与公共关系”三个分议题，崔铮副主任在第二个分议题中作了发言。

2020年11月27—28日，“中国俄罗斯东欧中亚学会会员代表大会暨第十二届俄罗斯东欧中亚与世界高层论坛（2020）”在深圳举行。本次会议由中国俄罗斯东欧中亚学会、中国人民大学和中国社会科学院俄罗斯东欧中亚所主办，中国人民大学—圣彼得堡国立大学俄罗斯研究中心、中国人民大学深圳研究院、中国社会科学院“一带一路”研究中心联合承办，并得到深圳市中国人民大学教育基金会和中国人民大学国家发展与战略研究院的大力支持。转型国家经济政治研究中心副主任崔铮、专职研究员殷红教授、助理研究员孔桥雨博士参加了会议。

四、教学成果

1. 辽宁大学研究生双语示范课程

陈本昌的《国际商务》和李丹的《国际商务前沿》被评为2020年辽宁大学研究生双语示范课程。

2. 辽宁大学研究生"课程思政"示范课程

戴利研的《国际投资学》、唐彦林的《大国外交战略》、李丹的《商务英语》、刘文革的《全球问题与全球治理》、刘钧霆的《中国对外贸易理论与实践》、崔日明的《国际贸易政策与实务》等课程被评为2020年辽宁大学研究生"课程思政"示范课程。

兰州大学中亚研究所

一、重要沿革

兰州大学中亚研究所（ICAS）成立于1994年3月，是国内较早建立的中亚问题研究机构。自建所之日起，研究所就以促进中国与中亚国家之间的友好关系、维护国家西北边疆安全为宗旨，坚持地方特色和国家重大需求相结合，理论和实际相结合，科学研究和人才培养相结合，为党和国家相关部门提供决策建议并培养高水平的专门研究人才。2011年，教育部批准兰州大学建立了国别与区域发展培育研究基地——中亚研究所。2017年批准建立了阿富汗研究中心。近年来，中亚研究所在智库建设方面取得了重大进展，成为多个国家级智库的成员："一带一路"智库合作联盟理事单位、金砖国家智库合作中方理事会理事单位、中俄战略协作高端合作智库理事单位、中国智库索引（CTTI）首批来源智库。

二、研究方向

长期以来，研究所依托兰州大学综合性大学的多学科优势，对中亚与上海合作组织、反分裂、反恐、中国特色国际关系理论进行了全面研究，并在上述研究领域居全国高校前列。目前，中亚研究所的特色研究领域主要集中在以下几个方向：

1. 中亚及上海合作组织研究
2. 反分裂研究

3. 反恐怖主义研究

4. 中国特色国际关系理论研究

5.“一带一路”相关问题研究

三、人员情况

兰州大学中亚研究所现有专职研究人员26人，兼职研究人员5人，所长为杨恕教授，副所长为汪金国教授。

现任领导：

杨恕，所长，任期：1996年至今。

汪金国，副所长，任期：2005年至今。

历任领导：

杨建新，所长，任期：1994—1996年。

马曼丽，副所长，任期：1994—1999年。

科研团队：

1. 中亚及上海合作组织研究团队

（1）汪金国：兰州大学政治与国际关系学院院长、教授，主要研究方向为中南亚恐怖主义。

（2）陈小鼎：兰州大学政治与国际关系学院副院长、教授，主要研究方向为上海合作组织。

（3）焦一强：教授，主要研究方向为中亚国家转型。

（4）王四海：教授，主要研究方向为土库曼斯坦。

（5）张宏莉：教授，主要研究方向为哈萨克斯坦、中亚问题。

（6）陈亚州：青年研究员，主要研究方向为上海合作组织。

（7）梁朕朋：讲师，主要研究方向为大国中亚政策。

（8）李亮：博士后，主要研究方向为反分裂理论。

2. 反分裂主义研究团队

（1）杨恕：中亚研究所所长、教授，主要研究方向为中亚问题研究、上海合作组织研究

（2）李捷：教授，主要研究方向为反分裂理论

（3）曹伟：讲师，主要研究方向为反分裂研究

（4）张玉艳：讲师，主要研究方向为反分裂研究

（5）蒋海蛟：副教授，主要研究方向为族群问题研究

3. 反恐怖主义研究团队

（1）朱永彪：兰州大学阿富汗研究中心主任、教授，主要研究方向为中南亚极端主义研究

（2）周明：教授，主要研究方向为中南亚极端主义研究

（3）郭琼：副教授，主要研究方向为中亚极端主义研究

（4）李益斌：副教授，主要研究方向为欧洲极端主义研究

（5）靳晓哲：讲师，主要研究方向为反恐怖主义理论研究

（6）王术森：博士后，主要研究方向为反恐怖主义研究

4. 国际关系理论研究团队

（1）曾向红：兰州大学政治与国际关系学院副院长、教授，主要研究方向为国际关系理论、中亚中东问题。

（2）马国林：副教授，主要研究方向为国际关系理论。

（3）杨辰博：副教授，主要研究方向为国际关系理论。

（4）陈一一：副教授，主要研究方向为国际关系理论、国际关系研究方法。

（5）高婉妮：副教授，主要研究方向为美国亚太战略。

（6）孙秀文：副教授，主要研究方向为俄罗斯问题。

（7）韦进深：副教授，主要研究方向为国际制度、国际能源问题。

四、主办刊物

《中亚研究》（辑刊）由兰州大学中亚研究所于2014年创办，社会科学文献出版社出版，目前为半年刊，在国内外公开发行。

五、学术活动

2020年兰州大学中亚研究所成功举办“首届学术活动月”系列学术讲座活动，面向社会顺利完成18场学术讲座；单独或联合主办学术研讨会9场，其中单独主办的“首届‘萃英杯’欧亚研究研究生论坛”“首届‘纵横杯’政治学与国际关系青年学者论坛”和“首届‘双北论坛’”取得了积极效果。与对外经济贸易大学国际关系学院、华中师范大学政治与国际关系学院、暨南大学国际关系学院/华侨华人研究院、同济大学政治与国际关系学院联合主办的“新冠疫情与国际关系”五次系列研讨会，在国内产生了重要影响。光明网、中国社会科学网等媒体对研讨会进行了跟踪报道。

1. 首届“萃英杯”欧亚研究研究生论坛成功举办

2020年6月20日，由兰州大学中亚研究所、兰州大学政治与国际关系学院主办，《中亚研究》编辑部承办的兰州大学首届“萃英杯”欧亚研究研究生论坛线上学术会议顺利举行。来自兰州大学、北京大学、中国人民大学、复旦大学、外交学院、上海外国语大学等30多家全国高校及研究机构的50余名博士生、硕士生参加了本次线上学术会议。

2. 首届“纵横杯”政治学与国际关系青年学术论坛成功举办

2020年6月27日，由兰州大学政治与国际关系学院政治发展研究中心、兰州大学中亚研究所、兰州大学“一带一路”研究中心、兰州大学阿富汗研究中心、兰州大学国家安全研究中心、兰州大学上海合作组织研究中心主办，《中亚研究》编辑部承办的兰州大学首届“纵横杯”政治学与国际关系青年学术论坛线上会议顺利举行。来自兰州大学、北京大学、清华大学、复旦大学、吉林大学、华中师范大学、天津师范大学、西北大学、华东政法大学等高校和研究机构的40余名学者参加了本次线上学术会议。

3. “新冠疫情与国际关系”系列学术研讨会之“兰大论坛”成功举办

2020年7月18日，由对外经济贸易大学国际关系学院、华中师范大学政治与国际关系学院、暨南大学国际关系学院、兰州大学政治与国际关系学院、同济大学政治与国际关系学院联合主办的“新冠疫情与国际关系”系列学术研讨会之“兰大论坛”在腾讯会议平台成功举办。此次会议由兰州大学政治与国际关系学院、兰州大学中亚研究所承办，对外经济贸易大学国际关系学院协办。

五、科研成果

（一）著作

1. 王四海:《土库曼斯坦油气问题多维透视》，社会科学文献出版社，2020年版。

【内容摘要】土库曼斯坦，油气立国、油气治国，油气问题关系国家经济发展与社会建设的方方面面，也是国家政治生活的风向标。本书从土库曼斯坦时政状况、里海海洋经济、土库曼斯坦油气地质学、土库曼斯坦油气资源与工业潜力、土库曼斯坦油气政治与经济、土库曼斯坦油气发展战略与多元出口战略，以及土库曼斯坦油气外交与对外合作、中土天然气合作等视角与维度，对土库曼斯坦油气问题进行了综合分析，有助于人们比较全面深入地了解土库曼斯坦油气问题。当前，土库曼斯坦国家转型与治理基于两种优势：一是富足的油气资源优势，二是交通区位优势，二者密切相关。可以说，把土库曼斯坦油气问题研究清楚了，基本上就把土库曼斯坦的核心问题研究清楚了。因此，在某种意义上，可以将本书视为了解当代土库曼斯坦的一把钥匙。

2. 韦进深:《能源安全议程设置与中国的国际能源合作研究》，吉林大学出版社，2020年版。

【内容摘要】本书聚焦中国如何参与全球能源治理并进行国际能源合作这一核心问题，提出了能源安全国际议程设置的分析框架。本书致力于通过实现三种结合以推进能源安全议程设置的研究：第一，普遍与特殊相结合。本课题将不仅对主要能源行为体设置能源安全议程的原因、逻辑、行为特点、议程效果等进行详细分析，而且尝试总结出国际能源安全议程设置的一般模式，以此推进中国设置能源安全国际议程的进程；第二，理论与政策相结合。课题将运用相关经济学理论、政治学理论、国际关系理论，对国际能源议程设置进行深入的理论分析，并对主要能源行为体设置能源安全国际议程的成功经验做深入研究，以探讨对中国参与国际能源合作的启示；第三，结构与过程相结合。本书不仅关注国际能源体系的调整和转型，而且关注单元层面主要能源行为体的行为特征。通过实现上述三种结合，本书对中国参与国际能源合作提出更富前瞻性和针对性的政策建议。

3.〔土〕别尔德穆哈梅多夫著，王四海等译:《土库曼民族的精神世界》，石油工业出版社，2020年版。

【内容摘要】本书展示了土库曼民族悠久的历史文化、世代传承的风俗习惯和价值观，重点介绍了“大地祥和是生命永恒的保障”“教育与科学点亮生活”等10个土库曼民族的主要生活法则。书中刻画了丰富的精神世界，是土库曼斯坦在独立、中立的国家发展道路上不断前行的坚实依托。为巩固与增进中土两国友谊、扩大两国间的合作与交流，土库曼斯坦外交部授权翻译出版该书中文版，这是该书第一个正式发行的海外译作，将帮助中国读者更好地了解土库曼民族的历史文化和精神世界，进一步增进两国传统友谊。

（二）论文

1. 张宏莉、余苇:《哈萨克斯坦外来劳务移民及治理措施》,《俄罗斯研究》2020年第3期。

【内容摘要】劳动力不足，尤其是技术型劳动力缺乏，是制约哈萨克斯坦独立后社会经济发展的重要因素之一。为了摆脱这一困境，哈萨克斯坦政府采取积极的劳务移民引入机制，一方面利用配额制吸引技术型外国劳动力，另一方面利用自发形成的以中亚国家公民为主的劳务移民。从现实情况看，这两部分劳动力为哈萨克斯坦社会经济发展作出了积极贡献，但同时也存在非法劳务损害哈萨克斯坦国家利益、劳务移民权益等现象。针对这些问题，哈萨克斯坦政府通过调整和完善法律法规、放宽劳务移民合法性限度、加大对非法移民组织的打击力度、加强与相关国家和国际组织合作等措施，有效减少了非法劳务移民数量，缓解了社会内外部压力。

2. 周明:《结构制约与精英偏好：哈萨克斯坦对欧亚经济联盟的参与及限度》,《俄罗斯研究》2020年第3期。

【内容摘要】哈萨克斯坦是欧亚经济联盟中除俄罗斯之外最具实力的国家，其对联盟的参与至关重要。哈萨克斯坦对欧亚经济联盟的认知和参与，从最初的积极拥抱变为谨慎支持。哈萨克斯坦的立场变化同时受到结构制约与精英偏好的影响。俄罗斯在地区一体化机制中的主导地位、哈萨克斯坦国内族群结构、哈萨克斯坦地理位置等结构性因素，决定了哈萨克斯坦需要参与欧亚经济联盟。然而，乌克兰危机在一定程度上削弱了俄罗斯在后苏联空间内的结构性权力，这增加了哈萨克斯坦的行动自由。与此同时，俄罗斯在乌克兰危机后为维系自身的国际和地区地位，加强了对后苏联空间的整合力度。但俄罗斯采取的一些做法被哈萨克斯坦精英解读为对其国家主权和自主发展道路的威胁，这削弱了哈萨克斯坦精英对欧亚经济联盟的认同度和参与度。

3. 曾向红、陈亚州:《上海合作组织命运共同体——一项研究议题》,《世界经济与政治》2020年第1期。

【内容摘要】构建上海合作组织命运共同体是中国政府提出的关于促进上海合作组织长远发展的重大倡议。由于上海合作组织命运共同体理念的提出时日尚短，学术界关于该理念的研究尚未全面启动。要使上海合作组织命运共同体理念成为一个有效的研究议题，不仅需要明晰上海合作组织命运共同体的具体内涵，而且需要将其纳入国际共同体、国际组织和大国外交等议题的研究，提炼出一些具有普遍性的理论命题。就攸关上海合作组织命运共同体构建的重大问题而言，至少需要回答上海合作组织命运共同体提出的理论与实践意义、上海合作组织命运共同体构建应遵循的基本路径、上海合作组织命运共同体构建的基础和条件、上海合作组织命运共同体构建面临的挑战与障碍、学术界能为上海合作组织命运共同体构建提供的对策建议等重大问题。在此过程中，学术界还需将其与周边命运共同体、人类命运共同体等家族相似性的概念纳入同一研究视域，以澄清上海合作组织命运共同体的内涵与外延，辨识上海合作组织命运共同体演变的动力与机制，并从理论层面提炼上海合作组织发展经验的特殊性与普遍性。

4. 曾向红:《深入研究中亚地区合作的意义与路径》,《国际关系研究》2020年第2期。

【内容摘要】随着“一带一路”倡议的实施，区域与国别研究在中国人文社会科学研究中的地位得到了极大的提升。这种现象具有诸多表征，比如国家对地区与国别研究的重视程度明显提高且资助力度显著加强；涉及“一带一路”沿线地区的研究机构和研究成果数量迅速增加，学术界新创办的涉“一带一路”或沿线国家与地区学术刊物大量涌现；高校和研究机构在智库建设、学术研究、资金投入、学科建设等方面对区域与国别研究的关注和支持力度也在日益增强，从事“一带一路”研究的学者和研究生规模在逐步扩大，而与“一带一路”和区域国别研究相关的国内外学术会议更是层出不穷。

4. 周明、翟化胜：《〈里海法律地位公约〉达成原因及影响研究》，《国际关系研究》2020年第2期。

【内容摘要】自苏联解体以来，里海沿岸国家就里海法律地位及其划分展开了20多年持续不断的争论。2018年8月12日在里海峰会上签署的《里海法律地位公约》，暂时结束了这一局面。《里海法律地位公约》的签署，是里海沿岸各国在新形势下妥协的结果。该公约的达成，不仅为里海地区新制度的建立奠定了法律基础，而且将对里海地区的稳定、油气资源的开发和出口以及全球能源安全的保障发挥重要作用。尽管《里海法律地位公约》的达成具有重要的积极意义，该公约在某些关键问题上仍然存在模糊之处，如缺乏具体明确的争端解决方案、海床与海底划分规则的含混不清等。总之，《里海法律地位公约》的签署虽具有重大意义，但不足以一劳永逸地解决里海问题。

5. 韦进深：《欧亚经济联盟的制度设计与“一带一盟”对接的模式与路径》，《国际关系研究》2020年第2期。

【内容摘要】欧亚经济联盟是地区一体化的重要制度安排。作为制度设计的结果，欧亚经济联盟在发展过程中面临制度合法性和有效性复杂关系的挑战。这一复杂关系不仅制约了欧亚经济联盟的发展，也影响了欧亚经济联盟的对外行为。中国与欧亚经济联盟成员国在对接“一带一盟”的实践中，形成了“欧亚经济联盟+中国”的“5+1”模式和“中国+欧亚经济联盟成员国”的5个“1+1”模式，前者探索出从经贸协定到自贸区的建设路径，后者发展出了从项目合作到国家发展战略对接的建设路径。两种模式和路径选择，为“一带一盟”的对接奠定了坚实基础。

6. 陈小鼎、王翠梅：《中俄印三角互动与扩员后上合组织区域公共产品供给》,《复旦国际关系评论》2020年第26辑。

【内容摘要】公共产品的供给水平是衡量组织功能与发展潜力的重要指标。对接成员国的需求、实现区域公共产品的有效供给，是实现上海合作组织可持续发展的题中应有之义。与此同时，随着印巴的加入，上海合作组织区域公共产品的供给环境发生了新变化，供给主体呈现出新格局。自冷战结束以来便一度被提及的中俄印“战略三角”以上海合作组织为框架重新焕发生机，并直接影响着其区域公共产品的供给。基于中俄印三角互动的可能模式及其在上海合作组织框架内的影响，有必要以中俄印三角关系的机制化管理来促进上海合作组织区域公共产品的有效供给。通过正视中俄印之间的竞合并存、塑造“三人共处型”三角关系来打造安全与经济两轮驱动，进而实现上海合作组织区域公共产品的供求平衡。

7. 陈亚州、罗金:《上海合作组织命运共同体的内涵及其贸易动力研究》,《复旦国际关系评论》2020年第26辑。

【内容摘要】上海合作组织命运共同体是中国提出的关于上海合作组织发展的重大倡议，具有价值、安全、利益和情感四个维度上的重要内涵。构建上海合作组织命运共同体，就是将上海合作组织打造成一个由价值共同体、安全共同体、利益共同体和情感共同体构成的“四位一体”的复合型地区合作组织。在上海合作组织命运共同体构建过程中，由于上海合作组织成员国间的经济合作明显滞后于安全合作进程，因此，需要进一步提升上海合作组织经贸合作的水平，深入挖掘上海合作组织命运共同体的贸易内涵及动力。本文在梳理上海合作组织经贸合作成就与困境的基础上，可为上海合作组织通过贸易类公共产品促进经贸合作这一问题，提供些许政策建议。

8. 焦一强、王四海:《美俄退出〈中导条约〉及其对欧洲安全与地缘政治的影响》,《俄罗斯研究》2020年第5期。

【内容摘要】《中导条约》是美苏在冷战期间签署的一项重大军控协定。2019年8月，基于各自国家利益的考量，美俄两国在政治互信严重缺失的背景下，经过长期相互指责，最终先后退出《中导条约》。《中导条约》起源于欧洲安全，是维系欧洲安全的基石。条约瓦解不仅使欧洲安全格局重陷冷战期间的核危机状态，而且加深了欧盟内部的政治分歧与裂痕，并对欧美关系造成严重影响，从而使欧洲陷入巨大的地缘政治困境。鉴于全球化时代相互依赖的国际关系体系，中导危机的影响是综合性的，它不仅影响到欧洲地缘政治安全，同样会给国际安全体系、大国关系乃至世界秩序造成极大冲击，对中国的核战略和周边安全环境也会带来不利影响。

9. 王术森、曾向红:《大国中亚地区外交新态势》,《现代国际关系》2020年第10期。

【内容摘要】近年来，传统地缘竞争思维出现回归趋势，大国在全球和地区层面的地缘政治竞争明显加剧，大国在中亚地区的竞争和对抗是典型表现之一。世界主要大国纷纷调整中亚政策，加大介入中亚事务的力度，导致中亚地区外交形势生变。大国介入中亚事务刺激中亚国家寻求团结，大国在机制上热衷于建立“小多边”合作机制，纷纷致力于与中亚国家推进于己有利的互联互通。这一切对中国来说既有挑战，也有机遇。一方面大国加大对中亚地区的关注和投入，要求中国谨慎行事，避免激化地区矛盾。另一方面，中国可充分发挥自身的经济优势，借助与中亚交往的已有基础和“中国+中亚五国”外长会晤机制，推动中国与中亚国家的互信与合作迈上新的台阶。

10. 曾向红、杨恕:《中国中亚研究30年来进展评估——基于观察视角与研究主题的评估框架》,《国际观察》2020年第6期。

【内容摘要】本文认为，基于观察视角，区域研究成果可区分为主位研究与客位研究；基于研究议题，区域研究成果还可区分为区域内部研究与区域关联研究。在此基础上，区域研究成果可进一步区分为基于主位视角的区域内部研究、基于主位视角的区域关联研究、基于客位视角的区域内部研究以及基于客位视角的区域关联研究四类。在这一分析框架下，本文对国内在1991—2019年通过的中亚研究方向的博士学位论文进行评估后发现，运用客位视角进行分析的博士学位论文非常丰富，其中基于客位观察视角的区域关联研究成果占到了博士学位论文的大多数；而运用主位视角进行分析的博士学位论文，无论是区域内还是区域关联的博士学位论文，则是凤毛麟角。鉴于此，本文认为，中亚研究者应当把握好当前国内区域国别研究飞速发展的时机，从拓展研究议题、鼓励理论创新、完善人才培养模式、推进与中亚地区的研究者开展合作研究等方面入手，加快相关研究工作进度，借此促进国内中亚研究取得重大进展。

11. 韦进深、陈文江:《能源安全国际议程设置的过程与发展评析》,《西南石油大学学报》(社会科学版)2020年第6期。

【内容摘要】设置能源安全国际议程是国际能源行为体维护自身能源利益、扩大能源话语权的重要途径。国际能源公司、能源大国、国际能源组织是能源安全国际议程设置的主要行为体和参与者。在国际能源体系变迁过程中,先后出现了石油价格与市场需求安全、能源(石油)供应安全、能源可持续发展三个具有代表性的能源安全议程设置。抓住有利契机、寻找合适的议程进入渠道,进行利益动员并建立议题同盟是成功设置能源安全国际议程的关键。能源安全国际议程设置与国际能源体系变迁密切相关,当前国际能源体系呈现出多行为体互动和议题多元化的特征,议题融合发展是能源安全国际议程设置的重要特点。

四川大学当代俄罗斯研究中心

一、重要沿革

四川大学当代俄罗斯研究中心成立于2010年9月，是教育部国际司批准成立的中俄人文合作机制下的研究基地，也是教育部布局在西部的首家俄罗斯问题研究机构。

近年来，当代俄罗斯研究中心工作主要聚焦于两个方面。一方面，协同中俄“长江—伏尔加河”高校联盟中方秘书处，通过筹办学生活动、举办学术会议、开办俄罗斯官员培训班等方式推动中俄“长江—伏尔加河”地方合作向纵深发展。2017年10月，当代俄罗斯研究中心承办了首届中俄“长江—伏尔加河”高校联盟暨智库论坛，产生了重大影响。此外，当代俄罗斯研究中心已成功举办了五次俄罗斯鞑靼斯坦共和国高级行政长官来四川培训活动。另一方面，当代俄罗斯研究中心充分发挥文化研究的传统优势，与俄罗斯科学院远东所联合成立了“四川大学—俄罗斯科学院远东所中俄文化研究中心”，双方在翻译中国文化经典、推动中俄文化对话等方面合作密切。目前，双方学者合译的《春秋》《中庸·论语·三字经》《易经》等中国古代典籍的俄译本已在俄罗斯出版。2017年以来当代俄罗斯研究中心与俄罗斯科学院远东所连续合办“中国与俄罗斯：文化的对话”双边学术会议。2020年，当代俄罗斯研究中心被授予中国俄罗斯东欧中亚学会常务理事单位。

当代俄罗斯研究中心不断拓展同国内外科研机构的交流与合作，除俄罗斯科学院远东研究所外，已与俄罗斯国立莫斯科大学、乌拉尔联邦大学、喀山联邦大学，美国哥伦比亚大学、科罗拉多大学，哈萨克斯坦共和国总统战略研究所、国家历史研究院，塔吉克斯坦国家科学院等建立学术联系，开展各种形式的学术交流活动。

二、人员情况

当代俄罗斯研究中心目前共有10名研究人员，有4人在俄罗斯国立莫斯科大学、俄罗斯国立师范大学、沃罗涅日国立大学和白俄罗斯的明斯克国立大学获得博士学位，其他人员分别在俄罗斯国立莫斯科大学、俄罗斯国立师范大学、俄罗斯国立普希金俄语学院、乌拉尔联邦大学以及美国的科罗拉多大学等学术机构做过访问学者。他们的专业分别为俄罗斯语言文学、国际政治学、法学、历史学、世界经济学等学科。近5年，当代俄罗斯研究中心人员承担国家社科重大招标项目、国家社科基金项目、教育部重点人文社科研究基地重大项目、教育部人文社会科学研究规划基金项目等课题近30项，在国内和俄罗斯期刊发表论文100余篇，出版专著、译著多部。

三、学术活动

1. 协助举办第三届"长江—伏尔加河"高校联盟智库论坛

2020年10月22—23日，当代俄罗斯研究中心协助中俄"长江—伏尔加河"高校联盟秘书处以线上线下相结合的形式成功举办第三届"长江—伏尔加河"高校联盟智库论坛。外交部欧亚司参赞张维利，俄罗斯联邦总统驻伏尔加河沿岸联邦区副全权代表马什科夫采夫，中俄"长江—伏尔加河"高校联盟中方主席、四川大学李言荣校长，四川大学姚乐野副校长，中俄"长江—伏尔加河"高校联盟俄方主席、下诺夫哥罗德国立技术大学校长德米特里耶夫，以及来自中俄30余所高校的领导嘉宾和专家学者参加论坛。本次论坛下设"后疫情时代的中俄区域人文、经贸与科技合作""后疫情时代的中俄高校交流与合作"两个分论坛。与会专家就中俄地方合作，后疫情时代中俄高校间科技、教育与文化合作，中俄地方合作框架下的外语人才培养，中俄科技合作国际法实践等问题展开了深入交流。

2. 建设中俄“长江—伏尔加河”地区合作数据库

中俄“长江—伏尔加河”地区合作系非毗邻地区合作，与中俄“东北—远东”地区合作相比，双方合作的历史基础相对薄弱，在交通和信息沟通上也颇受制约。随着中俄新时代全面战略协作伙伴关系的不断深化，中俄“长江—伏尔加河”地区合作的合作领域不断扩大，两地间交流日益密切，合作项目也稳步增多，但双方对彼此社会经济、法律、文化、历史传统及舆论环境等的了解还有待进一步深化。基于此，当代俄罗斯研究中心联合中俄“长江—伏尔加河”高校联盟中方秘书处，建设中俄“长江—伏尔加河”地区合作数据库，旨在全面梳理俄罗斯伏尔加河沿岸联邦区经济、文化、政治、媒体等方面信息，跟踪两个地区在各领域的合作项目。目前，数据库还在试运行阶段，待数据完备后将向全社会开放，助力学界研究、企业间合作及两地政府间对话。

3. 当代俄罗斯研究中心被授予中国俄罗斯东欧中亚学会常务理事单位

2020年11月27—28日，中国俄罗斯东欧中亚学会会员代表大会暨第十二届俄罗斯东欧中亚与世界高层论坛在深圳召开。会上，中国俄罗斯东欧中亚学会为新增常务理事单位、理事单位颁发证书，当代俄罗斯研究中心同国务院发展研究中心欧亚社会发展研究所、北京师范大学俄罗斯研究中心、中国社会科学院大学中俄关系高等研究院、中信改革发展研究基金会中俄战略协作中心、华东师范大学俄罗斯研究中心等9个单位成为常务理事单位。当代俄罗斯研究中心学术委员会主席刘亚丁教授、中心副主任王逸群博士作为中心代表参会。

4. 举办“俄罗斯研究论坛”系列云讲座

2020年，当代俄罗斯研究中心在新冠肺炎疫情防控常态化的背景下积极开展学术交流，邀请多位知名俄罗斯问题专家开办线上学术讲座。2020年6月19日上午，上海外国语大学国际关系与公共事务学院杨成教授应邀就“新冠疫情与普京的‘2024问题’”作了线上讲座。6月23日上午，全国政协外事委员会委员、中共中央对外联络部原副部长周力大使应邀就“关于当前中俄、中美关系及其他”作了线上讲座。6月24日上午，北京外国语大学孙晓萌教授应邀就“国别区域研究智库建设：路径、方法与国际经验借鉴”作了线上讲座。6月29日上午，中国社会科学院俄罗斯东欧中亚研究所俄罗斯外交室副主任李勇慧研究员应邀就“疫情及其后的中俄关系”作了线上讲座。

四、科研成果

（一）论文及研究报告

1. 刘亚丁:《疫情中的普希金与波尔金诺之秋》,《光明日报》2020年2月27日。

2. 刘亚丁:《类型学的文学移植：袁枚和杰尔查文自然诗比较研究》,《四川大学学报》（社会科学版）2020年第4期。

3. 刘亚丁:《〈一个人的遭遇〉序》，载肖洛霍夫:《一个人的遭遇》，人民文学出版社，2020年版。

4. 陈菁泉、张晶、米军:《丝绸之路经济带沿线国家投资风险评价》,《金融理论探索》2020年第2期。

5. 米军、张道涵:《中国香港、中国内地及日本金融系统风险测度及溢出效应探究》,《中国西部》2020年第2期。

6. 林跃勤、郑雪平、米军:《重大公共卫生突发事件对一带一路影响与应对》,《南京社会科学》2020年第7期。

7. 米军:《携手抗疫共建健康丝路》,《中国社会科学报》2020年3月17日。

（二）课题

1. 刘亚丁:“中俄传统文化关键词比较研究”，科技部2020年度外专引智项目。

2. 沈影:“哈萨克斯坦的中国观研究”，2020年国家社科基金项目。

3. 沈影:“‘一带一盟’视角下四川与俄罗斯合作机遇与前景研究”，四川省社科规划2020年度项目。

4. 王逸群:“当前大国关系主要问题研究”，科技部2020年度外专引智项目。

5. 邱鑫："人类命运共同体视域下中国与俄语世界文学文化交融研究"，科技部2020年度外专引智项目。

（三）获奖

刘亚丁教授的著作《肖洛霍夫学术史研究》获第八届高等学校科学研究优秀成果奖（人文社会科学）二等奖。

五、教学成果

在教学方面，池济敏副教授主持的"旅游俄语"课程获批四川省级一流课程。"基础俄语—1"和"俄译汉"两门课程被认定为四川大学思政样板课程。马文颖副教授主持完成了《俄罗斯国情与文化》（慕课）的录制工作。

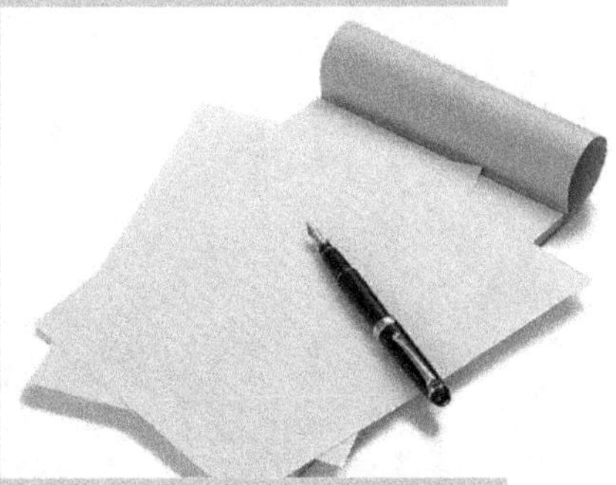

理事单位

中国现代国际关系研究院欧亚研究所

一、主要沿革

中国现代国际关系研究院欧亚研究所简称“现代院欧亚所”，历史可追溯至延安时期。1980年，根据中央关于建立一批国际问题研究机构的指示，现代国际关系研究所正式成立，同时成立了欧亚研究室。2003年，现代国际关系研究所升格为中国现代国际关系研究院，同时成立了俄罗斯研究所和中亚研究室，2018年成立欧亚研究所。

二、研究方向

现代院欧亚所是国内研究俄罗斯、中亚和独联体问题的重要机构之一，主要从事欧亚地区国家地缘政治、经济发展、内政外交以及欧亚地区事务等领域的研究，长期承担各类重大专项研究任务。

三、研究人员

现代院欧亚所现有研究人员十余人，多拥有博士、硕士学位和高、中级研究职称，有在欧亚地区国家留学、工作、访学经历，所长为丁晓星研究员。

四、学术活动

现代院欧亚所在国内欧亚问题研究界有较强影响力，与相关政府机构、知名高校、研究院所联系密切，研究人员常参加国内重要学术会议。近期主要学术活动包括：

2020年7月23日，现代院欧亚所与国家发展改革委国际合作司联合主办“俄罗斯发展前景与中俄关系”研讨会，邀请中国社会科学院俄罗斯东欧中亚研究所、中国国际问题研究院、商务部国际贸易经济合作研究院、上海国际问题研究院专家与会，研讨俄罗斯国内形势与经济发展前景、俄罗斯与主要大国关系发展趋势、中俄关系走向及存在的问题，并对“十四五”期间搞好中俄关系、促进务实合作提出了建议。

2020年11月18—19日，现代院欧亚所承办中国国际问题研究基金会欧亚研究中心年终形势研讨会，多位前大使及来自外交部、商务部、中国社会科学院俄罗斯东欧中亚研究所、中国国际问题研究院、国务院发展研究中心欧亚社会发展研究所、新华社世界问题研究中心等单位近30位专家出席。

2020年12月3日，现代院欧亚所召开“新时代的中俄科技合作”座谈会，邀请科技部国际合作司、国防科工委领导、专家与会，研讨在中俄“科技创新年”背景下，中俄科技合作的现状、成果、问题和前景。

在国际范围内，现代院欧亚所亦有较高知名度，与俄罗斯战略研究所、俄罗斯科学院远东研究所有定期互访机制，与其他欧亚国家、欧洲、美国、日本等地知名智库也经常性展开合作。2020年，在新冠肺炎疫情影响下，现代院欧亚所通过线上与线下相结合、以线上为主的方式与国外伙伴进行交流。外事活动主要包括：

2020年1月8日，阿塞拜疆国际关系分析中心主任法立德·沙菲耶夫率团到访中国现代国际关系研究院，与冯仲平副院长及欧亚研究所专家就双边关系、南高加索地区形势等问题进行交流，并签署合作备忘录。

2020年5月12日，丁晓星所长参加上海合作组织秘书处召开的国际研讨会，就新冠肺炎疫情大流行对今后世界发展的影响、中国对全球抗疫合作和恢复世界经济的贡献等议题举行讨论。

2020年7月31日，丁晓星所长参加白俄罗斯国家战略研究所举办的“新形势下的中白关系”网络研讨会，就中白关系、一带一路等议题进行讨论。

2020年8月10日，中国现代国际关系研究院前院长、学术委员会主任季志业参加由中国社会科学院俄罗斯东欧中亚研究所与哈萨克斯坦中国研究中心共同举办的“新形势下的中国与中亚”国际视频讨论会。

2020年8月11日，中国现代国际关系研究院前院长、学术委员会主任季志业参加上海合作组织睦邻友好合作委员会主办的“新冠疫情与上合组织民间外交的新议程、新举措、新方向”国际视频研讨会。

2020年9月28日，中国现代国际关系研究院袁鹏院长与丁晓星所长参加中国社会科学院俄罗斯东欧中亚研究所与俄罗斯国际事务委员会共同举办的“上海合作组织参与地区治理：新理念、新平台”国际视频会议。

2020年11月24日，中国现代国际关系研究院冯仲平副院长与丁晓星所长会见吉尔吉斯斯坦驻华大使巴克特古洛娃一行，就中吉关系与吉尔吉斯斯坦当前形势进行座谈。

2020年12月3日，中国现代国际关系研究院王鸿刚院长助理、丁晓星所长参加中国社会科学院俄罗斯东欧中亚研究所与俄罗斯国际事务委员会共同举办的“美国总统大选对中俄关系的影响”国际视频研讨会。

国务院发展研究中心民族发展研究所

一、重要沿革

国务院发展研究中心是直属国务院的政策研究和咨询机构，主要研究国民经济、社会发展和改革开放中的全局性、综合性、战略性、长期性、前瞻性及热点、难点问题，为党中央、国务院提供对策建议和咨询意见。国务院发展研究中心下属民族发展研究所（以下简称“民发所”），根据时任中央领导批示于2000年5月成立，是从事国内外民族地区发展稳定问题研究工作，为党中央、国务院直接服务的综合性学术单位。

二、研究方向

根据中央领导批示，国务院发展研究中心最初确定民发所的研究方向主要是：研究国内民族地区的经济社会发展状况，特别是新疆和西藏地区发展稳定问题；跟踪分析国外民族地区和区域经济社会发展状况。近年来，特别是党的十八大之后，国内外形势发生变化，“一带一路”愿景规划变为现实，国务院发展研究中心按中央要求对民发所研究方向作出进一步调整完善：一是继续关注国内民族地区国民经济、社会发展、改革开放中的全局性、战略性、前瞻性、长期性以及热点、难点问题研究，为党中央、国务院提供政策建议和咨询意见，为制定国家中长期发展规划和区域发展政策提出建议；二是按“走出去”要求，整合国内学术资源，进一步把研究视野投向国外，跟踪研究我国周边“一带一路”沿线国家，特别是俄罗斯、东欧、中亚、蒙古国、西亚及非洲的政治经济社会发展状况，对外经济合作，内外政策、热点重大问题及我国海外利益发展和保护问题，侧重政策性和现实性问题研究，为中央对外工作和“一带一路”建设提供基础信息、政策咨询意见，推动“一带一路”合作及我国与上述国家的双边关系持续深入发展，同时积极开展国际合作研究，组织与有关国际组织和研究机构的交流互动，向党中央、国务院提供涉外参考资料和政策建议。

三、人员机构

历任所长：赵曙青（2000—2015年）

常　波（2015—2020年）

现任所长：廖跃文（2020年至今）

目前，民发所设有办公室和五个研究室，分别为国内民族地区研究室、欧亚研究室、战略研究室、西亚北非研究室、南部非洲研究室，除本所研究人员，民发所还聘用国内各大科研院所等研究机构30余人为特约研究员。

四、学术活动

1. “丝路漫谈”学术沙龙

民发所开展小型化、开放式的学术沙龙活动，邀请国内外学术机构专家学者就周边“丝绸之路”国家相关问题进行互动研讨。受新冠肺炎疫情影响，2020年民发所围绕“中亚疫情形势发展”“中亚国家新闻媒体发展的现状”“西亚非洲舆情形势跟踪”等专题，邀请相关学者开展线上交流。

2. “民发所丝路大讲堂”

围绕“一带一路”建设和中国与周边国家双边关系等话题，民发所邀请国内外知名学者开展专题性讲座或学术对话。2019年“民发所”先后邀请原中联部艾平副部长就“非洲民族问题演变”，外交部相关司领导就“中国与中亚国家的外交互动”，中国国际文化交流中心原秘书长丁奎松就“中美贸易战”，塔吉克斯坦战略研究所分析部阿卜杜拉先生就“中亚安全问题”，印度辩喜基金会杜瓦尔先生就“中印外交务实合作”，印度金德尔大学辛格教授就“中印经贸合作展望”，尼泊尔驻华大使鲍德尔就“中尼外交关系发展历程回顾”，斯里兰卡大使科迪图瓦库就“中斯民间交往问题”，中国前驻蒙古国大使黄家骙就“中蒙关系发展的历史脉络”，北京第二外国语大学“一带一路”研究院执行院长梁昊光就“一带一路”与智库建设，中国现代国际关系研究院非洲所副所长黎文涛就“埃塞俄比亚问题”等来所举办讲座。由于新冠肺炎疫情影响，2020年“民发所丝路大讲堂”暂停举办。

3. 接待国际学术机构访问、交流

2019年民发所先后接待了塔吉克斯坦战略研究所、印度辩喜基金会、尼泊尔政党代表团等机构访问。

中国人民大学—圣彼得堡国立大学俄罗斯研究中心

一、重要沿革

为进一步夯实中俄全面战略协作伙伴关系，全面推进中俄人文交流对话机制，进一步加强中俄两国在教育、文化和科技等方面的深入交流，作为中俄两国政府间合作项目，中国人民大学和圣彼得堡国立大学联合发起创立了综合性学术机构——“中国人民大学—圣彼得堡国立大学俄罗斯研究中心”（以下简称“俄罗斯研究中心”）。

俄罗斯研究中心成立以来，立足夯实基础、凝聚力量、辐射欧亚、咨政助企的工作愿景，结合人文社会科学学科优势，依托国内外和校内外各界智力资源，着力做好人员往来、文化交流、智库合作“三大板块”工作。研究体系和工作机制不断完善，以高规格、高密度、高水平的学术交流与合作为促进俄罗斯研究和中俄关系发展做了大量工作。2017年7月，根据《国别和区域研究中心建设指引（试行）》，俄罗斯研究中心被教育部纳入“国别和区域研究中心备案名单”。

二、研究方向

1. 俄罗斯经济与政治
2. 中亚地区研究
3. 上海合作组织研究

三、人员情况

俄罗斯研究中心在深入挖掘学校人才资源的基础上，通过实行国内和国外、校内和校外、专职和兼职相结合的方式，聚集贤才。目前，俄罗斯研究中心理事会、管理团队、科研团队架构已搭建成型，汇聚了一批校内外学界、政界、商界的高级人才。

（一）领导团队

中方理事长：中国人民大学党委书记靳诺教授（2015年9月至今）；

俄方理事长：圣彼得堡国立大学校长尼古拉·克罗巴切夫教授（2015年9月至今）；

名誉理事长：中国前驻俄罗斯大使、中国国务院发展研究中心欧亚社会发展研究所原所长李凤林（2015年9月至今）；

主任：中国人民大学深圳研究院常务副院长关雪凌教授（2015年9月至今）。

（二）学术团队（兼职）

中方研究员：41人，俄方研究员：39人；

俄罗斯研究中心理事会：24人。

四、年度报告

由俄罗斯研究中心主编的《俄罗斯经济发展研究》，依托学术资源，突出中俄联合研究。

俄罗斯研究中心依托人大经济学院、国际关系学院和圣彼得堡国立大学经济系、东方系丰厚的学术资源主编《俄罗斯经济发展研究》。报告撰写者最初以中国人民大学和圣彼得堡国立大学的学者为主，如今已扩展至中国社会科学院、上海财经大学、莫斯科大学和圣彼得堡国立经济大学等。针对每年俄罗斯经济形势及中俄关系，中俄两国学者在俄罗斯研究中心的平台上，凝练主题、科学规划，撰写一批内容扎实、观点明确、见解独到的论文并编译出版。《俄罗斯经济发展研究》年度报告从2016年开始出版，至今已连续出版四年，并于2017年荣获中国人民大学国家高端智库“深度影响力报告奖”。

《俄罗斯经济发展研究》年度报告创新独特、特点鲜明：第一，全面聚焦俄罗斯经济问题。第二，体现中俄学者双方观点。报告作者均为两国俄罗斯研究专家，为报告的完成奠定了良好的理论基础及现实经验。第三，服务政府决策和企业投资。每年报告的发布，都会引起有关政府部门和企业的高度重视，对政府决策和企业投资俄罗斯具有重要的参考价值。

五、学术活动

（一）品牌活动——国际化、规格高、影响大

2019年9月至2020年12月，在新冠肺炎疫情的影响下，俄罗斯研究中心克服各种困难，主办大型活动近十场，其中包括：

1. 欧亚大讲堂

“欧亚大讲堂”是俄罗斯研究中心的品牌活动之一，旨在更好地发挥中心“民间外交平台”的作用，增进中国与欧亚国家间的了解和互信。俄罗斯研究中心邀请“一带一路”沿线国家驻华大使及中国驻外大使，国际组织及有影响力的社会组织负责人，中国及“一带一路”国家知名专家学者、政要、艺术家等卓越人士围绕欧亚地区政治经济、历史文化、国内外形势以及重大国际问题发表真知灼见，助力推进“一带一路”建设。

2016年以来，“欧亚大讲堂”已成功举办16期，演讲者包括俄罗斯驻华大使安德烈·杰尼索夫，中国前驻俄罗斯大使李凤林，白俄罗斯驻华大使鲁德·基里尔·瓦连其诺维奇，上海合作组织前秘书长拉希德·阿利莫夫，哈萨克斯坦驻华大使沙赫拉特·努雷舍夫等。

受到新冠肺炎疫情影响，2019—2020年度欧亚大讲堂仅举办一期，即2019年12月23日举办的第十六讲。上海合作组织秘书长弗拉基米尔·诺罗夫在欧亚大讲堂发表了题为“上海合作组织在构建大欧亚伙伴关系中的作用”

的演讲。他深入分析了当前的区域及国际形势，解读了构建大欧亚伙伴关系的现实路径与基础，阐述了上海合作组织在推进区域一体化及全球治理方面的作用。

2. 中亚沙龙

俄罗斯研究中心紧密跟踪中亚地区的重大事件和经济文化现象，不定期邀请俄罗斯、中亚等国家的关键人士、重要专家，中国驻中亚地区国家的大使、知名学者等来校参加形势政策圆桌研讨会，打造了中心品牌活动——“中亚沙龙”。2016年以来，俄罗斯研究中心已成功举办了15期“中亚沙龙”，每期均邀请来自国务院发展研究中心、上海合作组织研究中心、中国社会科学院、中国现代国际关系研究院、中国国际问题研究院、中央党校、中国石油大学等高校及科研机构的专家学者围绕中亚问题展开深入研讨。2019年9月至2020年12月，俄罗斯研究中心成功举办了4期中亚沙龙，即第十二期至第十五期。

（1）第十二期：吉尔吉斯斯坦最新局势和中吉关系

2019年9月12日，中国现代国际关系研究院俄罗斯中亚研究所助理研究员王聪作了主旨发言，详细介绍了2017年吉尔吉斯斯坦总统大选以来的政治经济形势、未来走向及中吉合作前景。

（2）第十三期：新书推荐和访问阿塞拜疆、亚美尼亚报告

2019年11月20日，中国社会科学院俄罗斯东欧中亚研究所研究员吴宏伟谈论了中亚水资源问题并介绍了新著《中亚水资源与跨界河流问题研究》，该所副研究员、上海合作组织研究中心副秘书长杨进介绍了外高加索形势，生动讲述了访问阿塞拜疆和亚美尼亚的见闻、观感和心得体会，全方位解读了两国的政治、经济、外交政策以及与中国的合作关系。

（3）第十四期：新冠疫情形势下如何开展中国和中亚国家合作

2020年6月28日，国务院发展研究中心欧亚社会发展研究所中亚和上海合作组织研究室主任许涛、中国现代国际关系研究院欧亚研究所所长丁晓星、中国上海合作组织研究中心秘书长邓浩分别作了主旨发言。他们指出，新冠肺炎疫情对中亚国家政治、经济和民生造成严重影响，地区形势总体稳定中存在隐患。中国和中亚国家在抗疫斗争中互相支持，合作潜力仍然很大，但

需要作出某些调整。

（4）第十五期：塔吉克斯坦总统竞选形势、吉尔吉斯斯坦议会选举形势以及上海合作组织面临的形势和任务

2020年9月22日，中国社会科学院俄罗斯东欧中亚研究所中亚室主任张宁等嘉宾详细分析了塔吉克斯坦总统选举前形势及其发展趋势、吉尔吉斯斯坦议会选举前形势及其发展趋势，并对结果进行了预测。中国上海合作组织研究中心秘书长邓浩等嘉宾分析了上海合作组织面临的迫切问题以及格鲁吉亚议会选举前形势、上海合作组织面临的问题和挑战，并提出了建议。

3.《俄罗斯经济发展研究（2019—2020）》线上发布会

2020年10月15日，俄罗斯研究中心举行了《俄罗斯经济发展研究（2019—2020）》线上发布会。中国人民大学国家发展与战略研究院执行院长严金明，中国社会科学院俄罗斯东欧中亚学会会长李永全，俄罗斯研究中心主任关雪凌，复旦大学国际问题研究院副院长冯玉军，俄罗斯研究中心研究员张长乐、陈小沁，中国社会科学院俄罗斯东欧中亚研究所俄罗斯经济室副主任高际香，中国现代国际关系研究院欧亚研究所所长丁晓星等嘉宾分别从北京、上海、深圳几地连线出席会议并发言。嘉宾们对《俄罗斯经济发展研究（2019—2020）》进行了详细分析与点评，认为该报告主题鲜明、内容丰富，聚焦俄罗斯经济问题，体现了中俄两国学者联合研究优势。

4. 承办论坛——“中国俄罗斯东欧中亚学会会员代表大会暨第十二届俄罗斯东欧中亚与世界高层论坛（2020）”

2018年11月，作为中国俄罗斯东欧中亚学会理事单位，凭借中国人民大学在俄罗斯东欧中亚研究上的传统学科优势和成立五年来的创新实践，俄罗斯研究中心获得了此次大会的承办权，并于2020年11月27—28日在深圳顺利举办了此次论坛。来自中国社会科学院、外交部、商务部、国务院发展研究中心、中国现代国际关系研究院、中国人民大学、清华大学、北京大学、复旦大学、上海外国语大学、山东大学、中信改革发展研究基金会等高校及研究机构的近100名学者参加了此次大会，中国前驻俄罗斯大使、国务院发展研究中心欧亚社会发展研究所名誉所长、中国人民大学—圣彼得堡国立大学俄罗斯研究中心名誉理事长李凤林，中国社会科学院学部委员、中国俄罗斯东

欧中亚学会高级顾问李静杰等作为嘉宾出席。

中国人民大学副校长朱信凯教授出席论坛开幕式并致辞。在论坛三个单元的讨论中，18位学者及专家就2020年欧亚地区战略态势、俄罗斯政治经济与外交形势和东欧中亚前沿问题等发表了自己的观点和看法，并回答了与会者提出的问题。最后，俄罗斯研究中心主任关雪凌教授作为此次会议的承办方代表总结发言。

受新冠肺炎疫情影响，会议采取了线上视频直播和图片直播的方式，视频直播观看人数达860人，图片直播浏览人数逾万名，这也成为此次论坛的一次有益的创新尝试。

（二）创新合作模式，搭建教育合作平台

俄罗斯研究中心致力于与世界一流高校建立访问学者交流计划，鼓励中青年学者走出去，开展中短期交流合作。每年与俄方及中亚国家高校开展工作会谈多场，多次接待俄方高规格代表团，组织中国人民大学专家团队赴俄学习、参会及考察。

为推动中心科研团队建设迈上新台阶，2017年俄罗斯研究中心申请了中国人民大学教师国际培训学院（系）特色项目，并与圣彼得堡国立大学达成基于《俄罗斯经济发展研究》系列报告的联合研究合作意向，支持两校专家学者互访交流。2019年9月27日至10月30日，俄罗斯研究中心主任关雪凌教授赴圣彼得堡国立大学开展为期1个月的短期讲学与学术交流。

1. 中俄双语授课与观摩教学

2019年10月9日，关雪凌教授为圣彼得堡国立大学经济系“中国经济”专业二年级本科生讲授“中国经济”课程中的“中国对外贸易发展变迁”。关雪凌教授全方位解读了中华人民共和国成立70年来中国对外贸易的发展变迁。

2019年10月28日，关雪凌教授为圣彼得堡国立大学经济系“中国经济”专业三年级本科生讲授“中国经济”课程中的“中国经济对外开放新格局”。她全方位解读了中国对外开放40多年来的历史演变及取得的成就。

“中国经济”专业本科生的主修外语为中文，因此关雪凌教授全程用中俄

双语授课，以帮助俄罗斯学生提高专业领域的中文词汇与表达水平，授课内容丰富、结构清晰、语言生动，课堂充满活力。

此外，关雪凌教授还观摩了圣彼得堡国立大学经济系世界经济教研室主任谢尔盖·苏德林教授关于国际贸易的课程。

2. 出席两场大型国际会议并发表演讲

（1）“世界全球化进程中的俄罗斯与伊比利亚美洲：历史与现在”国际学术会议

2019年10月2日，关雪凌教授应邀参加“世界全球化进程中的俄罗斯与伊比利亚美洲：历史与现在”国际学术会议并作了题为“‘一带一路’倡议与拉美国家发展战略对接”的学术报告。她指出，“一带一路”倡议与拉美国家发展战略对接合作不仅是单纯的双边经济合作，更是在国际格局大变革时代，双方为适应世界发展潮流而作出的积极应对举措，是一个互相交流和互相学习的双赢过程，不仅符合中国与拉美国家的根本利益，也符合全球化大趋势。

来自俄罗斯、中国、西班牙、葡萄牙、巴西、墨西哥、阿根廷、智利、秘鲁、哥伦比亚、哥斯达黎加等35个国家的650余位知名学者及政要出席了本次活动，俄罗斯国家电视台、塔斯社、俄罗斯卫星通讯社等多家主流媒体参与活动报道。

（2）“国际贸易体系变迁：问题与前景”国际会议

2019年10月24日，关雪凌教授应邀出席圣彼得堡国立大学主办的“国际贸易体系变迁：问题与前景”国际会议。来自俄罗斯、中国、德国、法国、瑞士、芬兰、波兰、日本、澳大利亚、白俄罗斯、塞尔维亚、斯洛伐克等10余个国家的百余位专家学者出席会议。在会议上，关雪凌教授与瑞士日内瓦大学教授、法国常驻世界贸易组织代表、俄罗斯莫斯科高等经济学院教授等7位主讲嘉宾围绕“WTO改革”的一系列问题展开热烈讨论。

3. 访问圣彼得堡国立经济大学

2019年10月29日，关雪凌教授应邀访问圣彼得堡国立经济大学，圣彼得堡国立经济大学校长伊戈尔·马克西姆采夫教授、副校长维罗妮卡·舒巴耶娃教授、中国及亚太地区事务研究院院长塔季扬娜·乌尔茹姆采娃教授出席会见，热烈欢迎关雪凌教授的访问。双方就联合举办“第九届中俄高级经济论坛”等问题交换了意见。关雪凌教授感谢俄方的热情接待，并高度评价论坛对加强两校学术合作、促进中俄人文交流所发挥的重要作用。她表示，中俄高级经济论坛自2002年创办以来，不仅成为中国人民大学和圣彼得堡国立经济大学校际合作的标志性项目，更是成为推动中俄两国经贸关系持续发展、探讨中俄经济发展模式转型的重要平台。

六、科研成果

俄罗斯研究中心获得了中国人民大学2019年度智库建设暨国家高端智库综合评估工作“突出贡献奖”和2020年度中国人民大学高端智库建设“先进集体”奖。俄罗斯研究中心将继续砥砺前行，为促进中俄人文交流、发展两国新时代全面战略协作伙伴关系添砖加瓦，再创佳绩。

中央财经大学俄罗斯东欧中亚研究中心

一、重要沿革

中央财经大学于1988年成立苏联东欧研究中心，2000年更名为俄罗斯东欧中亚研究中心。

在几代人努力和积累的基础上，中央财经大学俄罗斯东欧中亚研究中心（以下简称“俄罗斯东欧中亚研究中心”）已成为一个以多学科为依托，充分吸收国内外高水平专家组成的开放式流动研究基地。研究中心现有专职、兼职研究人员9名，其中，高级职称6名，中级职称2名，所有研究人员均具有博士学位和海外留学背景。

凭借出色的教学与科研工作，俄罗斯东欧中亚研究中心于2009年获得硕士研究生招生资格，负责招收与培养俄罗斯东欧中亚政治经济研究方向的硕士研究生。2011年，在中央财经大学拥有理论经济学博士学位授予权后，俄罗斯东欧中亚财经专业成为校内第一批获得批准的新增博士研究生培养方向。

为凝练学科方向，服务于国家、社会，提高人才培养质量，提升科学研究水平，俄罗斯东欧中亚研究中心将教学与科研工作的重心集中于以下几个方面：（1）以俄罗斯东欧中亚国家政治经济理论为核心，开展系列研究；（2）加强国际合作与交流，提升学术声誉，扩大国际影响；（3）为政府机关、企事业单位、高等院校及科研机构培养合格的专业人才；（4）为政府部门、银行、企业提供政策及投资咨询，服务于国家外交战略及社会经济发展需要。

围绕上述领域，俄罗斯东欧中亚研究中心开展了大量工作，并取得了较好成绩：一是学术研究成果丰硕，标志性成果突出。自2001年开始，俄罗斯东欧中亚研究中心每年推出《俄罗斯财经研究报告》，分专题对俄罗斯公共财政、政府预算、国家税收、银行与资本市场、对外贸易、企业管理、社会保险等领域的改革热点问题进行研究。《俄罗斯财经研究报告》已连续出版多年，成为俄罗斯财经研究领域较为深入和系统的研究成果。二是不断拓展社会服务领域与范围。俄罗斯东欧中亚研究中心积极参与国内各级各部门的决策活动，围绕国民经济和社会发展重大课题提供多项决策咨询报告。三是研究成果日益国际化，国际影响不断扩大。俄罗斯东欧中亚研究中心已与多所俄罗斯东欧中亚高校建立了稳定的学术关系，通过人员互派、科研合作、联合培养、进修访学、举办学术会议等形式，建立了多途径的学术交流平台，营造了良好的学术氛围，并取得了数十项国际科研合作成果。

2017年6月，中央财经大学俄罗斯东欧中亚研究中心获得教育部批准，成为教育部国别和区域研究中心。国别与区域研究中心的建立，使俄罗斯东欧中亚研究中心能够更加充分地利用教育部及学校大力支持的优势，以学科建设和人才培养为依托，以咨政服务为宗旨，更好地服务于国家对外战略的需求。

二、研究方向

1. 俄罗斯东欧中亚财政理论与政策
2. 俄罗斯东欧中亚金融、投资与贸易
3. 俄罗斯东欧中亚能源安全与贸易

三、人员情况

（一）历任负责人

1. 前任领导

姜维壮：教授，经济学博士，任职时间为1998—2007年，研究方向为苏联财政理论与政策、中国财政理论与政策、财政理论国际比较。2017年获得中国财政学理论终身成就奖。

罗永志：副教授，任职时间为2008—2010年，研究方向为苏联和俄罗斯财政理论与政策。

2. 现任领导

童伟：研究员，经济学博士，任职时间为2011年至今，研究方向为俄罗斯财政理论与政策、中国财政理论与政策、绩效预算管理与评价、财政投融资，入选“教育部新世纪优秀人才支持计划”，受邀担任俄罗斯教育部认定核心期刊《财经大学学报》和《经济、税收、法律》的国际编委。

（二）科研团队

张晓涛：教授，经济学博士，主要研究方向为国际投资与贸易、俄罗斯投资与贸易。

曹明星：副教授，经济学博士，主要研究方向为国际税制、俄罗斯税收。

伍晓光：副研究员，经济学博士，主要研究方向为世界经济、国际贸易。

宁小花：副研究员，经济学博士，主要研究方向为俄罗斯财政经济、政府预算。

任文：经济学博士，博士后，主要研究方向为俄罗斯财政经济、政府预算。

张居营：经济学博士，主要研究方向为俄罗斯财政经济、投资与贸易。

四、年度报告

自2011年开始，中央财经大学俄罗斯东欧中亚研究中心定期发布年度研究报告《俄罗斯财经研究报告》。

《俄罗斯财经研究报告》每期选取一个核心内容进行中俄比较研究。至今，《俄罗斯财经研究报告》已连续出版多年。俄罗斯东欧中亚研究中心对每一期《俄罗斯财经研究报告》的研究内容都进行了精心编排，已分别对俄罗斯的公共财政、政府预算、国家税收、银行与资本市场、对外贸易、企业管理、社会保险等领域进行了较为深入的系统研究。

五、学术活动

（一）成功申报教育部国别与区域研究课题

1. 教育部国别与区域研究课题“‘一带一路’背景下中国绿色金融发展的路径研究”。自提出“一带一路”倡议以来，中国积极倡导并将绿色发展理念贯穿于“一带一路”建设之中，而构建绿色金融体系，是共建绿色“一带一路”的重要支撑。本课题在以往各类研究成果和实践经验的基础之上，深层次研究绿色金融支持“一带一路”建设的现状、障碍及挑战，最终从政策协同、标准制定、机构合作、产品创新、技术应用和能力建设等角度出发，提出绿色金融助力“一带一路”建设的中国方案。这将为绿色金融在支持“一带一路”建设过程中的制度创新、理论创新和实践创新提供指引，为政府决策及研究提供参考，为“一带一路”的推进提供绿色保障，因此具有重要的理论和现实意义。

2. 成功申报教育部2020年国别与区域研究课题“俄罗斯应急管理体系构建”。2020年年初，一场突如其来的新冠肺炎疫情席卷全球。抗击新型冠状病毒，抵御公共卫生风险，成为全球范围内对各国危机管控能力和应急响应能力的极限测试。课题通过总结俄罗斯应急管理体系的发展历程和现状，提炼其在应急管理体系构建过程中的经验，旨在为我国当前应急管理体系建设提供新的视角和思路，具有明显的现实意义。

（二）举办国际学术研讨会

为庆祝中央财经大学建校70周年以及中央财经大学与俄罗斯圣彼得堡国立经济大学建立正式合作关系30周年，2019年11月26日，由中央财经大学俄罗斯东欧中亚研究中心主办的“财税体制改革与国家治理现代化”国际研讨会暨《2019年俄罗斯财经研究报告》发布会成功举办。来自圣彼得堡国立经济大学、中国社会科学院俄罗斯东欧中亚研究所、中国社会科学院财经战略研究所、清华大学中俄战略合作研究所、中央财经大学的30余位专家学者参加了研讨会。

六、科研成果

（一）著作

童伟等:《2019年俄罗斯财经研究报告》，中国财政经济出版社，2019年版。

【内容提要】中国和俄罗斯两国学者从国家治理与现代财政制度建设、经济发展与结构调整、行业与区域经济发展等各方面，对相关问题进行了全面、深入的探讨。

（二）论文

1. 童伟、张居营:《中亚国家经济风险对“一带一路”建设的影响》,《东北亚论坛》2020年第5期。

【内容提要】本文从中亚国家经济发展历史背景、基本发展模式选择、经济发展特征与资源禀赋入手，在对中亚国家经济风险、产生缘由全方位剖析的基础上，梳理其对“一带一路”倡议可能带来的影响及传导途径，据此有针对性地提出促进“一带一路”倡议有效落地，同时有效规避中亚国家经济风险转移与转嫁的对策与建议。

2. 童伟、宁小花:《俄罗斯免费医疗：发展历程、效果分析、困境及未来发展方向》,《俄罗斯东欧中亚研究》2020年第1期，中国人民大学复印报刊资料《社会保障制度》2020年第5期全文转载。

【内容提要】俄罗斯现有的免费医疗体系，主要根源于苏联时期的医疗保障体系。苏联解体后，面对复杂的社会形势和严峻的经济形势，一方面，国家财政负担日益加重，已无法维持苏联时期的免费医疗体系，各种弊端逐渐显露；另一方面，原来的医疗制度已不能适应市场化的经济体制，苏联时期的免费医疗模式逐渐浮现出越来越多的负面影响，民众满意度逐渐下降。在这种大背景下，俄罗斯在沿袭苏联免费医疗体系的基础上对其进行了一系列改革，从原先无限免费医疗服务转变为当前有限基本医疗免费的新型基本医疗免费制度，形成了免费的法定强制医疗保险和自费的私人医疗保险相结合的医疗保障制度。这些改革措施使俄罗斯居民免费享受到基本医疗服务，大大增强了民众对国家医疗服务体系的信心，总体来看取得了积极成效，但依然面临着医疗机制之困、医疗资金之困、医疗服务能力之困、医疗公平之困等诸多挑战，未来俄罗斯还需朝完善法律制度、加强顶层设计、加大医疗投入、扩大医疗筹资来源、完善硬软件设施、引入竞争机制、提高卫生服务供给能力等方向继续努力，兼顾免费医疗服务供给的公平性和效率性，实现全民均可享有的高质量的免费医疗服务。

3. 童伟、田雅琼:《俄罗斯养老基金再现危机：原因、应对与启示》,《国外理论动态》2019年第11期。

【内容提要】随着人口老龄化趋势不断加剧，“养老”已成为俄罗斯政府与民众高度关注的社会问题。监管缺失、附加职能繁重等多重因素影响，俄罗斯养老基金收入严重短缺，政府补贴占基金总收入比重接近50%，使养老基金收入明显偏离保险原则。随着2015年联邦财政赤字增大，巨大的财政压力迫使政府无法继续保持对养老基金的大幅度补贴，俄罗斯养老基金赤字问题愈加严峻。为维持养老基金平稳运行，俄罗斯于2018年推出延迟退休政策。为使政策顺利实施，俄罗斯计划以提升养老金水平等方式减缓改革对民众福利的冲击。

七、教学成果

中央财经大学俄罗斯东欧中亚研究中心负责中央财经大学世界经济俄罗斯东欧中亚财政经济研究方向的博士点及硕士点教学工作。学科点目前培养有5名博士研究生、3名硕士研究生。2020年毕业博士研究生1名、硕士研究生2名。

俄罗斯东欧中亚财政经济研究方向开设的核心课程有“俄罗斯东欧中亚财政经济”“新兴市场经济体系专题研究”等。

北京第二外国语学院白俄罗斯研究中心

一、重要沿革

为贯彻落实《中白友好合作条约》，夯实中白全面战略伙伴关系，全面推进中白人文交流对话机制，进一步加强中白两国在教育、文化等方面的深入交流，白俄罗斯驻华大使馆与北京第二外国语学院联合创立专业学术研究机构——白俄罗斯研究中心。2014年10月23日，白俄罗斯研究室在北京第二外国语学院隆重揭牌成立。时任白俄罗斯驻华大使布里亚先生出席仪式，为研究室成立剪彩并致辞。2015年，白俄罗斯研究室成为北京第二外国语学院国别与区域研究中心之一，改名为“白俄罗斯研究中心”。2017年，白俄罗斯研究中心获批为教育部国别与区域研究中心。

白俄罗斯研究中心结合语言学科优势，依托国内外和校内外各界力量，着力做好文化交流、人才培养、智库合作等工作，努力将白俄罗斯研究中心打造成为高水平的学术交流合作平台。

自2014年成立以来，白俄罗斯研究中心做实事、求实效，稳扎稳打，不断完善研究体系和工作机制，为促进白俄罗斯问题研究和中白关系发展贡献了力量。白俄罗斯研究中心与白俄罗斯国立师范大学、明斯克国立语言大学等白俄罗斯高校建立并保持良好的合作关系，开展了多项丰富务实的国际学术交流。现在，白俄罗斯研究中心已成为国内白俄罗斯学术研究和国际交流的重要阵地。

自2015年起，白俄罗斯研究中心每年召开一次白俄罗斯问题学术研讨会，参加会议的代表分别来自中白两国的政界、学界和商界。

2016年，北京第二外国语学院朱光好副书记访问明斯克国立语言大学和白俄罗斯国立师范大学，双方签订校级合作协议。

2018年，白俄罗斯教育部部长卡尔边科到访北京第二外国语学院白俄罗斯研究中心。同年，白俄罗斯研究中心与白俄罗斯国立师范大学开展了网络教学合作，开设同步课堂讲授两国节庆文化。

2019年1月，北京第二外国语学院校长计金标与白俄罗斯明斯克国立语言大学娜塔莉亚·巴拉诺娃校长签署了联合成立“教学研究实验室”的合作协议。该协议将进一步发展北京第二外国语学院与白俄罗斯高校之间的学术合作，为共同感兴趣的教育和科研领域的互动发展建立有效通道。

2020年，在新冠肺炎疫情全球蔓延的情况下，为深化白罗斯研究中心的研究和教学功能，白俄罗斯研究中心与明斯克国立语言大学签订“远程同步课堂”协议。

二、研究方向

1. 白俄罗斯语言教学研究
2. 白俄罗斯文学研究及翻译
3. 白俄罗斯国情文化、民俗风情研究
4. 白俄罗斯对外政策与外交研究
5. 白俄罗斯旅游研究

三、人员情况

1. 现任领导

张惠芹：中心主任

许传华：中心执行主任

于优娟：中心秘书

2. 科研团队

张惠芹：博士、教授、硕士生导师，研究方向为俄语语言学、跨文化交际。

许传华：博士、教授、硕士生导师，研究方向为俄罗斯文学，白俄罗斯学。

张变革：博士、教授、硕士生导师，研究方向为俄罗斯文学。

韩小也：硕士、讲师、硕士生导师，研究方向为翻译学。

卢婷婷：博士、副教授、硕士生导师，研究方向为政治语言学。

张冬梅：博士、教授、硕士生导师，研究方向为跨文化研究。

于优娟：博士、讲师，研究方向为白俄罗斯对外政策与外交。

白云：博士、讲师、硕士生导师，研究方向为俄语语言学、白俄罗斯青年问题。

3. 专家顾问

鲁桂成：外交部档案馆前馆长、中国前驻白俄罗斯大使

吴筱秋：中国前驻白俄罗斯大使

于振起：中国前驻白俄罗斯大使

王宪举：中国前驻白俄罗斯参赞

赵会荣：中国社会科学院俄罗斯东欧中亚研究所乌克兰、白俄罗斯、摩尔多瓦、波罗的海三国研究室主任，中国社会科学院中白发展分析中心常务副主任

韩璐：中国国际问题研究院欧亚研究所副研究员

余源：西安外国语大学副教授

四、学术活动

1. 白俄罗斯中心召开“白俄罗斯总统大选后的形势和中白关系”研讨会

2020年9月27日，北京第二外国语学院白俄罗斯研究中心举办了“白俄罗斯总统大选后的形势和中白关系”视频研讨会。研讨会分为两个板块，分别是专家发言和中心工作交流。

2. 北京第二外国语学院白俄罗斯研究中心被设为俄罗斯东欧中亚学会理事单位

2020年11月27—28日，中国俄罗斯东欧中亚学会会员代表大会暨第十二届俄罗斯东欧中亚与世界高层论坛在深圳召开，会议审议并通过了学会章程修改意见及内控制度，第九届理事会增补常务理事、理事、荣誉理事名单及关于成立中亚专业委员会和俄罗斯经济专业委员会事项。大会对学会2020—2024年理事单位予以授牌，其中就有北京第二外国语学院白俄罗斯研究中心。

五、科研成果

（一）著作

2020年9月，由北京第二外国语学院主编的论文集《白俄罗斯形势与中白关系》出版。论文集以2016年和2017年两次“白俄罗斯形势与中白关系”国际学术研讨会的发言稿为基础，并结合白俄罗斯研究相关素材编撰而成。论文集共收录文章36篇，内容涉及经济、政治、文化、文学、教育、旅游等多个领域，既全面反映了2016年和2017年白俄罗斯国内形势与对外关系状况，又着重介绍了白俄罗斯文化、教育、对外白俄罗斯语教学与研究情况。

（二）论文

1. 于优娟:《丝绸之路经济带和欧亚经济联盟区域经济模式下的竞合研究——以白俄罗斯为例》,《国别和区域研究》2020年第3期。

【内容摘要】丝绸之路经济带和欧亚经济联盟是所在区域重要的经济集群化合作模式。本文通过对比两大区域经济模式运行机制，梳理白俄罗斯与两大区域经济模式主导国的国家关系，探析两种区域经济合作模式在白俄罗斯的合作与竞争。两大区域经济模式在白俄罗斯对接经济合作空间和潜力无限，产业优势互补性强。若秉承资源共享、互利共赢原则，可有效促进区域经济共同发展。由于俄罗斯相对实力下降和现实利益冲突，导致该区域经济模式对接耦合动力不足。综上所述，目前两个区域经济模式对接合作非常有限，在可预测的未来，白俄罗斯与两个区域经济合作仍以双边模式为主。

2. 于优娟：外文局项目《白俄罗斯“一带一路”认知研究》结项报告，2020年10月。

【内容摘要】白俄罗斯地理位置优越，是联通欧亚两大经济市场的交通网络枢纽和商业贸易中转站。2014年克里米亚危机后，白俄罗斯的战略地位迅速提升，其政权稳定为发展本国及区域经济贸易提供安全可靠的投资营商环境，成为代替乌克兰的中东欧地区的链环区。白俄罗斯实现国家独立自主后，其核心利益逐渐转化为经济发展，国内也有强烈意愿和诉求引进外资、开拓市场，获得新的发展空间和经济增长点。白俄罗斯的国家利益与现实需要决定其必须参与经济全球化的分工协作，降低严重依赖俄罗斯的经济脆弱性。白俄罗斯加入中国“一带一路”倡议，有利于带动本国经济的内生外引，对提升国家经济实力和对外竞争力具有非凡的战略意义。

（三）研究项目

1. 许传华：教育部国际司委托项目“白俄罗斯教育体制研究”。

本项目在“一带一路”倡议背景下，对欧亚地区俄语国家和上海合作组织进行深度研究，及时更新国别教育合作交流概况，为教育交流战略和政策制定提供参考依据。重点通过对俄语国家的合作模式、合作主体、资源对接与推广等方面进行多维度研究，分析“互联网+”模式下深化双边、多边教育合作的问题。

2. 蒋璐、许传华：北京市教育科学规划项目“‘一带一路’小语种专业课程设置研究”。

小语种专业课程经历了一段时间的规模化增长以及复制之后，其规划和设置应逐渐回归理性。本项目通过对“一带一路”沿线国家小语种专业课程分层分类差异化设计，合理研究专业课程群，以便有效支撑小语种专业人才培养模式和专业建设。通过对课程设置的研究，制订相应的课程计划，包括合理课程的开设，课程开设时间的合理安排，拟开设课程之间的有序衔接以及课程开设效果的预测等，以便使学习小语种的学生获得专业知识与能力。

六、人才培养

自2015年开设白俄罗斯语课程以来，28名学生完成了白俄罗斯语辅修专业的课程并获得辅修专业证书。

上海社会科学院国际问题研究所

一、重要沿革

上海社会科学院国际问题研究所于2015年3月经上海市机构编制委员会批准，由成立于1985年、汪道涵先生创立的上海市人民政府上海国际问题研究中心更名组建，原上海社会科学院国际关系研究所整建制并入，核定编制60人。上海社会科学院国际关系研究所于2011年9月经上海市机构编制委员会批准、由原上海社会科学院东欧中西亚研究所和亚洲太平洋研究所合并成立。作为国际关系研究所的前身，东欧中西亚研究所成立于1981年，亚洲太平洋研究所成立于1990年。上海社会科学院国际问题研究所现有职工44人，王健研究员担任所长，余建华研究员、李开盛研究员担任副所长。

国际问题研究所现设有四个研究室和一个编辑部。四个研究室分别是：国际关系理论与外交战略研究室、欧洲与俄罗斯中亚研究室、亚洲与太平洋研究室和环印度洋研究室。一个编辑部为《国际关系研究》编辑部。

二、人员情况

上海社会科学院国际问题研究所欧洲与俄罗斯中亚研究室（简称“欧亚室”）现有科研人员10人，研究室主任为崔宏伟研究员，张茗、顾炜任副主任，研究室成员包括：李立凡、戴轶尘、廉晓敏、胡丽燕、严骁骁、王子夔、彭枭。

崔宏伟：欧洲与俄罗斯中亚研究室主任、研究员，主要研究方向为欧洲区域治理、国际关系、能源问题、中国外交等。

张茗：欧洲与俄罗斯中亚研究室副主任、副研究员，主要研究方向为欧盟与美国关系、太空问题、国际关系理论、国际安全。

顾炜：欧洲与俄罗斯中亚研究室副主任、副研究员，上海社会科学院上海合作组织研究中心副秘书长。主要研究方向为地区主义与地区一体化、地区战略、俄罗斯对外政策等。

李立凡：欧洲与俄罗斯中亚研究室副研究员，上海社会科学院上海合作组织研究中心秘书长。主要研究方向为上海合作组织及中亚问题研究，重点关注中亚国家与我国的经济发展和能源合作及中亚的非政府组织研究。

戴轶尘：欧洲与俄罗斯中亚研究室助理研究员，主要研究方向为欧盟外交与安全政策、上海合作组织与中亚区域安全治理等。

廉晓敏：欧洲与俄罗斯中亚研究室助理研究员，主要研究方向为俄美关系、中俄关系、中亚地区国别问题研究（哈萨克斯坦、乌兹别克斯坦）、俄罗斯公共外交等。

胡丽燕：欧洲与俄罗斯中亚研究室助理研究员，主要研究方向为捷克、维谢格拉德集团、中东欧问题等。

严骁骁：欧洲与俄罗斯中亚研究室助理研究员，主要研究方向为欧盟外交、中欧关系、国际规范问题等。

王子夔：欧洲与俄罗斯中亚研究室助理研究员，主要研究方向为比较现代化、多民族帝国转型、国家构建、社会科学方法论。

彭枭：欧洲与俄罗斯中亚研究室助理研究员，主要研究方向为德国、中东欧地区问题等。

三、专业刊物

《国际关系研究》（双月刊）是上海社会科学院国际问题研究所主办的综合性学术期刊，2013年正式出版发行。《国际关系研究》以当代国际体系转型和中国和平发展道路的重大理论与实践问题为研究对象，发表具有理论创新性、战略前瞻性、政策分析性及学术动态性的研究成果。《国际关系研究》旨在鼓励学术探讨和思想交锋，推动国际关系理论、外交政策、国外政治思想史、全球与地区热点等问题的深入研究，丰富国际关系、战略学和外交学等学科的理论建设。

四、学术活动

上海社会科学院系全国首批25家高端智库试点单位之一，设有俄罗斯中亚研究中心、上海合作组织研究中心等机构。国际问题研究所依托院所两级资源，注重本领域的学科研究和智库建设，以主办、承办、合办、接待来访、出访调研等诸多方式开展学术活动。目前设有常规性学术活动，包括：国际形势前瞻会、淮海论坛、上海全球问题研究青年论坛、淮海观天下、青年菁英讲座等。国际问题研究所加强全球问题与周边问题的综合研究和交叉学科研究，依据形势发展、理论研究和学科建设需要，举办涉及不同地区与国别的学术活动。2019年9月至今，与俄罗斯东欧中亚有关的学术活动主要有：

1. 2019年9月28日，上海社会科学院国际问题研究所主办“地区公共产品与中国周边外交”学术研讨会。

2. 2019年10月14日，上海社会科学院国际问题研究所与上海市美国问题研究所共同举办“俄美关系:《开放天空条约》的前景”研讨会。

3. 2019年10月24日，上海社会科学院国际问题研究所举办“中美贸易战下欧亚地区的新动向和新变化”研讨会。

4. 2019年10月25日，上海市俄罗斯东欧中亚学会举办“第四次工业革命背景下的大国竞争与合作：中俄欧视角”学术研讨会。

5. 2019年11月7日，上海社会科学院国际问题研究所举办区域国别青年论坛“大国竞争背景下亚太地区的新形势与新动向”研讨会。

6. 2019年11月29日，上海社会科学院国际问题研究所和上海国际问题研究院共同举办“青年学术交流中心共建论坛：国际关系理论与前沿问题”。

7. 2019年12月16日，上海市美国问题研究所与上海社会科学院国际问题研究所联合召开土俄美关系圆桌研讨会。

8. 2019年12月25日，上海社会科学院国际所主办“哈萨克斯坦内外形势与中哈合作”小型研讨会。

9. 2020年1月9日，上海社会科学院国际问题研究所与中国现代国际关系研究院联合主办2020年国际形势前瞻学术研讨会“百年大变局下的中国外交：挑战和应对”。

10. 2020年11月4日，上海社会科学院国际所举办《双重结构与俄罗斯的地区一体化政策》新书发布暨欧亚地区热点形势研讨会。

五、科研成果

1. 顾炜：《双重结构与俄罗斯的地区一体化政策》，社会科学文献出版社，2020年版。

【内容摘要】本书入选国家社科基金后期资助项目，是顾炜副研究员独立完成的第二本专著。本书以1991年苏联解体之后近30年的发展历程作为研究时段，旨在解释俄罗斯对苏联解体之后空间发展地区一体化的态度和政策的变化，寻找后冷战时期俄罗斯在苏联解体之后空间一体化问题上政策变化的影响因素。本书在归纳和总结俄罗斯地区一体化政策变化特点的基础上，判断了俄罗斯的政策走向和苏联解体之后空间一体化的发展前景。

2. 顾炜：《中亚一体化的架构变化与发展前景》，《国际关系研究》2020年第2期。

【内容摘要】次地区一体化的发展受到其所在地区的重要影响。次地区国家、地区国家和地区外国家是一体化进程中的主要行为体。次地区一体化在理论上具有“求生存”和“求发展”两种目标和逻辑。在“求发展”逻辑下，次地区一体化在水平上领先于地区一体化，可以通过自身发展维持生存并引领地区一体化；在“求生存”逻辑下，次地区一体化在水平上落后于地区一体化，为防止被地区一体化“收编”，可以采取团结次地区国家、引入新的地区国家或借助地区外国家的力量等方式寻求生存。中亚一体化的发展前景取决于中亚国家对“求生存”逻辑的运用和对具体问题的解决。

上海国际问题研究院俄罗斯中亚研究中心

一、重要沿革

上海国际问题研究院俄罗斯中亚研究中心（以下简称“俄罗斯中亚研究中心”）是上海国际问题研究院六大区域研究中心之一。上海国际问题研究院成立于1960年，是隶属于上海市人民政府的高级研究机构和知名智库。其主要任务是：以服务党和政府决策为宗旨，以政策咨询为方向，通过对当代国际政治、经济、外交、安全的全方位研究，为党和政府决策提供有力的智力支持；通过与国内外研究机构和专家学者的合作交流，增强我国的国际影响力和国际话语权，提升国家的软实力。

二、研究方向

俄罗斯中亚研究中心的研究方向为：一是中国与欧亚国家关系，二是欧亚地区的国际组织研究，三是与欧亚地区相关的全球治理议题的研究。

三、人员情况

目前，俄罗斯中亚研究中心共有六位成员，分别为强晓云、赵隆、王玉柱、封帅、曹嘉涵、徐晓岚。1位研究员，4位副研究员。所有研究人员均拥有研究生学历，多位研究人员有长期在俄罗斯、白俄罗斯留学经历。

强晓云：副研究员，中心副主任，主持中心工作。主要研究方向为俄罗斯中亚国家内外政策、上海合作组织、国际移民、“一带一路”相关问题等。

赵隆：研究员，全球治理研究所所长助理。主要研究方向为全球治理、国际法、俄罗斯中亚问题等。

王玉柱：副研究员，主要研究方向为“一带一路”理论与实践、经济体制改革、国际发展经济学等。

封帅：副研究员，主要研究方向为俄罗斯政治与外交等。

曹嘉涵：助理研究员，主要研究方向为欧亚地区政经态势、亚太地区非传统安全合作、美国能源战略与能源政策、联合国2030年可持续发展议程落实等。

四、学术活动

2020年12月6日，上海国际问题研究院举办了第一届“时空变迁背景下的欧亚合作”学术研讨会。本次研讨会采用了线下会议与视频会议相结合的方式。上海国际问题研究院陈东晓院长致开幕辞，外交部欧亚司副司长吉树民与商务部欧亚司副司长张栋作主旨发言，上海国际问题研究院俄罗斯中亚研究中心强晓云主任主持会议。

从2020年2月开始，俄罗斯中亚研究中心就定期召开线上线下学术研讨，就疫情下的欧亚各国内政外交、大国关系进行学术讨论。2020年，俄罗斯中亚研究中心共举办11次会议。

五、科研成果

（一）著作

1. 强晓云:《当前欧亚移民治理研究》，格致出版社，2020年版。

2. 赵隆:《多维北极的国际治理研究》，时事出版社，2020年版。

3. 陈东晓、赵克斌主编，王玉柱、林盼副主编:《上海服务“一带一路”建设研究报告2020》，社会科学文献出版社，2020年版。

（二）论文

2020年度俄罗斯中亚研究中心研究人员共发表学术论文十篇，其中CSSCI核心期刊五篇。具体情况如下：

1. 强晓云：《对冲视角下的俄罗斯对非洲政策》，《西亚非洲》2019年第5期。

2. 赵隆：《北极渔业治理中的认知共同体因素：以国际海洋考察理事会为例》，《太平洋学报》2019年第11期。

3. 赵隆：《试析俄罗斯“北极2035”战略体系》，《现代国际关系》2020年第7期。

4. 赵隆：《国际谈判中的身份符号和路径设计：基于北冰洋公海渔业谈判的案例分析》，《边界与海洋研究》2020年第4期。

5. 封帅：《世界历史中的欧亚空间——源起、建构与衰朽》，《俄罗斯研究》2019年第5期。

6. 封帅：《弱市场模式的曲折成长：俄罗斯人工智能产业发展探微》，《俄罗斯东欧中亚研究》2020年第3期。

7. 王玉柱：《生产要素组合优化驱动高质量发展的逻辑和改革路径》，《上海经济研究》2020年第7期。

（三）课题研究

俄罗斯中亚研究中心多位研究人员是省部级以上课题的负责人，主持不同级别的课题研究。主要包括：

1. 强晓云：“建国以来中国与哈萨克斯坦的跨国移民史研究”（国家社科基金冷门“绝学”和国别史等研究专项），“当前欧亚主要国家移民政策及其对华人华侨的影响”（2019—2021年度中国侨联一般课题）。

2. 赵隆：“科技竞争的全球图景和中国‘创新伙伴关系’的推进逻辑研究”（国家社科基金一般项目）。

3. 封帅：“人工智能时代的国际关系研究”（国家社科基金青年项目）。

此外，中心成员都是上海国际问题研究院年度创新课题的负责人或主要参与者。

上海政法学院中国—上海合作组织国际司法交流合作培训基地

一、重要沿革

上海政法学院中国—上海合作组织国际司法交流合作培训基地（以下简称“中国—上合司法培训基地”）于2014年5月20日奠基揭牌，2017年全面建成。

设立中国—上合司法培训基地是中央从国际和国内两个大局战略需要出发作出的重要决策，意义重大：一是可以成为上海合作组织外交建设新的着力点，二是可以成为推动长三角地区协同发展的新亮点，三是可以成为上海进一步改革开放、走向世界的发力点。

在中央政法委、国家发展和改革委员会、最高人民法院、外交部、公安部、司法部、教育部、上海市委、市政府及相关委办局的大力支持和指导下，上海政法学院平稳、有序、高效地推进中国—上合司法培训基地的建设，汇集上海、全国乃至全球范围的资深专家，形成多元、开放、国际化的研究队伍，着力打造以论坛、智库、培训三大功能为主的国家级国际司法合作交流平台，服务国家安全和外交战略。

几年来，中国—上合司法培训基地已圆满完成公安部、司法部、商务部等部委交办的多项培训任务。在欧亚安全研究、上海合作组织研究以及“一带一路”研究等领域积极探索，研究成果逐步显现服务国家战略功能，国际影响日益凸显。2015年最高人民法院在上海政法学院设立“一带一路”司法研究基地，2016年上海合作组织研究院和“一带一路”安全研究院被评为“上海高校人文社科重点研究基地”，2017年上海合作组织研究院和东北亚研究中心（“一带一路”安全研究方向）获教育部批准备案建设“国别和区域研究中心”。

二、研究方向和人员情况

（一）上海合作组织国际司法交流合作与培训

上海合作组织成员国、观察员国、对话伙伴国司法干部培训是中国—上合司法培训基地的主要工作，具体由基地培训部承担。陈校和印晓惠具体负责培训部的日常工作，分别任主任和副主任。

2020年受新冠肺炎疫情影响，中国—上合司法培训基地积极开展线上培训工作，成功举办“一带一路”欧亚地区法治研修班，积极推进区域国别研究项目、教学专题课建设项目、教学改革与研究项目的建设工作，与浙江大学外国语言文化和国际交流学院联合举办“上合组织国际司法青年精英线上训练营”。

2020年5月14—28日和6月16—29日，为帮助中资企业把握疫后对乌兹别克斯坦、哈萨克斯坦、白俄罗斯和乌克兰的巨大市场的投资，进一步了解中乌（乌兹别克斯坦）、中哈、中白、中乌（乌克兰）经贸合作大局并把握趋势，帮助其了解在乌兹别克斯坦、哈萨克斯坦、白俄罗斯、乌克兰承包成套工程项目获得相关金融支持的程序和条件，了解上述国家的法律法规并避免商业纠纷，中国—上合法律服务委员会交流合作基地、中国—上合司法培训基地联合中国机电产品进出口商会、中俄机电商会成功举办中国与乌兹别克斯坦、哈萨克斯坦、白俄罗斯、乌克兰经贸合作和法律问题线上讲座。来自电力及新能源、成套工程承包、汽车制造及零配件生产、电信、石油石化装备、轨道交通装备、家电及高科技、食品机械及贸易等多个行业和领域的120多家企业360余人参加了讲座。

为深入推动中方“一带一路”倡议同上海合作组织国家发展相对接，协助中国企业开拓上海合作组织成员国市场，2020年7月28日，中国—上合司法培训基地、中国—上合法律服务委员会交流合作基地、中国机电产品进出口商会、中俄机电商会联合青岛市商务局，共同举办中国企业对上海合作组织经贸合作及法律问题讲座。来自商务部、税务总局、海关总署及司法部等相关政府机构的领导进行专题讲座，中国—上海合作组织地方经贸合作示范区管委会领导就示范区政策优势和重大项目进行专题推介。来自电力及新能源、成套工程承包、汽车制造及零配件生产、电信、石油石化装备、轨道交通装备、家电及高科技、食品机械及贸易等多个行业和领域的120多家企业320多人参会，多家公司在中国机电产品进出口商会设立分会场并组织涉及欧亚地区业务的多个部门领导及业务骨干集体参加讲座学习活动。安徽省商务厅、青岛市商务局共组织本地50家企业参加讲座。

为更好发挥法律服务在推动中国企业对欧亚地区经贸、投资及工程承包合作中的保障作用，全面总结2020年中国—上合司法培训基地、中国—上合法律服务委员会交流合作基地、中国机电产品进出口商会等单位联合举办的六场上海合作组织国家经贸合作及法律问题系列讲座工作成果，更好规划下一阶段工作，2020年8月26日在北京召开上海合作组织国家经贸合作及法律问题系列讲座总结会暨工作座谈会。中国机电产品进出口商会石永红副会长、商务部欧亚司张栋副司长、司法部国际合作局国际处赵洋处长、北京仲裁委员会/北京国际仲裁中心陈福勇副秘书长、中俄机电商会盛国飞秘书长、中俄机电商会特聘专家蔡桂茹女士、中国—上合司法培训基地办公室合作部主任兼中国—上合法律服务委员会交流合作基地秘书长姜思源等分别结合各自工作和中国机电产品进出口商会上半年举办的针对俄罗斯、乌兹别克斯坦、哈萨克斯坦、白俄罗斯、乌克兰、上海合作组织等六场经贸合作及法律问题专题线上讲座，进行专题发言并交流讨论。

2020年8月1日中国—上合司法培训基地正式启动“国际司法青年精英线上训练营”，活动持续至8月底。上海合作组织秘书处副秘书长阿科什卡罗夫·努尔兰·索韦托维奇作视频致辞，来自中国人民大学、浙江大学、上海外国语大学、上海政法学院等多所高校的优秀学子共同参与。上海合作组织前任副秘书长王开文、上海大学社会学院院长张文宏、中国人民公安大学犯罪学学院院长靳高风以及来自公安部反恐怖局、国际刑警组织、北京警察学院、江苏警察学院等高校的专家分别从上海合作组织的历史发展、安全、经济、文化领域合作、国际执法合作、社会科学研究理论与方法等方面举办系列讲座。此次受训学员基于公开信息、公开资料就相关对象国的警察体制、警察法、双边警务合作等进行线上交流与研究，以期促进涉外警务人才培养，服务于国际执法合作。

2020年9月14—25日，"'一带一路'欧亚地区法治研修班"在中国—上合司法培训基地成功举办。来自阿塞拜疆、白俄罗斯、格鲁吉亚、哈萨克斯坦、吉尔吉斯斯坦、摩尔多瓦、俄罗斯、塔吉克斯坦、土库曼斯坦、乌兹别克斯坦10个国家的287名学员及驻华使节代表在线上共同出席开班仪式。此次研修班由中国法学会主办，中国法学学术交流中心、上海市法学会、上海政法学院、中国—上合司法培训基地共同承办。全部课程和活动持续至9月下旬，受训学员就我国新颁布的民法典、中国特色社会主义法律制度、中国外商投资法律制度、"一带一路"倡议下的机遇与挑战等专题进行线上学习和研究。

（二）俄语人才培养

上海政法学院俄语本科专业2015年9月开始招生，累计招生135人，其中51名学生有俄罗斯留学一年经历，11名学生有短期前往俄罗斯、中亚、白俄罗斯等国参加国际交流活动的经历。专业设置突出"俄语+法律"特色，采用"2+1+1"国际联合培养模式，利用"上合基地"平台开展翻译实践教学。2020年12月俄语笔译（法律翻译）专业硕士点获批，计划2022年开始招生。

学科带头人华莉教授负责俄语系教学和科研工作。俄语系共有7名专业教师，其中教授和副教授各1名，讲师5名，均具有博士学位和海外学习或研修经历。近五年在研和完成各级科研项目20余项，其中主持国家社科项目2项，发表论文60余篇，其中法律方向论文15篇，承担了近500场次俄语口译活动，完成700多万字笔译。

2020年俄语专业"翻译理论与实践""俄罗斯文化""高级俄语1""基础俄语"四门课程获得校级重点建设课程；俄语专业2017级1名学生在"全国口译大赛"中以优秀的成绩入围复赛，俄语专业2019级1名学生在"全国高校俄语大赛"中获得三等奖，获留学基金委全额资助出国留学。2020年俄语专业教师在国内外发表学术论文近20篇，论文内容涉及俄罗斯、塔吉克斯坦、吉尔吉斯斯坦2019年最新法治建设，国际仲裁、俄罗斯信息安全、俄罗斯高加索、俄罗斯文学等问题。

（三）上海合作组织及其地区与国别研究

上海合作组织及其地区与国别研究的主要力量集中在2020年成立的上海政法学院欧亚研究所，李新教授主持该研究所的研究工作。研究所现有研究人员10余人，其中教授3人，副教授4人，博士后2人，均具有博士学位，大部分具有在苏联地区国家留学或进修的经历。该研究所以中国—上合司法培训基地为平台，对上海合作组织及其成员国和地区政治、经济、安全合作和人文交流开展学术研究，促进上海政法学院学科建设和发展，形成国内和国际欧亚地区研究的一流学科；积极拓展与国内高校和研究机构以及国际高端智库的学术交流与合作，深入开展学术外交，为我国对外政策的制定提供可靠的决策咨询服务；服务学校国际交流与合作，促进国际教育合作网络的建立与扩展；完成必要的教学任务，将最新的研究成果应用于教学实践和青年专家的培养。

研究领域主要有：

1. 上海合作组织研究。研究上海合作组织机制建设，研究上海合作组织在政治、经济、安全和人文领域合作的经验、潜力和发展前景，分析上海合作组织发展过程中面临的风险、问题和挑战，揭示上海合作组织率先建成人类命运共同体以及在欧亚地区建立共同经济空间和欧亚经济伙伴关系的规律性。

2. 上海合作组织成员国研究。跟踪上海合作组织成员国、观察员国、对话伙伴国国内政治、经济、安全、社会局势发展，为促进我国与这些成员国关系的发展向中央有关部门提供决策咨询服务。

3. 与上海政法学院经管学院合作，深入上海合作组织经济合作、欧亚地区经济一体化进程和共同经济空间建设以及我国“一带一路”与上海合作组织成员国战略对接合作研究，并将研究成果直接服务于世界经济和国际商务学科的教学实践和研究生的培养。

4. 与上海政法学院马克思主义学院合作，深入研究上海合作组织成员国特别是苏联地区马克思主义理论与实践发展的现状，以及该地区国家理论界对中国特色社会主义理论、道路、制度的客观评价，从而促进马克思主义学院学科的建设和发展。

中国—上合司法培训基地为中国俄罗斯东欧中亚学会理事单位。2020年12月2—3日与中国上海合作组织研究中心和中国国际问题研究院共同成功举办了以“疫情形势下上海合作组织面临的机遇与挑战”为主题的首届上海合作组织高端论坛。

三、学术活动

1. 上海合作组织宣传活动

2020年中国—上合司法培训基地系列纪录片《看“法”乌兹别克斯坦》举行首发式。近两年，中国—上合司法培训基地联合上海政法学院上海纪录片学院赴上海合作组织成员国采访调研，实地完成了拍摄任务。此次首发的《看“法”乌兹别克斯坦》纪录片全方位记录了乌兹别克斯坦对接“一带一路”在法律方面的努力与支持。

2. 学术研讨会

应俄罗斯盖达尔论坛组委会邀请，中国—上合司法培训基地代表团于2020年1月14—16日赴莫斯科参加盖达尔论坛。中国—上合司法培训基地和上海交通大学与俄罗斯联邦总统国民经济与行政管理学院联合举办了“欧亚新地缘政治格局：中国‘一带一路’倡议与欧亚经济联盟对接”分论坛。代表团访俄期间拜会了中国驻俄罗斯大使张汉晖，并汇报了中国—上合司法培训基地和中国—上合法律服务委员会交流合作基地的工作情况。张汉晖大使对中国—上合司法培训基地服务国家战略表示赞赏，对取得的成绩给予了充分肯定。张汉晖大使还向代表团介绍了我国与俄罗斯的经贸合作现状，强调在中俄经贸合作过程中提升法律服务的重要性，并对进一步发挥上合组织法律服务委员会交流合作基地的作用提出了意见和建议。

2020年5月21日，上海政法学院、中国—上合司法培训基地、中国—上合法律服务委员会交流合作基地和上海交通大学凯原法学院与俄罗斯国立司法大学借Zoom平台共同主办了上海合作组织法律服务讲坛之“国家反腐政策的实施：中国与俄罗斯经验”研讨会。来自中俄两国的6位专家作了主题发言。

2020年6月16日，中国—上合司法培训基地成功举办校友网络论坛。公安部国际合作局副局长牛海峰、上海合作组织秘书处副秘书长谢小用、上海政法学院副校长胡继灵、上海市公安局指挥部副主任董斌等和来自印度、吉尔吉斯斯坦、俄罗斯、乌兹别克斯坦、巴基斯坦等国家的校友和有关组织代表一同出席视频活动，就“新形势下上合司法命运共同体构建的机遇与挑战”议题展开研讨与交流。上海合作组织地区反恐怖机构执行委员会副主任瓦季姆·巴尔丘克充分肯定了2019年的培训成果。

2020年6月25日，上海政法学院欧亚研究所李新教授出席圣彼得堡国立大学第四届国际经济论坛，参加了“全球经济治理转型条件下俄中贸易政策”的讨论并作主题发言。

2020年9月20日，上海政法学院欧亚研究所所长李新教授用俄语为“一带一路”欧亚地区法治研修班作“‘一带一路’倡议下的机遇与挑战”专题报告，受到来自俄罗斯、白俄罗斯、乌兹别克斯坦、吉尔吉斯斯坦、哈萨克斯坦、塔吉克斯坦、土库曼斯坦、阿塞拜疆、格鲁吉亚、摩尔多瓦十个国家289名学员以及相关国家使领馆列席人员的高度评价。

2020年10月29日，上海政法学院、中国—上合司法培训基地与上海社会科学院上海合作组织研究中心共同举办“当前上海合作组织面临的挑战与机遇及圣彼得堡峰会展望”学术研讨会，来自上海政法学院、上海社会科学院、华东师范大学、上海外国语大学的10余位专家学者参与研讨。

2020年12月2—3日，首届上海合作组织高端论坛在上海政法学院隆重举行。本届论坛由中国—上合司法培训基地、上海政法学院、中国上海合作组织研究中心和中国国际问题研究院共同举办。上海政法学院校长、中国—上合司法培训基地办公室主任刘晓红主持论坛开幕式，上海政法学院党委书记夏小和，中国上海合作组织研究中心主任、中国国际问题研究院院长徐步大使分别致辞。上海合作组织秘书长弗拉基米尔·诺罗夫、中国政府欧亚事务特使李辉、上海市政协副主席周汉民发表主题演讲。来自外交部、商务部、中国国际问题研究院、中国社会科学院、上海政法学院、上海社会科学院、兰州大学、复旦大学、华东师范大学、同济大学、上海外国语大学、上海财经大学、上海国际问题研究院、上海师范大学等研究机构和高校的近百位专家学者，就新冠肺炎疫情形势下上海合作组织地区新形势、新变化以及上海合作组织面临的新挑战、新趋势和上海合作组织发展新要求、新任务等重要议题进行了深入讨论。

2020年12月17日，中国—上合司法培训基地与中南财经政法大学反恐怖主义研究中心联合举办“后疫情时代涉外教育教学面临的挑战和机遇”研讨会。公安部国际合作局海外利益保护处副主任穆光、国家法官学院国际法官研修部主任王晓芳、最高人民检察院国际合作局涉外条约法规处处长韩弋、中国法学会中国法学学术交流中心副主任王伟分别作主旨讲话。200多名与会嘉宾主要围绕习近平法治思想和涉外教育教学两大主题展开了深入交流，就反恐法治教育新模式、涉外培训实践教学体系、课程设计与教学评价、涉外司法执法人才培训、线上线下一体化的新型培训教学模式、涉外培训翻译工作和校友联络工作等议题进行了讨论。

四、科研和教学成果

（一）科研成果

1. 李新:《构建上合组织经济利益共同体：基础、机遇与挑战》，载戚振宏主编、邓浩执行主编:《上合组织命运共同体建设：机遇与挑战》，世界知识出版社，2020年版。

2. 华莉:《俄罗斯法治报告（2018）》，载刘晓红、倪正茂主编，贾少学、石其宝副主编:《上海合作组织年度法治报告（2018）》，上海社会科学院出版社，2020年版。

3. 岳强:《塔吉克斯坦法治报告（2018）》，载刘晓红、倪正茂主编，贾少学、石其宝副主编:《上海合作组织年度法治报告（2018）》，上海社会科学院出版社，2020年版。

4. 赫潇:《吉尔吉斯斯坦法治报告（2018）》，载刘晓红、倪正茂主编，贾少学、石其宝副主编:《上海合作组织年度法治报告（2018）》，上海社会科学院出版社，2020年版。

5. 赵凤彩承担国家社科基金中华学术外译项目《一带一路：区域与国别经济比较研究》和俄罗斯国家出版社翻译基金项目《皇冠瑜伽——从身心健康到生命觉醒》。

6. 华莉参编：朱达秋主编《俄汉—汉俄口译理论与实践》教材，外语教学与研究出版社，2020年版。

（二）教学成果

上海政法学院欧亚研究所所长李新教授2019年在上海国际问题研究院申报的国家社科重点项目“俄罗斯北方海航道开发历史档案文献档案收集整理及中俄北极合作”获得立项（19AGJ009），并于2020年转入上海政法学院。

2020年10月20日及10月24日，李新教授接受俄罗斯圣彼得堡国立大学经济系邀请为该系学生进行网上双语授课，主题为“中国发展模式的形成及其与俄罗斯的比较：思想源泉”。

南京大学俄罗斯学研究中心

一、重要沿革

为推动我国对俄罗斯研究水平的提升，促进中俄各领域的交流与合作，2013年，教育部国际合作与交流司批准在中俄人文合作委员会框架下设立“南京大学俄罗斯学研究中心”。

南京大学俄罗斯学研究中心自成立之日起，就以深远扎实的研究传统和在两国学界已有的重要影响为基础，充分发挥南京大学的综合学科优势，凝聚各系科力量，共同推动俄罗斯学研究水平的提升，促进与俄罗斯有关方面的多领域交流与合作，更好地服务于国家需要。

2017年，南京大学俄罗斯学研究中心成功入选教育部国别和区域研究中心备案名单（备案名称“南京大学俄罗斯研究中心”），并于当年承担教育部国别和区域研究专项课题两项——“俄罗斯语言政策研究”和“俄罗斯中文学习现状及未来学习和服务需求研究”。

南京大学俄罗斯学研究中心成立以来，主办了“跨文化话语旅行中的巴赫金国际研讨会”“俄罗斯学国际研讨会”等多次学术会议。其中，2017年举办的“俄罗斯学国际研讨会”吸引了来自俄罗斯、美国、乌克兰、白俄罗斯、波兰和匈牙利的21位外国代表，以及来自中国社会科学院、北京大学、浙江大学、上海外国语大学、大连外国语大学等近100所高校和研究机构的专家学者，收到论文或摘要共计94篇，这也是迄今为止国内主办的参加国最多、规模最大的一次俄罗斯学国际研讨会。俄罗斯驻上海领事馆副领事到会祝贺并致辞。与会代表们围绕“俄罗斯学前沿理论”“俄罗斯学在中国和其他国家的构建与发展”“俄罗斯文化关键词及国情研究”“俄罗斯学与高校俄语学科建设及俄语专业教学改革”等议题进行了深入的交流与研讨。此会引起了国内外学界的关注与好评：在世界俄语学界具有重要影响的国际俄罗斯语言文学教师协会会刊《俄语在国外》（2017年第4期）对此会作了详细的报道，《新华文摘》（2017年第20期）全文转载了俄罗斯学者沙波瓦洛夫提交的会议论文《作为一门综合性学科的俄罗斯学》，《文汇报（学人版）》（2020年7月28日）刊发了本次会议的三篇论文以及会议嘉宾、俄罗斯著名学者康达科夫的访谈，《当代外国文学》（2017年第4期）、《俄罗斯文艺》（2018年第1期）、《俄罗斯研究》（2017年第5期）等多家CSSCI来源期刊发表了本次会议的学术综述。会议论文集《新时代俄罗斯学研究——俄罗斯学国家研讨会论文集》由外语教学与研究出版社于2018年出版。

在俄罗斯文化译介方面，南京大学俄罗斯学研究中心成果丰硕，组织翻译、出版了多部有关俄罗斯社会文化的论著。其中，《俄罗斯社会与文化译丛》（包括《俄罗斯文明的起源与意义》《二十世纪的俄罗斯族人》《俄罗斯大众传媒》《二十世纪俄罗斯文学史》《俄罗斯思想及其缔造者们》五卷）自出版以来产生了良好的社会影响，俄罗斯联邦驻华大使安·伊·杰尼索夫先生于2016年1月专门致函南京大学表示感谢。俄罗斯方面对译丛的后续出版工作予以高度重视。《俄罗斯文明的起源与意义》获第四届中国大学出版社图书奖优秀学术著作二等奖。

此外，南京大学俄罗斯学研究中心还定期邀请国内外著名学者到南京大学讲学，其中包括俄罗斯国立人文大学教授、俄罗斯自然科学院院士伊·瓦·康达科夫、俄罗斯莫斯科国立大学语文系资深教授谢·伊·科尔米洛夫、中国社会科学院学部委员李静杰等。

南京大学俄罗斯学研究中心的发展目标是提升我国俄罗斯学研究的广度和深度，促进对俄文化交流与合作，形成有影响力的研究成果，指导高校俄语专业教学改革与人才培养模式创新，成为国内首屈一指的俄罗斯学研究基地。俄罗斯学研究中心通过承担翻译任务和专题研究项目、撰写调研报告和学术论文的方式上呈咨政成果，努力推动中俄人文交流与合作，为我国教育部高等教育司、国家汉办及高等学校外语类专业教学指导委员会制定标准和政策提供依据，为进一步提升中国俄罗斯学研究的整体水平发挥积极作用。

二、研究方向

1. 俄罗斯文化
2. 俄罗斯文学
3. 俄语语言学
4. 俄语修辞学
5. 中俄文学关系
6. 俄罗斯教育
7. 俄罗斯学
8. 俄罗斯大众传媒
9. 俄罗斯历史
10. 中俄关系

三、人员情况

（一）中心领导

中心主任：王加兴（2013年至今）

副 主 任：赵　丹（2013年至今）

秘　　书：汪　磊（2013年至今）

（二）科研团队

1. 王加兴：博士，教授、博士生导师，研究方向为俄罗斯文化、俄罗斯文学、俄罗斯教育、俄罗斯学。

2. 徐来娣：博士，教授、博士生导师，研究方向为俄语语言学、俄汉语言文化对比。

3. 董晓：博士，教授、博士生导师，研究方向为俄罗斯文学、中俄文学关系。

4. 郑振东：博士，副教授、硕士生导师，研究方向为俄罗斯历史。

5. 张俊翔：博士，副教授、硕士生导师，研究方向为俄罗斯大众传媒、俄罗斯文学。

6. 范洁清：博士，副教授、硕士生导师，研究方向为俄语语言学。

7. 赵丹：博士，副教授、硕士生导师，研究方向为俄罗斯文化、俄罗斯文学。

8. 段丽君：博士，副教授、硕士生导师，研究方向为俄罗斯文学。

9. 赵杨：博士，副教授、硕士生导师，研究方向为俄罗斯文学。

10. 杨正：博士，副教授、硕士生导师，研究方向为俄罗斯文化、俄罗斯文学。

11. 吴贺：博士，副教授、硕士生导师，研究方向为俄罗斯历史。

12. 方婷婷：博士，副教授、硕士生导师，研究方向为俄罗斯政治、经济。

13. 汪磊：博士，副教授、硕士生导师，研究方向为俄罗斯文学、中俄关系。

14. 孙飞燕：硕士，讲师，研究方向为俄罗斯文学、俄罗斯教育。

四、学术活动

2019年9月25日，俄罗斯学研究中心主任王加兴教授在昆明理工大学参加中国外国文学学会文学理论与比较诗学研究分会第12届年会暨“外国文论在中国70年”学术研讨会，并作了题为“洛特曼对文学研究的主要贡献”的大会发言。

2019年10月20日，俄罗斯学研究中心主任王加兴教授在安徽师范大学参加“回顾与展望：中俄文学70年”国际学术研讨会暨中国外国文学学会俄罗斯文学研究分会2019年年会，并作了题为“19世纪俄罗斯文学经典翻译中值得注意的几个问题”的大会发言。

2019年11月1日，俄罗斯学研究中心主任王加兴教授在四川大学参加“20世纪俄罗斯文学研究”国际学术研讨会，并作了题为“试论作为文学话语方式的‘准直接引语’”的大会发言。

2019年11月11—14日，教育部高等教育教学评估中心和俄罗斯国家公共认证中心按照国际认证标准体系，对黑龙江大学俄语专业联合开展了现场认证。俄罗斯学研究中心主任王加兴教授应邀作为认证专家参加了相关工作。此次认证是我国外语类专业首次参加中俄联合国际认证，将对中俄两国乃至整个欧洲高等教育区内的人才流动起到积极的促进作用。

2019年11月15—17日，俄罗斯学研究中心主任王加兴教授在青岛参加由外语教学与研究出版社主办、中国石油大学承办的“2019年全国高等学校俄语专业教师研修班暨第六届俄语专业教学法学术研讨会”，并作为会议嘉宾作了主旨发言。

2019年11月23日，俄罗斯学研究中心主任王加兴教授在上海外国语大学参加第二届“跨学科视野下俄罗斯东欧中亚研究”国际学术研讨会，并作了题为“‘新国标’指导下的俄语专业课程体系设置与建设”的大会发言。

2019年11月18—28日，俄罗斯国立人文大学教授、南京大学兼职教授伊·瓦·康达科夫先生受俄罗斯学研究中心之邀，为俄语系师生开设系列讲座“近现代俄罗斯艺术文化”。系列讲座共十讲，主题分别为“彼得大帝及后彼得时代的俄罗斯文学艺术”“启蒙时代的俄罗斯文学艺术”“19世纪初的俄罗斯文学艺术”“19世纪上半期的俄罗斯文学艺术”“19世纪俄罗斯文艺批评”“19世纪下半期俄罗斯文艺的顶峰”“19世纪末：俄罗斯现代主义的开端”“白银时代的俄罗斯文学艺术”“白银时代文学的主要流派”“19世纪末20世纪初俄罗斯文艺中的革命主题与趋势”。

2019年11月31日至12月1日，南京大学文学院和南京大学俄罗斯学研究中心联合举办了“中俄文学关系暨纪念五四运动100周年国际学术研讨会”。俄罗斯学研究中心主任王加兴教授作了题为“‘文化的驿马’：余一中先生对文学翻译的贡献”的大会发言。

2019年12月1日，北京大学任光宣教授应邀为南京大学俄罗斯学研究中心师生作了“俄罗斯文化近日观”的学术讲座。

2020年4月25日，俄罗斯学研究中心主任王加兴教授参加“新时期高校外语教育与教学发展”智慧讲坛，并作主要发言。该论坛由教育部高等学校外国语言文学类教学指导委员会、教育部高等学校大学外语教学指导委员会、外语教学与研究出版社、北京外研在线数字科技有限公司共同举办，探讨了当前高校外语教育的重点任务以及如何推动一流专业与一流课程建设，如何积极应对科技发展需求和服务国家战略等议题。全国近1300所高等院校的2000余位外语教学管理者参与了会议。

2020年6月13日，由南京大学外国语学院、南京大学俄罗斯学研究中心主办的南京大学118周年校庆人文社科高端讲座“欧亚地缘政治形式与大国博弈”在腾讯会议平台顺利举办。主讲人中国俄罗斯东欧中亚学会李永全研究员就欧亚及世界局势、中俄关系的历史、中俄（苏）70年双边关系的发展与演变、中俄美在欧亚地区的制衡关系等问题作了全面的梳理和评论，并对疫情之下中俄合作的现状进行了评析。讲座由俄罗斯学研究中心王加兴教授主持，南京大学俄语系师生、兄弟院校师生以及对国际问题感兴趣的各界人士聆听了讲座。

2020年9月20日，俄罗斯学研究中心王加兴教授参加了由教育部外指委俄语分委会、中国俄语教学研究分会主办、湖南师范大学外国语学院承办的“新文科、新指南视域下高校俄语专业教学：标准、建设与评价研讨会”，并作主旨发言。来自全国高校的俄语专业院长（系主任）、专业负责人及教师500余人通过线上、线下两种方式参加了此次研讨会。

2020年11月6—8日，俄罗斯学研究中心董晓教授在浙江大学参加了“纪念鲍里斯·帕斯捷尔纳克诞辰130周年”国际学术研讨会，并作大会发言。

2020年11月11—22日，莫斯科大学A.M.兰钦教授受俄罗斯学研究中心之邀，为俄语系师生及其他院校俄语学子开设系列讲座“俄罗斯文学经典诗学问题”。系列讲座共六讲，主题分别为“普希金中篇小说《黑桃皇后》中的现实与虚幻因素”“莱蒙托夫诗歌中的尘世与天国”“果戈理《钦差大臣》的喜剧诗学”“陀思妥耶夫斯基长篇小说《罪与罚》的时间与空间诗学”“列夫·托尔斯泰长篇小说《战争与和平》的战争诗学”“论契诃夫喜剧《樱桃园》的作者立场”。南京大学近百名校内外师生在线上聆听了讲座，并与专家进行交流。

2020年11月12—15日，俄罗斯学研究中心张俊翔副教授在线参加由俄罗斯大众传媒署、俄罗斯翻译院主办的第六届文学译者国际研讨会，并作了题为“国家社科基金中华学术外译项目文学理论图书俄译：现状与前景”的发言。

2020年11月25日至12月9日莫斯科国立师范大学 В.Д.扬琴科教授受邀为南京大学及其他学校俄语专业师生开设题为“跨文化交际的若干迫切问题”的系列讲座。系列讲座共五讲，主题分别为“语言文化学的若干迫切问题”“俄汉文化对话（上）”“俄汉文化对话（下）”“语言文化休克及其克服途径”和“如何成为一个通晓多门语言的人”。

2020年12月5—6日，俄罗斯学研究中心王加兴教授参加黑龙江大学、俄罗斯莫斯科国立语言大学、乌拉尔联邦大学和阿尔泰国立大学共同举办的“新形势下的俄罗斯学建设及人才培养”线上国际研讨会，并作了题为“俄罗斯学在俄语专业建设中的地位和作用”的大会发言。

2020年12月11—13日，俄罗斯学研究中心王加兴教授在线参加中国外国文学学会文学理论与比较诗学研究分会第13届年会暨“文学理论跨文化会通与世界文论共同体建构”学术研讨会，并作了题为“洛特曼文论的当下意义”的大会发言。

2020年12月19日，俄罗斯学研究中心王加兴教授在线参加华中师范大学主办的“新文科背景下俄语学科建设高端论坛”，并作了题为“基于《教学指南》的俄语专业建设”的大会发言。

五、科研成果

（一）著作

1. 王加兴、王生滋、袁俭伟：《当代俄罗斯修辞理论三题》，南京大学出版社，2019年版。

【内容摘要】在语文学领域，20世纪的俄罗斯贡献了三位学术大师——维诺格拉多夫、雅可布森和巴赫金。本书以维诺格拉多夫的作者形象理论、雅可布森的语言学诗学理论和巴赫金的言语体裁理论为研究对象，试图透过俄国学者的修辞理论，找到对我们有益的启发和触动。上篇“作者形象的修辞角度研究”探讨的是主体与客体、内容与形式、文外作者与文内作者、修辞与意蕴等文学修辞学问题，并着重阐释了审美主体在作品中所具有的统摄全局的核心作用。中篇“语言学诗学理论研究”则选择由诗学切入，围绕“诗章结构”这一中心概念展开论述，指出雅可布森的语言学诗学观给我们提供了一个析诗的综合模式，而如何借鉴这一模式，则是我们面临的一个重要课题。下篇“言语体裁理论研究”从言语交际、表述与体裁的相互关系中揭示了这一理论的深刻内涵，对比分析了它与功能修辞学的学理异同，进而阐述了巴赫金对于俄语修辞学内部学科之间的融会贯通所做的重要贡献。

2. 张俊翔:《俄罗斯“三十岁一代”作家研究》，南京大学出版社，2019年版。

【内容摘要】小说是体现文学自身探索、关联社会生活动向的主流体裁。本书为一本关注俄罗斯作家创作的小说作品的专著，聚焦俄罗斯文学批评界按照隐形代际原则划分的“三十岁一代”作家，将这批出生于20世纪60年代后期至70年代前期的作家视为一种文学现象，审视其在社会深层变动过程中的创作实践，挖掘其存在的文化合理性和艺术独特性。

（二）论文

1. 王加兴:《新世纪以来的中俄教育合作与交流：现状与前景》,《中国俄语教学》2020年第1期。

【内容摘要】中俄教育合作作为两国战略协作的重要组成部分，对全面提升两国关系水平具有重大意义。本文就互派留学人员、联合培养人才、整合双方高校资源及搭建有效交流平台、加强双方青少年交流、相互推动语言学习五个方面，对21世纪以来的中俄教育合作与交流进行梳理和总结，并指出，中俄教育领域的合作正在向深层次发展。

2. 王加兴:《基于〈指南〉的俄语专业课程体系设置与建设》,《中国俄语教学》2020年第4期。

【内容摘要】新近出版的《普通高等学校本科俄语专业教学指南》是指导全国高校俄语专业本科教学的纲领性文件。各高校俄语专业应依据《指南》相关内容，重设课程体系，调整课程结构，完善教学计划，以切实提高俄语人才培养的目标达成度和社会满意度。

3. 王加兴:《"文化的驿马"——余一中先生对文学翻译的贡献》,《俄罗斯文艺》2020年第2期。

【内容摘要】余一中教授生前曾担任《当代外国文学》杂志主编、南京大学外国文学研究所所长。作为文学翻译家，其主要贡献在于"通过翻译不断更新着中国对高尔基的认识与理解"。本文认为，余一中先生之所以为译界所赞誉，关键在于他正确处理了"译什么"和"怎么译"这两个重要问题。谨以此文纪念余一中先生逝世七周年。

4. 董晓:《从〈三姊妹〉看契诃夫戏剧中的时间》,《外国文学研究》2020年第3期。

【内容摘要】时间的主题是契诃夫戏剧创作中最重要的主题之一。而《三姊妹》作为契诃夫戏剧风格最鲜明的剧作，也最典型地体现出作为剧作家的契诃夫对时间的书写。契诃夫力求在对生活的日常性表现中体现出时间的主宰作用，表现出生活中时间的永恒流动。人与时间的关系在剧本中通过对"等待主题"的挖掘而得以进一步的揭示。凭借对三姊妹等待状态的展示，契诃夫表达了时间成为主宰人之命运的主人这一思想。契诃夫对人与时间之关系的理解，也相应地存在于去冲突化的戏剧理念中。戏剧动作的缺失使《三姊妹》呈静态化，而舞台的静态化则包含了契诃夫对时间主题的阐发：时间的流逝消解了人的行动之意义，行动与时间隔离了，行动被抛到时间流程之外。对时间的这种感受与契诃夫对喜剧性的追求有密切的关系。契诃夫在以《三姊妹》为代表的剧作中对时间的艺术表达不仅生成了其剧作内在的喜剧精神，而且对20世纪的现代戏剧影响深远。

5. 董晓:《论契诃夫戏剧的去事件化与冲突的生成》,《戏剧》2020年第5期。

【内容摘要】契诃夫戏剧以淡化显在的事件冲突和人与人之间的冲突而形成了意在表现人与环境、人与时间之冲突的创作倾向。他的剧作中的戏剧冲突因此而具有了独特的艺术风格：通过戏剧人物潜在心理的细腻含蓄的刻画，表现出与惯常心态相背离的独特心理状态；通过对人物与环境、人物与时间的对抗，逐渐强化了对生活之荒诞性本质的认识，体现出与传统的戏剧冲突模式相背离的冲突表现形式。在凸显这种相背离性的过程中，契诃夫戏剧的内在冲突性得以显现。契诃夫对戏剧冲突的这种表现方式使剧作家能够获得审视事物的外位性眼光，即以旁观的视角，获得对事物的超越性审视。这种审视事物的外位性、超越性立场使契诃夫的戏剧具有未完成性和去悲剧化特质，对20世纪的现代戏剧影响深远。

6. 方婷婷:《俄罗斯学者对人类命运共同体思想的认知与探讨》,《理论视野》2020年第6期。

【内容摘要】俄罗斯学者对“人类命运共同体”思想的总体评价是：这是一个倡导和平、共建共享、合作共赢的理念，不仅能够给俄罗斯带来机遇，还将会推动国际秩序和国际体系作出必要的改革和完善。在中国长期致力于构建“人类命运共同体”的大背景下，良好的外部环境已经为中俄两国在政治、经济、外交、文化等领域加强交流与合作提供了优越的条件，因此两国新时代全面战略协作伙伴关系必将得到进一步深化，从而实现双边关系与更大范围内的多边共赢。

（三）研究项目

1. 王加兴：教育部人文社会科学重点研究基地重大项目“俄罗斯汉语教育现状调查与分析”。

南京大学俄罗斯学研究中心主任王加兴教授作为主持人，于2015年成功申报了教育部人文社会科学重点研究基地重大项目“俄罗斯汉语教育现状调查与分析”。随着中国的和平崛起，汉语正在以前所未有的步伐加快走向世界。在俄罗斯，汉语已跃居第四大外语，俄罗斯联邦教育科学部拟于近期将汉语纳入（俄罗斯中学毕业生）国家统一考试的外语科目。一方面，调查俄罗斯汉语教育的现状，分析俄罗斯汉语教育的政策及其实施状况，对比俄罗斯与其他国家在汉语教育方面的异同，总结出俄罗斯汉语教育的主要特色，并对俄罗斯汉语教育的发展方向、发展价值，以及发展中存在的问题进行思考、提出建议，不仅有助于我国汉语教育相关部门制定更适合俄罗斯汉语教育的政策和措施，而且还有利于俄罗斯相关主管部门更好地开展此项工作，以进一步促进汉语教育在俄罗斯的蓬勃发展。另一方面，本课题的研究对推动我国的对外汉语教育事业以及我国的俄语教育事业也有一定的借鉴和参考作用。目前该项目进展顺利，已完成三篇调研报告，并在CSSCI来源期刊上发表论文两篇。

2. 王加兴：2020年度江苏省社会科学基金重点项目“尤里·洛特曼文学语言理论研究”。

从国内外对其学术思想的研究现状来看，学界关注得较多的是洛特曼的结构诗学和文化符号学以及文学史研究成果（如对普希金、莱蒙托夫等作家其人其文的研究），却忽略了对洛特曼文学语言理论的研究。其实，洛特曼对文学语言的理论研究作出了巨大贡献。文学语言在其学术研究中一直处于中心地位，其主要著作《结构诗学讲义》《诗歌文本分析》《艺术文本的结构》和一系列重要论文（如《修辞学》《口语在普希金时代文化生活中的功用》《俄罗斯浪漫主义诗语词汇与教会—斯拉夫传统的关系》），都对文学语言作了精辟阐发和深入论析，其结构诗学理论和文学符号学理论正是以语言研究为基础而逐渐形成的。21世纪以来俄罗斯出版的多种文学理论工具书和诗学辞典（如纳·达·塔玛尔琴科主编的《诗学：关键术语和概念词典》）都对洛特曼的文学语言观作了简要概述，但迄今为止，无论是俄罗斯学界还是中国学界，都尚未出现专门研究洛特曼文学语言观的论著。本课题的学术价值和研究意义在于：梳理和阐述洛特曼对文学语言理论的重要贡献，以进一步深化我们对文学语言的认识和探索。

3. 董晓：2019年度教育部哲学社会科学研究重大课题攻关项目“多卷本《俄国戏剧史》编撰与重要资料翻译研究”。

在俄罗斯文学文化研究领域，系统而深入的俄罗斯戏剧史研究尚属空白。该项目通过国内首次多卷本《俄国戏剧史》的编写，尝试填补这一空白。《俄国戏剧史》共分四卷，从公元13世纪俄国戏剧的发端至苏联解体后的当代俄罗斯戏剧，不仅涉及剧作家、戏剧创作思潮，还涉及重要的舞台艺术流派、导演、演员乃至剧场表演艺术流派。通过搜集、翻译相关研究资料，为我国戏剧研究和戏剧表演提供全面而系统的参考资料。

（四）奖项

1. 董晓教授的专著《契诃夫戏剧的喜剧本质论》（北京大学出版社，2016年版）获第八届高等学校科学研究优秀成果奖（人文社会科学）二等奖。

2. 张俊翔副教授的专著《俄罗斯“三十岁一代”作家研究》（南京大学出版社，2019年版）获江苏省第十六届哲学社会科学优秀成果三等奖。

六、人才培养与教学成果

1. 2019年10月24日，第二届中国俄罗斯东欧中亚学会俄语教学研究分会（第九届中国俄语教学研究分会）会员代表大会在山东大学举行。大会宣布了第二届“中国俄语教育终身成就奖”和“中国俄语教育杰出贡献奖”的表彰决定，南京大学俄罗斯学研究中心顾问王恩圩、诸葛苹教授分获中国俄语教育终身成就奖和杰出贡献奖。

2. 2019年10月26—27日，由教育部国际司主办、北京外国语大学承办的2019年全国高校俄语大赛在北京大兴举行。2019级硕士研究生徐亚楠、2018级本科生张颖熔、2016级本科生仲艺分别获得研究生组一等奖、低年级组二等奖和高年级组三等奖。

3. 2020年10月24—25日，由教育部国际司主办、黑龙江大学承办的2020年全国高校俄语大赛在哈尔滨举行。2017级本科生李骋宇在演讲、口语表述、对话口译等环节中表现突出，一举夺得高年级组第一名的好成绩，荣获一等奖。2019级本科生陈治森和2020级硕士研究生仲艺分获低年级组和研究生组优胜奖。

4. 2017级本科生曾钰言荣获由广东外语外贸大学翻译学研究中心、《俄罗斯文艺》编辑部、哈尔滨师范大学、中国俄语教学研究分会、中国译协联合主办的“‘俄罗斯文艺’文学翻译奖·第十一届全球俄汉翻译大赛”一等奖。2017级研究生董雨萌和2018级研究生徐海雯荣获二等奖。南京大学俄罗斯学研究中心暨俄语系荣获组织奖。

5. 2017级本科生陈佳瑜荣获由中国翻译协会、北京第二外国语学院共同主办的“永旺杯”第十三届多语种全国口译大赛俄语交替传译组三等奖。

山东大学俄罗斯与中亚研究中心

山东大学俄罗斯与中亚研究中心成立于2014年12月，挂靠山东大学当代社会主义研究基地和政治学与公共管理学院，是研究俄罗斯和中亚地区（包括政治、经济、文化与外交）、中俄关系、中国与中亚地区关系的专门学术研究机构。

一、重要沿革

2012年12月，山东大学批准由马风书教授牵头成立俄罗斯与中亚研究中心，作为学校非实体型专门科研机构。2014年12月中心正式揭牌，并开始举办各项学术活动。2015年5月17—18日，中心在青岛大学国际学术交流中心举办了主题为“丝绸之路经济带视域下的中国与俄罗斯及中亚关系——机遇与挑战”的国际学术研讨会。同年，中心与俄罗斯人民友谊大学、俄罗斯总统国民经济和行政管理研究院建立了学术交流合作机制。2016年10月28—30日，中心在泰安广播电视局举行了主题为“大国博弈与中亚的未来”的国际学术研讨会。2017年12月，中心入列教育部国别和区域研究中心备案名单，并获批两项科研立项。2018年5月26—27日，中心在山东大学青岛校区与中国中俄关系史研究会联合举办了主题为“中俄关系的历史与中俄发展道路比较及新形势下的中俄关系”的大型国际学术研讨会。2020年，中心被授予中国俄罗斯东欧中亚学会理事单位。

二、研究方向

山东大学俄罗斯与中亚研究中心的研究主要聚焦于以下方向：

1. 俄罗斯政治、经济、文化与外交
2. 中亚政治、经济、文化与外交
3. 俄罗斯、中亚与大国关系
4. 中国与俄罗斯、中亚关系
5. “丝绸之路经济带”与中亚命运共同体

三、中心成员

（一）领导成员

中心主任：马风书教授，研究方向为俄罗斯和中亚政治、文化与外交。

中心副主任：黄登学教授，研究方向为俄罗斯和中亚政治与外交。

中心副主任：展妍男副教授，研究方向为俄罗斯和中亚政治与外交、“丝绸之路经济带”与中亚命运共同体。

（二）科研团队

1. 陆南泉研究员：中国社会科学院荣誉学部委员、中国社会科学院俄罗斯研究中心副主任，研究方向为俄罗斯和中亚经济。

2. 王海运少将：中国前驻俄罗斯大使馆武官、中国国际战略学会高级顾问、俄罗斯国防安全法制研究院外籍院士，研究方向为俄罗斯与中亚外交、中俄关系。

3. 李兴教授：北京师范大学政府管理学院、北京师范大学俄罗斯中心学术委员会主任，研究方向为亚欧区域、大国关系。

4. 李新研究员：上海国际问题研究院俄罗斯中亚研究中心主任、上海合作组织研究中心常务理事，研究方向为俄罗斯和中亚经济与外交。

5. 庞大鹏研究员：中国社会科学院俄罗斯研究中心主任、国务院发展研究中心欧亚社会发展研究所特约研究员，研究方向为俄罗斯和中亚政治、经济与外交。

6. 姜毅研究员：中国社会科学院俄罗斯东欧中亚研究所俄罗斯外交研究室副主任，研究方向为俄罗斯外交。

7. 徐坡岭研究员：中国社会科学院俄罗斯东欧中亚研究所俄罗斯经济室主任、中国社会科学院“一带一路”研究中心副主任，研究方向为俄罗斯经济。

8. 冯玉军教授：复旦大学国际问题研究院教授、中俄友协常务理事、中国现代国际关系研究院俄罗斯研究所前所长，研究方向为俄罗斯外交、中俄关系。

9. 李中海研究员：中国社会科学院俄罗斯东欧中亚研究所研究员、《俄罗斯东欧中亚研究》杂志主编，研究方向为俄罗斯政治、经济与外交。

10. 杨成教授：上海外国语大学国际关系与公共事务学院教授，华东师范大学俄罗斯研究中心前副主任，研究方向为俄罗斯和中亚政治、经济与外交。

11. 王四海教授：兰州大学土库曼斯坦研究中心主任，研究方向为中亚政治与外交。

12. 李亚洲教授：山东大学当代社会主义研究所研究员、山东大学政治学与公共管理学院教授、中国社会科学院世界社会主义研究中心特邀研究员，研究方向为国际共产主义运动史、俄罗斯和中亚政党政治。

13. 李建刚教授：山东大学当代社会主义研究所研究员、山东大学外国语学院副院长，研究方向为俄罗斯语言与文化。

14. 崔桂田教授：山东大学当代社会主义研究所主任、山东大学政治学与公共管理学院教授，研究方向为科学社会主义与国际共产主义运动、前苏东国家政治。

15. 李学岩教授：山东大学外国语学院教授，研究方向为俄罗斯语言与文化。

16. 陈培军副教授：山东大学外国语学院教授，研究方向为俄罗斯语言与文化。

17. 王晨星副研究员：中国社会科学院俄罗斯东欧中亚研究所副研究员，研究方向为俄罗斯政治与外交。

18. 时映梅副教授：黑龙江大学俄语系副教授，研究方向为俄罗斯文化。

四、学术活动

1. 2020年11月10日，俄罗斯与中亚研究中心举办了主题为“美国大选与未来大国关系”的学术工作坊；2020年12月5日，举办了主题为“中国文化与中国外交”的学术工作坊。

2. 2020年12月，俄罗斯与中亚研究中心分别邀请广东外语外贸大学俄罗斯研究中心主任王树春教授、中国社会科学院俄罗斯东欧中亚研究所俄罗斯经济室主任徐坡岭研究员等专家来中心进行学术演讲和交流。

五、教学成果

1. 俄罗斯与中亚研究中心为山东大学国际政治系本科生开设了“俄罗斯政治与外交”“中亚地区政治与外交”两门课程，为山东大学国际政治和国际关系专业的研究生开设了“俄罗斯对外战略和对外政策”“中亚地区政治与外交”两门课程。

2. 俄罗斯与中亚研究中心指导培养了10名中国、俄罗斯、乌克兰、哈萨克斯坦和塔吉克斯坦硕士研究生，这些研究生于2020年5月完成了毕业论文答辩。

河北师范大学中俄远东研究中心

一、重要沿革

河北师范大学中俄远东研究中心成立于2016年11月，2017年3月入选“教育部国别与区域研究中心备案”名单。其前身为20世纪80年代成立的苏联东欧研究所，后更名为俄罗斯东欧中亚研究所，历任所长分别为贺安保、赵秋长、孟国华和郭小丽。2020年中心通过教育部评估，并入选中国俄罗斯东欧中亚学会理事单位。

二、研究方向

从20世纪80年代末到21世纪初，中俄远东研究中心教师以翻译出版文学作品为主，如翻译《英雄史诗的起源》等作品。进入21世纪之后，中心开始关注俄罗斯文化，参加翻译《文化理论与俄罗斯文化史》等著作，同时开始注重翻译作品的应用性和跨学科性，如《趣味物理学》以及《世界真奇妙》阅读系列等。

2016年中俄远东研究中心成立之后，中心教师在继续夯实俄罗斯文化及中俄文化比较的基础上，发挥河北师范大学综合性的学科优势，向多学科、多领域拓展，着力新文科和跨学科建设，与河北师范大学省部共建“燕赵文化协同创新中心”及教育部国家重点研究基地——西柏坡革命精神研究中心。中心的特色：一是以远东研究为重点方向。二是讲中国故事，传播中国理念。三是加强国际合作，与圣彼得堡国立大学等5个单位建立合作关系，共同打造跨学科研究平台，共举办国际学术会议5次。中心还与俄方共同申请中俄合作项目2项。

三、人员情况

目前中俄远东研究中心主要成员为河北师范大学俄语系教师7人，其中教授4人，副教授1人，讲师2人。河北省优秀中青年社科专家、省百名创新人才、省三三三优秀人才（二层次）、省高层次人才1人，省青年拔尖人才1人。俄罗斯莫斯科大学历史系副主任 A.A.德米特里、俄罗斯彼得堡大学俄中社会学研究中心主任 A.B.彼得罗夫、莫斯科史经法研究所所长 И.B.图里岑、西伯利亚联邦大学 B.Г.达旗升等7位知名专家为中心兼职研究员。郭小丽教授为中俄远东研究中心主任，王旭博士为执行主任，王洪庆、程红为副主任。

四、学术活动

2020年中俄远东研究中心开展了形式多样的学术活动，取得了丰硕的成果。除邀请国外知名专家举办讲座外，中心还在以下几个方面进行了国际交流。

（一）举办两场跨学科国际学术会议

1. 2020年5月15日，由中俄远东研究中心主办，莫斯科史经法研究所、圣彼得堡国立大学联合承办的“教育信息化发展趋势及未来影响”国际研讨会顺利在线召开。

2. 2020年10月16日至17日，中俄远东研究中心与俄罗斯圣彼得堡国立大学俄中研究中心、俄罗斯圣彼得堡国立电影电视大学、俄罗斯学术期刊《社会·环境·发展》杂志社共同举办“中俄社会学研究”国际学术会议。

（二）中俄远东研究中心成员参加国际会议并作大会报告

程红教授与王旭博士在2020年10月“中俄社会学研究”国际学术会议上

的报告引起与会者极大兴趣，现场回答了各种问题。2020年12月郭小丽教授在俄罗斯国立高等经济学院主办的国际学术会议“转型中的东西方”上作大会报告。

（三）举办学术讲座，拓宽研究视野

中俄远东研究中心邀请国内外知名学者举办学术讲座16场，讲座可分为两类：

1. 中俄远东研究中心举办国外专家“文明交流与对话”系列讲座。讲座专家包括И.В.图里岑（俄罗斯莫斯科历史、经济与法律研究所所长）、А.В.彼得罗夫教授（圣彼得堡国立大学俄中问题研究中心主任）、D.约翰古阿斯（汉堡大学德国东北欧文化和历史研究所副所长）等。

2. 中俄远东研究中心举办中国知名学者讲座。讲座专家包括李永全（中国俄罗斯东欧中亚学会会长，中国社会科学院大学国际关系学院院长）、孙壮志（中国社会科学院俄罗斯东欧中亚研究所所长）、宁琦（北京大学外国学院院长、区域国别研究院执行院长）、杨成（上海外国语大学区域与国别研究院执行院长）、王宪举（国务院发展研究中心欧亚所研究员、中国人民大学俄罗斯研究中心副主任）等。

（四）举办跨学科沙龙和国别研究论坛

中俄远东研究中心打破学科界限，组织不同学科的学者就同一研究对象进行跨学科的对话与交流。如河北师范大学美术学院油画画家侯志江教授与中心郭小丽教授分别从艺术及历史角度，对读俄罗斯著名画家的绘画作品。

此外，郭小丽教授还专门作了题为“区域国别研究的目的、内容及方法”的讲座，并在河北师范大学外国语学院举办的“新文科背景下外语建设和人才培养高端论坛”中开辟“区域国别研究”讨论专场，组织河北师范大学外语教学部和外语学院教师就国别研究选题发言，中心教师王洪庆、程红、王旭等人从研究内容及方法上分别给予点评和指导，并取得良好效果。

五、科研成果

河北师范大学中俄远东研究中心紧跟世界局势，服务国家，植根河北，在科学研究、智库建设、国际交流等方面取得一定成绩。

2019年10月—2020年10月，中心教师获批教育部国别项目3项。分别为“中俄人文交流经典案例挖掘及跟踪研究”（19GBQYO29，戴建兵）、“中俄继续教育比较研究”（19GBQYO24，王洪庆）以及“新媒体时代对周边国家国际传播效果及周边国家青年群体对中国文化和内容产品的认知研究”（20GBQYO，王旭）。

六、人才培养

中俄远东研究中心致力于专业内涵建设，结合区域国别研究导向，为研究生增开俄罗斯问题研究、中俄文化比较、俄罗斯远东历史与地理概况、俄罗斯历史文献及档案检索等新课程类型，改革教学方式，以学生自学、课上研讨、沙龙争鸣等系列方式，打开学生的学术视野，拓展跨学科知识，培养青年人的中国情怀、世界眼光，指导学生撰写宣讲中国故事的俄文文章。中心调动学生自主能动性，将过程性考核比例升至80%。尽管中心培养的硕士生总量不多，但质量较高，现已有7名毕业生升入北京大学、北京师范大学等高等学府攻读博士学位。2020年，中心又有一名硕士毕业生被成功遴选为国家公派留学生，前往俄罗斯著名的普希金语言学院攻读博士学位。

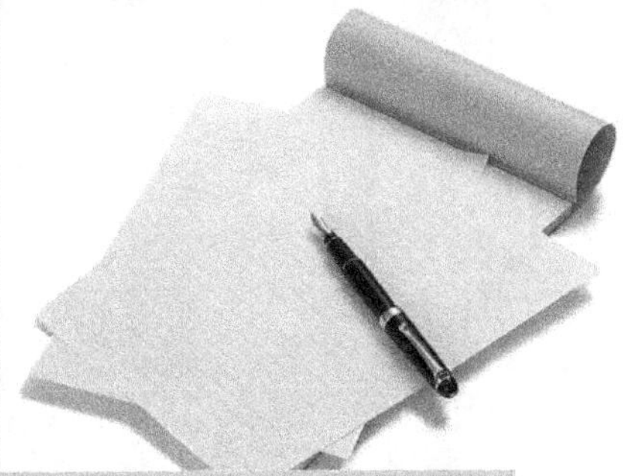

会员单位

中国国际问题研究院欧亚研究所

一、重要沿革

中国国际问题研究院是中国外交部直属专业研究机构，其前身为创设于1956年的中国科学院国际关系研究所。1986年更名为“中国国际问题研究所”。2014年6月，“中国国际问题研究所”更名为“中国国际问题研究院”（以下简称“国研院”），其组成单位欧亚研究室也更名为“欧亚研究所”（以下简称“欧亚所”）。

二、研究方向

国研院欧亚所是国内重要的研究俄罗斯、中亚、独联体及上海合作组织的综合性学术机构之一，主要从事欧亚地区国家内政外交、地区形势等领域的研究。主要研究方向包括：俄罗斯、中亚等欧亚各国内外政策的变化，中国与欧亚国家的关系，“一带一路”以及上海合作组织发展现状、前景和面临的挑战等问题，并提出相关政策建议，以供决策参考。

三、研究人员

国研院欧亚所现有研究人员9人，拥有博士、硕士学位和高、中级研究职称，大部分都有着欧亚地区国家常驻、进修经历。其中，正高级职称1人，副高级职称4人，中级职称4人。李自国担任所长。

四、学术活动

国研院欧亚所负责组织和安排中国上海合作组织研究中心的活动。除举办与参与中国上海合作组织研究中心活动外，国研院欧亚所亦举办国内外学术会议，与国内相关研究机构交往合作密切，与俄罗斯莫斯科国际关系学院、俄罗斯科学院世界经济与国际关系研究所、哈萨克斯坦首任总统基金会世界经济与政治所、白俄罗斯国立大学建立合作伙伴关系，与其他欧亚国家知名智库也经常性开展合作。

2019—2020年度主要学术活动如下：

1. 2019年9月10—11日，第17次中俄印三国学者对话会在中国国际问题研究院举行。来自中国国际问题研究院、中国现代国际关系研究院、中国国际友好联络会、俄罗斯科学院远东研究所、印度中国研究所、印度尼赫鲁大学等机构的学者以及俄罗斯、印度驻华使馆代表近40人与会。三国学者主要就当前国际秩序新变化和中俄印机制、中俄印框架下的双边关系和发展趋势以及推动中俄印三边务实合作等议题进行了深入探讨。欧亚所李自国、韩璐参加了会议并发言。中俄印三国学者对话会始于2001年，每年举办一次，由中国国际问题研究院、俄罗斯科学院远东研究所和印度中国研究所轮流承办。

2. 2019年10月16日，第19次中俄双边学术会议在北京举行。戚振宏院长率欧亚所研究人员与莫斯科国际关系学院科若金副校长率领的代表团就如何深化中俄新时代全面战略伙伴关系进行了深入交流和探讨。中俄双边学术研讨会始于1996年，由中国国际问题研究院与俄罗斯莫斯科国际关系学院轮流承办。

3. 2019年10月24日，戚振宏院长会见来访的俄罗斯青年外交官代表团。双方在友好、坦诚的气氛中就双边、地区和全球事务等议题展开热烈互动交流。欧亚所青年研究人员参加会谈。

4. 2019年12月6日，欧亚所与乌兹别克斯坦驻华大使馆在北京共同举办《米尔济约耶夫总统——乌兹别克斯坦改革时代的设计师》新书发布会。来自全国人大常务委员会、国务院参事室、外交部、中国人民对外友好协会、国防部外事办公室、上海合作组织秘书处、多国驻华使馆、中国社会科学院、中国现代国际关系研究院、中央电视台、《环球时报》、中国网等单位的80余名中外代表与会。中国政府欧亚事务特别代表李辉、外交部前副部长张德广、乌兹别克斯坦共和国驻华大使赛义多夫分别致辞祝贺。

5. 2020年8月12日，欧亚所举办主题为“疫情下中国同欧亚国家合作的机遇与挑战”国际视频研讨会。来自中国社会科学院、中国现代国际关系研究院、俄罗斯科学院普里马科夫世界经济与国际关系研究所、俄罗斯科学院远东研究所、哈萨克斯坦中国研究中心、乌兹别克斯坦战略发展中心、塔吉克斯坦共和国总统战略研究中心以及吉尔吉斯斯坦的专家学者连线出席会议并发言。国研院欧亚研究所李自国所长、韩璐副所长、邓浩研究员与会。与会代表就新冠肺炎疫情背景下欧亚地区形势新变化，以及中国同欧亚国家开展合作面临的机遇与挑战等议题进行了深入研讨。

6. 2020年9月21日，欧亚所举办“吉尔吉斯斯坦议会选举及其影响”国际视频研讨会。欧亚所全体研究人员与来自吉尔吉斯斯坦国家战略研究所、吉尔吉斯斯坦公共政策研究院、吉尔吉斯斯坦独立研究分析中心、哈萨克斯坦总统战略研究所的专家就吉尔吉斯斯坦议会选举及走势、中吉关系及中亚国家政治转型等议题进行了深入的交流。

7. 2020年10月26日，李自国所长参加了由商务部和欧亚经济委员会共同举办的“‘一带一路’倡议与欧亚经济联盟对接”视频论坛，并作“‘一带一盟’对接下的农业合作与潜力挖掘”的主旨发言。与会专家还就欧亚经济联盟和中国在生态和可持续发展、数字解决方案在物流和运输过程中的应用、农产品贸易、发展主权金融体系和本币结算系统等领域的务实合作展开了深入讨论。

五、科研成果

（一）著作

1. 戚振宏主编、邓浩执行主编:《新时期上海合作组织：形势与任务（2018—2019）》，世界知识出版社，2019年版。

【内容摘要】该书分析了新时期上海合作组织面临的形势和任务，内容涉及战略合作、安全合作、经济合作、成员国关系以及成员国、观察员国、对话伙伴合作等广泛议题。此书也是中外学者论文合集，是在参加第14次上海合作组织论坛会员代表提交论文的基础上扩充而成，基本反映了各国权威专家学者对上海合作组织的观点和看法。

2. 李自国主编:《米尔济约耶夫总统——乌兹别克斯坦改革时代的设计师》，世界知识出版社，2019年版。

【内容摘要】该书凝聚了国内研究中亚，特别是研究乌兹别克斯坦的众多专家的智慧，是各位学者对乌兹别克斯坦，特别是改革以来乌兹别克斯坦的发展进行全方位扫描的最新研究成果，有益于国内广大读者深入理解乌兹别克斯坦国内政治、经济、社会及对外关系发展的现状，对加强中乌文化交流、促进双边关系有重要意义。

3. 戚振宏主编、邓浩执行主编:《上合组织命运共同体建设：机遇和挑战（2020）》，世界知识出版社，2020年版。

【内容摘要】本书总结了新冠肺炎疫情下上海合作组织及其成员国发展面临的挑战与机遇，指出在世界百年未有之大变局和世界百年未遇之大疫情下构建上海合作组织命运共同体的必要性和重要性。

（二）公共外交报告

李自国、邓浩、韩璐、李琰:《新冠肺炎疫情下中国与欧亚地区守望相助》，中国国际问题研究院2020年4月发布。

（三）学术论文

1. 李自国:《“一带一路”框架下中乌经贸合作》，载李自国主编:《米尔济约耶夫总统——乌兹别克斯坦改革时代的设计师》，世界知识出版社，2019年版。

2. 李自国:《俄罗斯形势：外交亮点纷呈 内政经济波澜不惊》，载中国国际问题研究院著:《国际形势与中国外交蓝皮书（2020）》，世界知识出版社，2020年版。

3. 李自国:《哈萨克斯坦》，载孙力主编、肖斌执行主编、杨进副主编:《中亚国家发展报告（2020）》，社会科学文献出版社，2020年版。

4. 李自国:《上海合作组织人文合作：相亲相知的桥梁》，载周国梅、李菲、谢进、王语懿编著:《上海合作组织环保合作构想与展望》，社会科学文献出版社，2020年版。

5. 徐坚、李自国、金玲:《中国的大国外交》，载苏格主编:《世界大变局与新时代中国特色大国外交》，世界知识出版社，2020年版。

6. 李自国:《"一带一路"与中国—中亚国家》，载柴瑜、王晓泉主编，任晶晶、王晨星副主编:《"一带一路"建设发展报告（2020）》，社会科学文献出版社，2020年版。

7. 李自国、康杰:《上合组织扩员中的美国因素》，载戚振宏主编、邓浩执行主编:《上合组织命运共同体建设：机遇和挑战（2020）》，世界知识出版社，2020年版。

8. 邓浩:《对新时期上海合作组织发展的几点思考》，载戚振宏主编、邓浩执行主编:《新时期上海合作组织：形势和任务（2018—2019）》，世界知识出版社，2019年版。

9. 邓浩:《新时期上合组织与全球治理》,《国际问题研究》2020年第3期。

10. 邓浩:《新冠肺炎疫情与上合组织命运共同体建设》，载戚振宏主编、邓浩执行主编:《上合组织命运共同体建设：机遇和挑战（2020）》，世界知识出版社，2020年版。

11. 邓浩、康杰:《南高加索地区政局新变化及其走向》，载孙力主编、肖斌执行主编、杨进副主编:《中亚国家发展报告（2020）》，社会科学文献出版社，2020年版。

12. 邓浩:《中亚和南高加索地区形势：回眸与前瞻》，载苏格主编:《世界大变局与新时代中国特色大国外交》，世界知识出版社，2020年版。

13. 韩璐:《乌克兰危机后白俄罗斯外交发展态势评析》,《欧亚人文研究》2019年第1期。

14. 韩璐:《中国—中亚国家关系：稳步向前 共同发展》，载中国国际问题研究院著:《国际形势与中国外交蓝皮书（2020）》，世界知识出版社，2020

年版。

15. 韩璐：《俄罗斯政治经济形势回顾及前景展望》，载兰立俊主编、沈国放执行主编、孙海潮副主编：《国际问题纵论文集（2019/2020）》，世界知识出版社，2020年版。

16. 韩璐：《乌克兰危机的演化及其影响》，载苏格主编：《世界大变局与新时代中国特色大国外交》，世界知识出版社，2020年版。

17. 韩璐：《上海合作组织成员国互联互通建设：现状与前景》，载李进峰主编，杨进、张宁副主编：《上海合作组织发展报告（2020）》，社会科学文献出版社，2020年版。

18. 韩璐：《2017年白俄罗斯经济发展现状及前景》，载张惠芹、卢婷婷、孔海萍编著：《2016年和2017年白俄罗斯形势及中白关系研讨会论文集》，旅游教育出版社，2020年版。

19. 杨莉：《中亚一体化新动向与上海合作组织》，载戚振宏主编、邓浩执行主编：《新时期上海合作组织：形势与任务（2018—2019）》，世界知识出版社，2019年版。

20. 杨莉：《中俄印远东合作与上海合作组织命运共同体建设》，载戚振宏主编、邓浩执行主编：《上合组织命运共同体建设：机遇和挑战（2020）》，世界知识出版社，2020年版。

21. 白联磊：《印度对上海合作组织政策的新动向》，载戚振宏主编、邓浩执行主编：《新时期上合组织：形势与任务（2018—2019）》，世界知识出版社，2019年版。

22. 白联磊：《中巴命运共同体对构建上合组织命运共同体的启示》，载戚振宏主编、邓浩执行主编：《上合组织命运共同体建设：机遇和挑战（2020）》，世界知识出版社，2020年版。

23. 景晓玉：《上海合作组织政治研究：议题与前沿》，载戚振宏主编、邓浩执行主编：《上合组织命运共同体建设：机遇和挑战（2020）》，世界知识出版社，2020年版。

24. 李莹莹：《美俄关系的现状、特征及趋势分析》，《国际研究参考》2019年第10期。

此外，2019—2020年，中国国际问题研究院作为高端智库在智库建设方面取得较好成绩，欧亚所对此也贡献了自己的力量，完成了一批研究报告和专项课题，其中部分报告得到相关部门的肯定，起到了较好的建言献策效果。

中国上海合作组织研究中心

一、基本情况

经国务院批准，中国上海合作组织研究中心（以下简称“中心”）于2006年3月30日在北京成立，被视为上海合作组织国家研究中心。

中心的主要宗旨是：以中心为平台整合国内智力资源，加强对上海合作组织的理论、战略、对策与动态研究。主要任务是同上海合作组织其他成员国相应的国家研究中心一道，组成上海合作组织论坛，并通过论坛携手各成员国专家学者，开展有关上海合作组织的学术研究和理论探讨，提升上海合作组织的国际影响和地位，发挥上海合作组织智囊团的作用。

中心秉承共建、共享、共赢原则，吸纳国内权威学术机构的著名专家学者，打造中国与其他上合组织国家智库之间的“二轨”交流平台，也为促进中国与其他上海合作组织国家关系的全面发展提供智力支持，共同促进上海合作组织研究。

二、主要功能与运作方式

中心依托中国国际问题研究院，并充分利用国研院与国内外学术智库交流密切的优势，搭建机制化平台，推动国内相关智库之间及其与上海合作组织国家智库的交流与合作，通过智库对话、实地调研等方式，充分发挥中心的统筹功能，以“二轨”形式推进上海合作组织国家在各个领域的务实合作。

具体包括：

1. 参加或主办上海合作组织论坛会议。上海合作组织论坛会议每年召开一次，由上海合作组织各成员国的国家研究中心轮流主办。会上各国知名学者专家就上海合作组织自身发展、地区形势等问题进行交流和讨论。按照惯例，每次论坛会议在元首峰会前的1—2个月举行，会后就讨论成果形成备忘录，呈报上海合作组织峰会元首理事会。中国上海合作组织研究中心是该论坛的中方代表。中心分别于2008年5月、2013年4月、2019年4月作为轮值主席主办了上海合作组织第三次、第八次、第十四次论坛会议。

2. 编纂出版上海合作组织蓝皮书。中心于2018年正式出版国内首部上海合作组织蓝皮书《上海合作组织：回眸与前瞻（2001—2018）》。2019年出版第二部蓝皮书《新时期上海合作组织：形势和任务（2018—2019）》。2020年出版第三部蓝皮书《上合组织命运共同体建设：机遇和挑战（2020）》。

3. 召开中心内部研讨会，及时向上级有关部门报送新情况和最新研究成果。每年上合组织论坛会议召开之前，中心都要召开内部年会，就涉及上合组织发展、欧亚地区形势的重大问题进行探讨，为论坛会议做准备。每年年末，中心举办内部年终地区形势研讨会，对当年的地区形势进行总结。此外，中心还不定期召开针对热点问题、突发问题的核心组专家会议。

4. 举办国际研讨会，与国外相关研究机构进行交流。探讨上海合作组织及中亚地区面临的问题也是中心作为“二轨”外交平台的一项重要工作。

此外，利用上海合作组织秘书处位于北京这一有利条件，中心不定期邀请上海合作组织秘书处官员、上海合作组织国家驻华使馆代表参加活动，共同支持上海合作组织发展。

三、组织架构和人员情况

中心主要由国内权威学术机构的著名专家学者组成，由主任、执行主任、秘书长组成领导机构，聘请高级顾问和常务理事、理事若干名。中心主任原则上由中国国际问题研究院院长担任。现任主任为中国国际问题研究院院长徐步大使，执行主任为国务院发展研究中心欧亚社会发展研究所名誉所长李凤林大使、中国社会科学院俄罗斯东欧中亚研究所所长孙壮志研究员，秘书长是中国国际问题研究院研究员邓浩。秘书处为中心的常设机构，设立秘书长1名以及联络员若干名。高级顾问、常务理事和理事主要由来自国内高端智库、科研等单位的负责人或代表以及阅历丰富、业绩突出的权威专家担任。

四、学术活动

2019年9月6日，中心邀请外交部欧亚司于骏参赞来中心作“当前上海合作组织地区形势及下一步工作”主题报告。

2019年12月16日，中心举办上海合作组织蓝皮书《新时期上海合作组织：形势与任务（2018—2019）》发布会暨年终形势研讨会。上海合作组织秘书长诺罗夫、中国政府欧亚事务特别代表李辉等致辞祝贺。本书是在参加第14次上海合作组织论坛会议代表提交论文的基础上，经遴选、扩充形成的中外学者论文集，主要分析了新时期上海合作组织面临的形势和任务。会上就2019年上海合作地区形势回顾与展望、当前上海合作组织存在的问题和挑战及上海合作组织与区域治理等议题展开深入讨论。

2020年5月15日，中心与上海合作组织秘书处联合举办“新冠肺炎疫情下的世界局势与上合组织”在线视频研讨会。

2020年9月29日，中心组团在线上参加上海合作组织论坛第十五次会议，会议由吉尔吉斯共和国国家战略研究所主办。

2020年10月13日，中心组织关于欧亚地区热点问题研讨会。与会专家就纳卡战争和吉尔吉斯斯坦议会选举危机问题进行了深入分析。

2020年11月9日，中心举办上海合作组织蓝皮书《上合组织命运共同体建设：机遇和挑战（2020）》线上发布会。中国政府欧亚事务特别代表李辉等致辞祝贺。本部蓝皮书作者来自上海合作组织各成员国，主要分析了疫情形势下构建上海合作组织命运共同体面临的机遇和挑战。

2020年12月2—3日，中心与中国—上海合作组织国际司法交流合作培训基地在上海政法学院联合举办首届上合高端论坛。中国政府欧亚事务特别代表李辉大使出席会议并致辞。上海合作组织秘书长诺罗夫就当前形势下上海合作组织下一步的工作重心作报告。中国—上海合作组织国际司法交流合作培训基地、中国—上海合作组织地方经贸合作（青岛）示范区和上海合作农业技术交流培训基地代表分别就基地建设情况进行了汇报。与会代表围绕欧亚地区形势新变化、新趋势，上海合作组织合作新挑战、新机遇及上海合作组织发展新要求、新任务三大议题进行研讨。

五、科研成果

1. 戚振宏主编、邓浩执行主编:《新时期上海合作组织：形势与任务（2018—2019）》，世界知识出版社，2019年版。

2. 戚振宏主编、邓浩执行主编:《上合组织命运共同体建设：机遇和挑战（2020）》，世界知识出版社，2020年版。

3. 邓浩:《对新时期上合组织发展的几点思考》，载戚振宏主编、邓浩执行主编:《新时期上海合作组织：形势和任务（2018—2019）》，世界知识出版社，2019年版。

4. 邓浩:《新时期上海合作组织与全球治理》,《国际问题研究》2020年第3期。

5. 邓浩:《疫情形势下上合组织命运共同体建设的挑战和机遇》，光明网，2020年9月4日。

6. 邓浩:《新冠肺炎疫情与上合组织命运共同体建设》，载《上合组织命运共同体建设：机遇和挑战（2020）》，世界知识出版社，2020年版。

7. 邓浩:《构建上合组织命运共同体理念新发展》,《光明日报》2020年11月12日。

8. 李自国:《“一带一路”与上合组织关系探究》,《俄罗斯学刊》2019年第5期。

9. 李自国:《地区经济一体化背景下的上海合作组织与“一带一路”》，载戚振宏主编、邓浩执行主编:《新时期上海合作组织：形势与任务（2018—2019）》，世界知识出版社，2019年版。

10. 李自国:《上合组织人文合作：相亲相知的桥梁》，载周国梅、李菲、谢进、王语懿编著:《上海合作组织环保合作构想与展望》，社会科学文献出版社，2020年版。

11. 李自国、康杰:《上合组织扩员中的美国因素》，载戚振宏主编、邓浩执行主编：《上合组织命运共同体建设：机遇和挑战（2020）》，世界知识出版社，2020年版。

12. 韩璐：《上海合作组织成员国互联互通建设：现状与前景》，载李进峰主编，杨进、张宁副主编：《上海合作组织发展报告（2020）》，社会科学文献出版社，2020年版。

13. 杨莉：《中亚一体化新动向与上海合作组织》，载戚振宏主编、邓浩执行主编：《新时期上海合作组织：形势与任务（2018—2019）》，世界知识出版社，2019年版。

14. 杨莉：《中俄印远东合作与上合组织命运共同体建设》，载戚振宏主编、邓浩执行主编：《上合组织命运共同体建设：机遇和挑战（2020）》，世界知识出版社，2020年版。

15. 白联磊：《印度对上海合作组织政策的新动向》，载戚振宏主编、邓浩执行主编：《新时期上海合作组织：形势与任务（2018—2019）》，世界知识出版社，2019年版。

16. 白联磊：《中巴命运共同体对构建上合组织命运共同体的启示》，载戚振宏主编、邓浩执行主编：《上合组织命运共同体建设：机遇和挑战（2020）》，世界知识出版社，2020年版。

17. 景晓玉：《上海合作组织政治研究：议题与前沿》，载戚振宏主编、邓浩执行主编：《上合组织命运共同体建设：机遇和挑战（2020）》，世界知识出版社，2020年版。

北京外国语大学俄语学院

一、北京外国语大学俄语学院简介

俄语学院是北京外国语大学历史最悠久的院系，也是全国最古老的俄语人才培养基地之一。截至2020年，它已经拥有79年的俄语人才培养史。1981年11月，北京外国语大学俄语学院获批国务院硕士学位授权点，是我国首批具有硕士授予权的单位之一。1986年，北京外国语大学俄语学院获得教育部博士学位授予权。1996年，俄语学院作为北京外国语大学博士后流动站的组成部分开始接收博士后科研人员。2002年，北京外国语大学俄语学院成为北京市重点学科建设单位。2007年，俄语学院作为北京外国语大学"语言学和应用语言学"的组成部分，成为国家重点学科单位。目前北京外国语大学俄语学院拥有本科、硕士和博士三个教学层次，还设有博士后流动站。

在长期的人才培养实践中，北京外国语大学俄语学院形成了优良的教学传统、一流的师资队伍、独特的教学理念和完备的教学体系，孕育出一大批享誉国内外的教学行家和学科带头人。李莎教授、王福祥教授、白春仁教授、汪嘉斐教授、李英男教授和史铁强教授先后获得国际俄语教师联合会颁发的"普希金奖"。张建华教授荣获俄罗斯作协颁发的"高尔基奖章"。此外，李英男教授还获得俄罗斯总统普京亲自授予的"友谊"金质奖章。俄语学院各位名师的教学理念和学术思想至今仍在全国高校俄语专业的教学和人才培养中发挥着重要的指导作用，俄语学院教师团队编写的国家级俄语专业规划教材被全国高校俄语院系普遍使用。

目前，北京外国语大学俄语学院共有本科生、硕士和博士研究生397名，博士后2名，留学生11名。每年招收本科生约70名，分四个班，招收硕士研究生约40名，博士研究生6—10名。北京外国语大学俄语学院师资量雄厚，结构合理，整体素质高。全院共有28名专业教师，其中教授10人（含博士生导师4人），副教授8人，88%的教师拥有博士学位，100%的教师有海外学习经历。教师的教育背景布局合理，涵盖俄罗斯语言学和文学、历史学、艺术学和经济学等诸多学科。教师在教学实践和教材编写方面领军中国俄语界，在国际性、全国性和北京市的教学比赛中均斩获大奖，还奉献出一些教育部精品视频公开课和北京市精品课程。

1999年，全国高校共有俄语专业点40个，在校学生为3000人；2009年，全国高校俄语专业点增至126个，在校生人数达1.5万人；2019年，全国高校俄语专业点超过170个，在校生人数为3万人左右。[①] 北京外国语大学俄语学院无论是师资力量，还是学生学业和就业水平，均在全国高校俄语院系中处于领先地位。2019年，在全国第四轮外国语言文学学科评估中，包括俄语学院俄语语言文学专业在内的北京外国语大学外国语言文学学科获得了A+级别。2019年年末，北京外国语大学俄语学科成为教育部认定的首批23个国家级一流本科专业建设点之一。目前，北京外国语大学俄语学院是教育部高等学校教学指导委员会俄语专业教学分委员会副主任委员单位和中国俄语教学研究分会副会长单位，也是全国高校俄语专业四级和八级测试组组长单位。

如今，北京外国语大学俄语学院已经从一个单纯讲授俄语语言文学的院系变成开设俄语、乌克兰语、白俄罗斯语、哈萨克语、吉尔吉斯语、乌兹别克语、塔吉克语和土库曼语以及俄语（复合金融）共九个专业方向并兼顾这些语言对象国研究的综合性教学科研机构。此外，俄语学院还主办了综合性学术刊物《欧亚人文研究》。它面向高校教师、硕博士群体和科研机构研究人

---

① 2019年全国高校俄语专业四级和八级水平测试的报名和参加人数显示，全国有来自161所院校的8788名考生报名参加专业俄语四级测试，实际参加考试的人数为8247人；全国共有145所高校的6365名学生报名参加专业俄语八级测试，实际参加人数为5211人。以专业俄语四级考试的报名人数为例，实际参加考试的学生中除了二年级本科生，还包括由于各种原因而未能及时参加考试的三年级和四年级本科生。所以，按本科四个年级累计推算，我国高校俄语专业在校本科生为三万人左右。另外，俄罗斯驻华使馆于2018年6月提供的数据显示，中国当时开设俄语的高校共159所，在校俄语学生2.6万多人。

员，发表与欧亚相关的原创性人文科学研究成果。研究对象侧重俄罗斯，并辐射后苏联空间范围内的国家和地区。刊载内容包括传统及前沿学术命题的讨论、重点学术论文的约稿、重大国际学术会议论文的优选、优秀硕博士论文研究思想介绍、学术新书的书评、国外优秀学术期刊的研究动向介绍、国内外专家学术访谈。2020年1月6日，由北京外国语大学俄语学院主办的《欧亚人文研究》首发式暨编委会议举行。

北京外国语大学俄语学院是五个校级和教育部备案研究中心的挂靠单位。2015年12月，由北京外国语大学与哈萨克斯坦驻华使馆联合成立的哈萨克斯坦中心正式启用；2016年6月，北京外国语大学乌克兰研究中心成立；2017年5月，北京外国语大学斯拉夫国别与区域研究中心成立。2017年7月，北京外国语大学俄罗斯研究中心、哈萨克斯坦研究中心和乌克兰研究中心成为教育部备案研究中心；2019年1月，北京外国语大学与白俄罗斯明斯克国立语言大学联合成立白俄罗斯研究中心。

二、北京外国语大学俄罗斯研究中心

（一）历史沿革

北京外国语大学俄罗斯研究中心属于2017年7月在教育部备案的新设国别研究中心。它在北京外国语大学俄语学院长期积淀的俄罗斯语言学和文学研究、俄罗斯社会与文化研究、俄罗斯历史研究以及中俄关系研究学术成果基础上，侧重对当代俄罗斯政治、经济、文化和社会等领域开展全方位综合研究，从而为我国“一带一路”建设提供决策咨询和智库服务。

北京外国语大学俄语专业的传统优势方向是俄语语言文学。进入21世纪以来，学院根据国家战略需要，在全国高校俄语院系率先增设了两个特色专业——俄罗斯社会与文化方向和俄罗斯区域学方向，从而使俄语专业的内涵扩大到俄语语言学、俄罗斯文学、俄汉翻译和俄语国家研究四个领域。近年来，为满足国家“一带一路”建设的战略需要，俄语学院及时承担了教育部非通用语种建设任务。在发挥俄语教学传统优势的基础上，采取“俄语+”的复语模式，分期分语地依次招收乌克兰语、白俄罗斯语和中亚五国官方语言本科生。目前，学院已经实现上述七个非通用语种招生全覆盖。此外，首批“俄语+金融”复合型专业本科生也于2019秋季入学。北京外国语大学俄语学院在人才培养方面努力做到与时俱进，已经形成以俄语教育为主，以多语种教育和区域研究为特色的专业新格局。

2017年2月，教育部办公厅颁发了“关于做好2017年度国别和区域研究有关工作的通知”，要求各高校结合自身发展需要，按照本校教育国际化战略规划，整合校内资源，发挥人才优势，设立国别和区域研究中心，从而加快提升国别和区域研究水平，推进国别研究全覆盖。据此，北京外国语大学俄语学院将所讲授语言对象国中最有影响的国家——俄罗斯作为首要目标，申请了国别研究中心——俄罗斯研究中心并得到教育部备案。北京外国语大学俄罗斯研究中心首位主任是北京外国语大学俄语学院时任院长黄玫教授。自2021年1月起，该中心主任由北京外国语大学俄语学院现任院长戴桂菊教授担任。

（二）研究方向

1. 俄罗斯语言、文化和国别研究。北京外国语大学俄罗斯研究中心借助于北京外国语大学俄语学院的学科优势展开研究。北京外国语大学俄语学院研究力量雄厚，在俄罗斯语言学、俄罗斯文学、文化学、历史学、宗教和区域研究等方向已形成了鲜明的研究特色，取得了有影响力的学术成果。俄罗斯研究中心努力为国内外同行搭建合作与交流的平台，不断加深对现有专题的研究并积极拓宽新研究领域（如俄罗斯政治、经济、外交和社会等）。

2. 中俄比较研究。中国和俄罗斯互为最大邻国。近三十年来，两国关系不断深化。2019年，两国领导人确定的新时代中俄全面战略协作伙伴关系为两国各领域的合作与交流提供了保障。北京外国语大学俄罗斯研究中心将侧重中俄语言、文学、文化、教育政策和民族性格等领域的对比研究，并加强中俄关系史、区域合作史研究。此外，还重视俄罗斯名著的中文译介和中华经典名著的俄语翻译工作。这类研究能够为两国人民加深了解、互学互鉴提供现实指导。

3. 研究俄罗斯参与的国际地区和次地区一体化组织。俄罗斯是联合国安理会常任理事国，也是世贸组织成员国。此外，俄罗斯还加入了世界上许多国际地区和次地区一体化组织。北京外国语大学俄罗斯研究中心借助北京外国语大学俄语学院开设东斯拉夫和中亚八个国家官方语言教学的优势，侧重研究俄罗斯与独联体其他国家的关系、俄罗斯在上海合作组织中的作用以及欧亚经济联盟与“一带一路”倡议对接等专题。

4. 俄罗斯学教学研究。作为我国高校俄罗斯学人才培养的重要基地，北京外国语大学俄语学院在俄罗斯学教学方面积累了丰富的经验。北京外国语大学俄罗斯研究中心关注我国和俄罗斯本国的俄罗斯学教学方法与手段，及时将国内外俄罗斯学教学的经验和理论研究成果与学界分享，努力为我国的俄罗斯研究人才队伍建设作出应有的贡献。

（三）人员构成

中心主任：戴桂菊（自2021年1月1日起）

科研团队

1. 黄玫：北京外国语大学俄语学院教授、博士生导师，研究方向为俄罗斯文学。

2. 史铁强：北京外国语大学俄语学院教授、博士生导师，研究方向为俄语语言学。

3. 武瑷华：北京外国语大学俄语学院教授、博士生导师，研究方向为俄语语言学。

4. 王立业：北京外国语大学俄语学院教授、博士生导师，研究方向为俄罗斯文学。

5. 柳若梅：北京外国语大学历史学院教授、博士生导师，研究方向为中俄关系史、海外汉学。

6. 刘素梅：北京外国语大学俄语学院教授，研究方向为俄语教学法与水平测试。

7. 李向东：北京外国语大学俄语学院教授，研究方向为俄语语言与文化。

8. 郭淑芬：北京外国语大学俄语学院教授，研究方向为俄语语言学。

9. 潘月琴：北京外国语大学俄语学院教授，研究方向为俄罗斯文学。

10. 何芳：北京外国语大学俄语学院教授，研究方向为俄罗斯文化。

11. 孙磊：北京外国语大学俄语学院副教授，研究方向为俄罗斯文学。

12. 周清波：北京外国语大学俄语学院副教授，研究方向为翻译学、俄语语言学。

13. 苗澍：北京外国语大学俄语学院副教授，研究方向为翻译学、俄罗斯文学。

14. 闫洪波：北京外国语大学俄语学院副教授，研究方向为俄语语言学、教学法研究。

（四）学术活动

1. 举办学术研讨会

北京外国语大学俄罗斯研究中心成立三年多来，配合北京外国语大学俄语学院多次举办全国性和国际性学术研讨会。2018年6月2—3日，双方联合举办了全国高校俄语专业教师研修班暨第五届俄语专业教学法学术研讨会。全国各高校俄语专业教师、国内外专家学者100余人与会。会议邀请国内外专家学者以专题报告、圆桌论坛的形式围绕俄语人才的培养方案、教学模式、教材建设、水平测试、教学资源等展开讨论。会议期间，还举办了俄语语音工作坊和情商培养与心灵成长工作坊。

2019年4月21—23日，双方共同举办“俄语基础语音教学：理念与方法”——2019全国高校俄语教师语音教学精研营活动。来自全国各高校俄语专业的青年教师30多人接受了北京外国语大学俄语学院俄语语言教学专家的当面指导。会议旨在落实新时代全国高等学校本科教育工作会议关于“坚持以本为本，推进四个回归，建设一流本科教育”的要求，提升我国俄语专业教学理论与实践创新能力，提高俄语教师专业素养。

2019年11月22日—23日，北京外国语大学俄语学院和俄罗斯研究中心共同举办了全国首届高校俄语中心和孔子学院经验交流暨学术研讨会。来自全国31所高校俄语中心、孔子学院、俄语国家和区域研究中心以及中东欧国家和区域研究中心的近70名专家和学者与会研讨，俄罗斯使馆文化参赞也应邀参会。专家学者就孔子学院在海外办学与合作的模式及理念，汉语教学和中国文化巡讲活动的体会，汉语教师志愿者的使命，俄语中心的管理机制、主要活动、财务管理，孔子学院与俄语中心的异同，我国高校各类俄语国家研究中心的科研成效及智库功能等问题进行了研讨。2018年和2019年是中俄两国的地方合作交流年，此次会议是教育部“中俄地方合作交流年”规划项目。在“中俄地方合作交流年”收官之际，此次会议不仅能够为我国的俄语教学和独联体国别区域研究以及我国海外汉语教学和中国文化传播助力，而且将为延续中俄两国近年来互办国家级主题年活动的良好传统，发挥促进作用。

此外，为了提高研究生的自主科研能力，加强首都高校俄语专业在读硕士、博士研究生之间的学术交流，促进学术新秀孵化工作，北京外国语大学俄语学院和俄罗斯研究中心分别于2018年4月和2019年4月“首都高校俄罗斯文化节”期间联合举办两次首都高校俄语专业硕士、博士研究生学术论坛。论坛涵盖俄语语言学、俄罗斯文学、俄罗斯社会与文化、区域学（上海合作组织大学）以及翻译硕士专业学位（MTI）等领域。与会学者围绕上述专业方向的历史与现状、前沿理论、热点问题以及自己感兴趣的学术专题进行研讨，同时就各专业的课程设置、培养模式以及国内外教学法比较提出个人见解。此外，与会学者还就课堂学习与作为“第二课堂”的社会实践活动的关系发表见解。两次学术论坛的参加者均在90人左右，评委来自首都高校各俄语院系。

2. 推出系列高端学术讲座

首先，北京外国语大学俄罗斯研究中心配合北京外国语大学俄语学院为国内外同行提供高水平的学术讲座，将学院的名师及其研究成果与全球同仁分享。2018年3月27日和4月3日，北京外国语大学俄语学院教授、博士生导师汪嘉斐先生连续为北京外国语大学师生作了两次题为“俄诗朗诵——理论与实践”的学术讲座。2019年4月3日，北京外国语大学俄语学院李雪莹博士结合自己对《朗道传》的翻译，以“诺贝尔物理学得主朗道传奇的一生”为题，为首都高校部分师生作了一场学术报告。5月16日，北京外国语大学俄语学院潘月琴教授作了“俄罗斯戏剧创作的特色”的学术报告。11月13日，北京外国语大学俄语学院李英男教授为部分教职员工作了题为“风风雨雨一起走——一个俄语人的道路”的讲座，讲述了新书《红莓花儿开：相簿里的家国情缘》背后的历史和故事。在讲座中，李老师着重回顾了母亲李莎教授来华近70年的执教岁月，讲述了自己的俄罗斯和俄语情结，分享了俄语教学生涯中的难忘往事和宝贵经验，勉励后辈们锐意进取，继续拼搏，为发展中国俄语教育事业、推动中俄人文交流作出应有的贡献。12月4日，北京外国语大学俄语学院史铁强教授以“如何讲授和学好俄语”为题，向首都高校部分师生分享了俄语教学和学习的心得和体会。

2020年，虽然全球新冠肺炎疫情蔓延，北京外国语大学俄语学院专家的讲座却没有中断。他们通过线上视频讲座的形式向全球同仁传授自己的知识，交流研究成果。7月22—28日，北京外国语大学俄语学院李英男教授、黄玫教授、戴桂菊教授、郭淑芬教授、潘月琴教授分别以“风风雨雨向前走——我的俄语情结”“新国标背景下俄语四八级测试的思考”“俄罗斯区域学课程的教与学”和“俄罗斯戏剧的灿烂篇章”为题，通过新疆大学组织的“一路同行”线上系列讲座形式，向全球俄语同仁讲述了自己的专业教学和研究成果。2020年11月14—16日，由莫斯科国立大学翻译学院、圣彼得堡国立大学语文学系和俄罗斯世界基金会俄语中心共同举办的俄罗斯世界文学翻译家大会在线上召开，俄语学院王立业教授受邀参加会议并作主旨发言，题目为“费特抒情诗‘静’的立体性”。2020年11月16—17日，由俄罗斯科学院俄罗斯文学研究所主办的纪念费特200周年诞辰国际学术会议在线上召开，俄语学院王立业教授受邀参加会议并作主旨发言，题目为“费特抒情诗‘静’的立体性”。12月1日，北京外国语大学俄语学院博士生导师武瑗华教授以线上、线下相结合的形式向全国同仁作了题为“话语的仪式性”学术讲座。

其次，为了帮助北京外国语大学俄罗斯研究中心尽快成长起来，北京外国语大学俄语学院与中心合作，邀请国内外学术名家通过北京外国语大学“形势与政策课堂”和北京外国语大学俄语学院“名家面对面”平台，为北京外国语大学师生以及国内外相关学习和研究者提供了一系列高质量的学术讲座。

2020年上半年，受疫情影响，北京外国语大学俄语学院聘请校外专家讲座活动曾一度中断。不过，从2019年9月到2020年年末，俄语学院依然举办了10场高水平的学术讲座。中俄关系是我国高端俄语人才培养所必须了解的领域。为此，北京外国语大学俄语学院先后两次邀请中国社会科学院俄罗斯东欧中亚研究所李永全研究员作了题为“新时代中俄全面战略伙伴关系”和“百年变局下的大国关系——中俄美在欧亚地区的博弈”的讲座。前一场讲座在北京外国语大学俄语学院举办的全国高校俄语专业比赛开幕式之后进行，后一场讲座采取线上线下结合的方式进行，讲座内容以同声传译方式被译成5种文字在全球传播。此外，冯玉军教授有关俄罗斯研究的方法论讲座、张广翔教授对帝俄现代化内涵及特征的阐释、杨成教授的中国中亚研究路径分析以及孙壮志研究员对中亚五国关系及其与俄罗斯关系的论述，不仅对北京外国语大学俄语学院的师生，而且对全国从事俄罗斯研究的学者都具有重要的指导意义。它们是北京外国语大学俄语学院和俄罗斯研究中心奉献给全国俄语界和俄罗斯研究界的精神大餐。

3. 为俄语人才培养搭建平台

2019年10月25—27日，北京外国语大学俄语学院作为全国高等俄语人才培养的重要基地，受教育部委托，举办了第十二届全国高校俄语大赛。来自全国144所高校俄语专业的369名参赛选手和156名带队教师参加了此次活动。这是教育部举办全国俄语大赛以来规模最大的比赛。比赛以命题演讲、口语表述、口译等形式，考查选手的俄语语言技能和对俄罗斯国情文化、历史传统等方面的综合了解。此次比赛无论是命题水平、组织协调能力，还是比赛规则的遵守程度，均受到参赛选手和带队教师、教育部国际合作司以及俄罗斯驻华使馆代表的高度评价。

（五）科研和教学成果

1. 学术研究与教材编写

自北京外国语大学俄罗斯研究中心成立至2020年年末，科研团队共发表相关学术论文近80余篇，学术专著2部，学术译著12部，教材6部，教参9部，学术论文集1部，提供咨询报告4篇。中心获批校级科研项目9个，国家社科基金中华学术外译项目2个，国家社科基金科研项目1个，完成教育部委托项目4个。其中，2019年9月至2020年12月31日发表学术论文35篇，学术专著1部，学术译著2部，教材2部，教参6部，获批国家教材委员会委托项目1个。

2019年，戴桂菊教授主持的国家社科基金项目“当代俄罗斯的政教关系研究”和潘月琴教授主持的教育部人文社科项目“当代俄罗斯的新戏剧研究”顺利结项。此外，北京外国语大学俄罗斯研究中心科研团队还获批校级2020年标志性科研项目1个，即“东斯拉夫和中亚八国文化教育研究丛书”。该项目属于北京外国语大学申请的国家重大科研项目“新时代提升中国参与全球治理能力及策略研究”（项目批准号VDA200004）的一个子课题。

北京外国语大学俄语学院建院80年来，为全国高校俄语专业编写了数十部俄语教科书。其中，俄语精读课教材堪称北京外国语大学俄语学院的“名片”。由史铁强教授主编的北京外国语大学俄语学院实践课教材《大学俄语（新东方版）》（1—8册）系列教材被评为普通高校“十五”“十一五”和“十二五”国家级规划教材，至今仍是全国高校俄语院界使用面最广（在全国高校使用率达95%）的优秀教材。该教材坚持交际法原则，突出语言训练。此外，还把语言学习与国别研究相结合，特别重视学习知识和能力培养的结合，突出语言、文化和国别知识“三位一体”，符合新时期俄语专业培养方案的要求。这是一套全方位、立体化教材，除了实践课教材，还包含配套的听力、阅读和口语教材以及实践课教材的教学参考书、学生练习册等。

进入21世纪以来，北京外国语大学俄语学院还面向全国高校俄语院系推出一套俄罗斯国情系列教材《俄罗斯国情多媒体教程》。它包括俄罗斯地理、俄罗斯历史、当代俄罗斯和俄罗斯文化四册，是普通高等教育“十五”国家级规划教材，在全国高校俄语院系被普遍使用。目前，《大学俄语（新东方版）》（1—8册）和《俄罗斯国情多媒体教程》这两个系列教材的修订均获得北京外国语大学教学改革立项。教材的修订者绝大多数是北京外国语大学俄罗斯研究中心的科研和教学人员。

2. 获奖情况

2019年12月，在教育部高等学校外国语言文学类专业教学指导委员会俄语专业教学指导分委员会组织的第三届全国高校俄语专业优秀教材评选中，黄玫教授主编的《循序渐进爱上俄语阅读》和刘素梅教授主编的《大学俄语（东方新版）泛读教程4》获一等奖，何芳主编的《大学俄语（东方新版）听力教程1》获二等奖。

在教育部高等学校外国语言文学类专业教学指导委员会俄语专业教学指导分委员会组织的全国高校第三届俄语专业优秀教学学术论文评选中，郭淑芬的《模型句理论的优势及将之引入外国俄语教学的必要性——以俄语数量和参数特征模型句为例》（《中国俄语教学》2017年第2期）获一等奖，李向东、阿娜尔等的《中国高校大学生俄语学习动机与动机强度研究》（《中国俄语教学》2017年第3期）和刘素梅、王助、苏莹莹的《对〈北京外国语大学国际化战略人才培养计划〉实践的反思》（《中国外语教育》2018年第2期）获二等奖，何芳、郭世强的《北京外国语大学俄语学院实施"国际化战略人才培养计划"的实践与思考》（载章自力、许宏主编的论文集《俄语教学理论与实践探索》，世界图书出版公司，2017年版）获三等奖。

在2019年10月举行的全国高校俄语比赛中，北京外国语大学俄语学院参赛选手获得了冠军和二等奖的辉煌成绩。10月，在北京第二外国语学院举办的多语言翻译比赛上，北京外国语大学俄语学院选手获得俄语翻译冠军。2020年10月，在全国高校俄语大赛中，北京外国语大学俄语学院有两位本科生获得三等奖。2020年12月，在北京外国语大学俄语学院、莫斯科国立语言大学孔子学院联合举办的中俄高校大学生"我与我身边的战疫故事"线上征文大赛中，北京外国语大学俄语学院本科生刘淳毓（2018级）获得一等奖，张天一（2018级）获得二等奖，李先野（2017级）获得三等奖，刘洪伯（2018级）获得优秀奖。2020年10月29日，在俄罗斯世界基金会举办的"我是如何学习俄语的"国际比赛中，北京外国语大学俄语学院三名本科生刘淳毓、刘洪伯和徐海跃获得一等奖。2020年12月20日，第六届"模拟上合组织"青年会议在山东省威海市举行，2018级本科生高小凡获评"最佳青年代表"。2020年12月25日，北京外国语大学俄语学院青年教师熊乐平博士在京新藏滇四地四校新入职教师教学展示活动中获得教学设计奖；2020年12月28日，北京外国语大学俄语学院戴桂菊教授荣获第十六届北京市教学名师奖。

三、北京外国语大学乌克兰研究中心

（一）历史沿革

2016年6月，北京外国语大学乌克兰中心成立，在行政管理上隶属于北京外国语大学俄语学院。该中心的成立以2016年9月乌克兰语（复合俄语）专业恢复本科阶段招生为契机，核心工作立足于推进乌克兰语（复合俄语）专业建设，开展乌克兰语教学与研究，推动乌克兰语本科教学改革。

2017年7月，北京外国语大学乌克兰中心更名为北京外国语大学乌克兰研究中心，入选2017年度教育部国别和区域研究中心备案名单。为响应教育部国际司工作精神，密切结合“一带一路”倡议，中心备案后以对焦国家需求、服务国家战略为宗旨，启动了乌克兰国别研究，涵盖乌克兰政治、外交、文化、历史等领域。

中心还积极发挥合作平台作用，推动中乌文化交流，多次与乌方合作或独立举办乌克兰民族文化特色活动以及国别研究学术讲座，同时加强和促进北京外国语大学与乌克兰相关高校及科研机构的国际交流与合作。

（二）研究方向

1. 开展乌克兰语教学与研究

根据北京外国语大学“十三五”规划中提出的推进非通用语人才培养战略和俄语学院“俄语+非通用语”的复语人才培养方略，开展乌克兰语本科教学改革，推进课程、教材、辞书和慕课建设。同时开展教学调研和教学研讨，进行教师培训等。目的是优化课程设置，提升教学水平，改革教学方法，探索新的人才培养模式。

2. 开展乌克兰国别研究

内容涵盖乌克兰政治、外交、文化、历史等多个领域。国内的乌克兰研究在2013年年底乌克兰危机爆发后一时成为热点，但总体来看尚存在两个问题：一是研究多从俄罗斯视角出发，或囿于语言局限，主要以俄语或英语材料作为研究来源和基础；二是研究多局限于政治和外交层面，对乌克兰的历史、文化、民族、宗教等领域的基础研究远未充分展开，存在着大量的研究空白。乌克兰研究中心研究人员普遍精通俄语、英语，部分研究人员还熟练掌握乌克兰语，在进行乌克兰国别研究上具有独特的优势，在充分结合研究人员自身研究方向的基础上，具备开展此类研究的必要条件。

（三）人员构成

中心主任：劳华夏（2016年6月至今）

科研团队

1. 丛鹏：北京外国语大学国际关系学院教授、博士生导师，主要研究方向为俄罗斯对外关系。

2. 郭世强：北京外国语大学俄语学院副教授，主要研究方向为中俄文化对比、乌克兰文化。

3. 劳华夏：北京外国语大学俄语学院副教授，主要研究方向为乌克兰国别研究、俄罗斯对外关系。

4. 熊乐平：北京外国语大学俄语学院讲师，主要研究方向为俄罗斯外交、欧亚区域研究。

（四）学术活动

1. 学生留学经验交流会

2019年10月22日，在俄语学院、乌克兰研究中心的组织下，刚刚完成在乌克兰进修回国的2016级乌克兰语（复合俄语）专业学生与刚入校的2019级复合俄语班本科生及俄语学院区域学方向硕士研究生开展了交流活动，介绍了留学乌克兰的经验和学习体会。

2. 参加“2019年全国高校俄语中心和孔子学院经验交流暨学术研讨会”

2019年11月22—23日，“2019年全国高校俄语中心和孔子学院经验交流暨学术研讨会”在北京外国语大学举行。劳华夏代表乌克兰研究中心参会并作题为“北京外国语大学乌克兰语专业与乌克兰研究中心建设”的发言。

3. 举办“身份认同与乌克兰的国家转型”学术讲座

2019年12月11日，应北京外国语大学俄语学院、乌克兰研究中心邀请，中国社会科学院俄罗斯东欧中亚研究所乌克兰研究室张弘研究员为北京外国语大学师生作了“身份认同与乌克兰的国家转型”讲座，介绍了乌克兰国家转型中的历史、文化和语言问题，阐释了乌克兰的文化认同危机、语言政策纷争以及地区分化争论。

4. 举办乌克兰冬季节日民俗文化活动

2019年12月15日，乌克兰研究中心与乌克兰驻华大使馆在北京外国语大学联合举办了乌克兰冬季节日民俗文化活动。乌克兰驻华大使馆文化处二秘瓦莲京娜·奥莉内克女士向北京外国语大学师生介绍了乌克兰庆祝圣尼古拉节、新年和圣诞节的习俗，并一同制作了圣诞糖人饼干。

5. 接受“一带一路”官网采访

2020年10月，劳华夏作为乌克兰研究中心主任接受了“一带一路”官网的采访，相关观点发布于该网站10月28日的《丝路大家谈：疫情之后的“一带一路”该怎么走?》一文中。

6. 参与中央广播电视总台高质量发展成果材料评审工作

2020年2月和12月，劳华夏两次作为中央广播电视总台平台考核专家参与了高质量发展成果材料（国际传播部分）的评审工作。

（五）教学成果

北京外国语大学乌克兰语（复合俄语）专业设立于2003年9月，第一批本科生毕业后停招。国家“一带一路”倡议提出后，在教育部非通用语政策的大力支持下，乌克兰语专业于2016年9月恢复本科阶段招生。根据课程设置，该专业为“乌克兰语+俄语”复语专业，学生从本科一年级开始学习俄语，二年级起逐步引入乌克兰语课程，三年级赴合作院校乌克兰利沃夫伊万·弗兰科国立大学语言系进修一年，四年级回国完成学业，用俄语或乌克兰语完成毕业论文。在四年学习期间，学生需要通过教育部高等学校俄语专业四、八级水平测试。

乌克兰语（复合俄语）专业恢复招生后已招收两届本科生。复招后第一届2016级本科生共7人，均为俄语零起点生。他们于2019年6月结束了三年级在乌克兰为期一年的进修，9月升入四年级。2020年6月，7名学生均如期完成毕业论文并顺利通过了答辩。其中，王碧玥、王艺璇两位同学用乌克兰语撰写的论文被评为北京外国语大学优秀本科生毕业论文。王碧玥同学的《从后缀构词法角度分析乌克兰名词性姓氏》一文还被评为北京市普通高等学校优秀本科生毕业论文。学生的毕业去向包括外交部、解放军外国语学院、特变电工股份有限公司、中国花样滑冰协会等，有1人考入北京外国语大学俄语学院区域学方向硕士研究生，另有1人被莫斯科国立大学外国语学院区域学专业录取为硕士研究生。

2019年9月，复招后第二届乌克兰语（复合俄语）专业本科生入校，共7人，全部为外国语中学俄语高起点保送生，有6年的俄语学习基础。2020年9月起，2019级学生开始学习乌克兰语，每周4学时。

2019年，北京外国语大学乌克兰研究中心推出新编教材1部，即《新经典乌克兰语入门》（〔乌〕伊格岦、劳华夏、王定华编著，外语教学与研究出版社，2019年版）。

总体看来，“乌克兰语+俄语”复语模式培养出的学生能够同时掌握两门专业语言，并具有较高的英语水平，在就业和深造方面具有明显的竞争力。由俄语学院申报的“服务‘一带一路’建设‘俄语复合非通用语’人才培养创新模式探索”获北京外国语大学2019年教学成果奖一等奖，乌克兰研究中心人员在主要完成人员中排名第五。在2019年12月13日举行的外交部欧亚司欧亚地区国家非通用语人才培养专题调研交流会上，该人才培养模式得到了与会领导的高度肯定。

四、北京外国语大学哈萨克斯坦研究中心

（一）历史沿革

哈萨克斯坦研究中心于2017年获教育部备案，成为北京外国语大学首批37家国别和区域研究中心之一。中心的成立是以“俄语+哈萨克语”专业的开设为前提和契机，在辅助俄语学院建设新开哈萨克语专业的同时，推动哈萨克语课程相关教学资源和哈萨克斯坦国别区域研究工作。2017年备案的哈萨克斯坦研究中心在教育部工作精神的统一要求下，侧重对哈萨克斯坦展开

政治、经济、文化、教育、社会等情况的学术研究，也借助中心的平台加强与哈方高校之间的联系。自2017年至今，哈萨克斯坦研究中心始终响应教育部号召，积极申报与哈萨克斯坦研究相关的学术课题，按时提交项目研究报告，参加与国别和区域研究相关的学术交流会议，举办与中哈两国教育交流有关的活动。中心首位主任是北京外国语大学俄语学院蔡晖教授，自2018年8月起由北京外国语大学俄语学院孙芳副教授担任中心主任。

北京外国语大学是全国第一所开办哈萨克语专业的外语类高校。2016年9月北京外国语大学响应国家建设非通用语种的号召开设了“俄语+哈萨克语”的复语专业。哈萨克斯坦是我国的友好邻邦，其经济实力位居中亚五国之首。在为国家实施“一带一路”倡议培养哈萨克语人才的同时，无疑有必要加强对友好邻邦哈萨克斯坦共和国的全方位研究，一方面可以为北京外国语大学的人才培养提供科学研究基础，另一方面也可借助人才培养提升北京外国语大学在国别区域研究方面的广度和深度，从而从学科建设和学术研究两个方面切实为我国“一带一路”倡议在中亚地区的实施作出贡献。目前，哈萨克语专业人才培养的教学实施单位和哈萨克斯坦研究中心所在单位均为北京外国语大学俄语学院，哈萨克斯坦研究中心负责人同时也是哈萨克语专业学生管理的负责人。因此，本中心的建设定位是打造一个哈萨克语人才培养和哈萨克斯坦国别研究两手抓的新型平台，侧重哈萨克斯坦及中亚地区研究工作，在发展中亚地区学术研究的同时推动哈萨克语教学研究，同时培养该领域新一代的教学和科研人才。

（二）研究方向

1. 对哈萨克斯坦的全方位研究

研究内容包括政治、经济、外交、文化、人口、民族、宗教、教育、军事以及体育等领域的专题研究。

2. 中亚各国比较研究

中亚五国的国家实力与国际影响各不相同。借助于北京外国语大学具备研究对象国语言的小语种优势，可以全面展开研究中亚五国的国情、语言、文化、政治、经济、社会和外交等领域，并搭建一个综合研究中亚国家的平台。以哈萨克斯坦研究为出发点，辐射中亚其他几个国家，对中亚各国的语言、文化、历史传统特征以及国家发展道路轨迹进行比较研究，对中亚各国间的关系作出客观定位。

3. 中亚整体区域研究

中心将以中亚地区作为一个区域进行研究，通过将中亚与俄罗斯、欧洲地区的比较，考察中亚地区在欧洲乃至全球一体化进程中融入国际社会的程度，从而加强我国国别研究领域中亚研究这一薄弱环节。

（三）人员构成

中心主任：孙芳（2018年8月至今）

科研团队：

1. 李英男：北京外国语大学俄语学院教授、博士生导师，研究方向为俄罗斯社会与文化。

2. 蔡晖：北京外国语大学俄语学院教授，研究方向为俄语语言学、俄罗斯社会、中俄关系。

3. 何芳：北京外国语大学俄语学院教授，研究方向为俄罗斯社会与文化。

4. 许涛：国务院发展研究中心欧亚社会发展研究所中亚研究室研究员，研究方向为中亚问题。

5. 王四海：兰州大学政治与国际关系学院、中亚研究所研究员，研究方向为土库曼斯坦研究。

6. 谢维宁：哈萨克斯坦国立阿里法拉比大学博士，研究方向为哈萨克斯坦文学。

（四）学术活动

哈萨克斯坦研究中心自2017年备案至今一直关注中亚地区及哈萨克斯坦，从不同角度进行相关研究。中心已完成教育部提供经费支持的课题2项，并按时提供了咨政报告（《俄哈关系研究》《哈萨克斯坦第三次现代化研究》）；出版专著1部（孙芳：《尼·雅·丹尼列夫斯基之文化思想研究》，中央编译出版社，2017年版）、译著2部（〔明〕宋应星著，何芳译：《天工开物（汉俄对照）》，人民教育出版社，2018年版；杨川，王胜今编：《铁证如山12——吉林省档案馆馆藏日本侵华邮政检阅月报专辑11（俄文版）》，吉林出版集团有限公司，2018年版）：发表论文多篇，参加国内外学术交流会议4场并作主题发言；特别是中心两位兼职研究人员用哈萨克语撰写的学术论文7篇，开辟了国内哈萨克斯坦研究的空白（国内目前相关研究均以俄语作为研究语言）。中心的众多兼职研究人员在各自的中亚研究领域小有名气，有不少学术成果。

2019年10月23日，原北京外国语大学俄语学院院长、原俄语中心主任、国内知名翻译家、普希金奖章获得者李英男教授，受哈萨克斯坦中国研究中心的邀请，赴哈萨克斯坦努尔苏丹市参加为庆祝中华人民共和国成立70周年而举办的专题演讲会，并接受哈方电视台采访。

2019年11月23日—24日，何芳教授参加中国俄罗斯东欧中亚学会俄语教学研究分会和上海外国语大学俄罗斯东欧中亚学院举办的第二届“跨学科视野下俄罗斯东欧中亚研究”国际学术研讨会，并作了题为“北京外国语大学俄语学院‘俄语+’复语人才培养模式的实践与思考”的大会发言。

2020年11月28日，中心负责人孙芳副教授参加了中山大学主办的“高校国别和区域研究人才培养院系联盟2020年会”，并作了题为“中亚地区国别和区域研究人才培养初探”的报告。在此次会议上，孙芳主任被聘为中山大学高校国别和区域研究人才培养院系联盟的理事。2020年6月，中心按照国别和区域研究秘书处的要求参加了全国统一评估，对前三年的工作作了较为全面的总结。

2020年，孙芳主任发表文章《培养非通用语创新人才，服务“一带一路”国家倡议——北京外国语大学“俄语+中亚语”专业建设探索与思考》（《中国俄语教学》2020年第4期）。

（五）人才培养

哈萨克斯坦研究中心所在的北京外国语大学自2016年开设“俄语+哈萨克语”复语专业以来，制订了专门的培养方案和专业课程设置。2016级俄哈复语专业10名学生在大三期间赴哈萨克斯坦阿里法拉比国立大学留学一年，目前已完成本科阶段学业，顺利毕业。这些学生在哈留学期间不仅进修语言，而且参加了境外培养单位的学术会议，扩大了学校和中心的国际影响力。2019年7月，首届俄哈复语专业学生参加了“2019年全国高校哈萨克语联赛”并获佳绩。2020年9月，第二届俄哈复语专业学生已入校开始学习。

与此同时，中心积极配合教学单位展开哈萨克语教材编写工作，引导区域学方向的研究生进行哈萨克斯坦及中亚地区研究，不定期邀请国内外相关专家进行学术讲座，发挥专业优势，培养哈萨克斯坦研究及中亚区域研究的科研后备队伍。2018年11月2日，在哈萨克斯坦驻华使馆举办的第五届“中国哈萨克斯坦之友俱乐部”会议上，北京外国语大学哈萨克语人才培养的成绩及在中哈教育合作方面取得的成果得到了与会者的高度评价。2019年12月13日，外交部专门邀请北京外国语大学俄语学院负责人参加俄语复语人才咨询会，了解俄语复合非通用语人才培养情况，并对该人才培养模式给予了高度肯定，表示外交部未来将考虑采取多种形式与北京外国语大学进行联合培养。

（六）国际交流

哈萨克斯坦研究中心自成立以来举办并参加了许多国际交流活动，国内和哈方媒体均有报道。主要活动如下：2017年11月，哈萨克斯坦研究中心举办北京外国语大学与哈萨克斯坦国立大学、中国国际文化交流中心代表会谈活动；2017年12月，北京外国语大学校领导在中心会见哈萨克斯坦国家安全委员会第一副书记马拉特·沙依胡特季诺夫；2018年6月，北京外国语大学校领导及哈萨克斯坦研究中心负责人一行访问哈萨克斯坦国立大学；2018年7月23日，中心接待哈萨克斯坦高校师生赴华代表团访问北京外国语大学；2018年12月12日，哈萨克斯坦研究中心获哈萨克斯坦驻华特命全权大使沙赫拉特·努雷舍夫特别颁发的“感谢状”；2019年4月，哈萨克斯坦研究中心负责人及俄语学院师生参加习近平主席为哈萨克斯坦首任总统颁授“友谊勋章”仪式。

2019年9月，哈萨克斯坦研究中心负责人及俄语学院师生参加哈萨克斯坦共和国总统托卡耶夫阁下演讲会；2019年9月底，中心负责人参加第二届全球外国语大学联盟校长论坛；2019年11月23日，中心负责人参加全国高校俄语中心和孔子学院经验交流暨学术研讨会。

2020年，北京外国语大学哈萨克斯坦研究中心在教育部主管部门和学校科研处的领导下正常运转。上半年，由于新冠肺炎疫情的暴发，学校实行封闭式管理，教学活动改为远程线上形式，中心在一定程度上也受到了影响，工作难以按照原定计划开展。比如本来计划举行的小型学术研讨会未能如期召开，不得不延期举行。

2020年下半年，在疫情逐渐减弱和学校正常开学的情况下，中心与哈萨克斯坦的交流在一定程度上得到恢复。8月10日，孙芳主任接受了哈萨克斯坦哈巴尔电视台记者的采访，借迎接哈萨克斯坦伟大诗人阿拜175周年诞辰纪念日的契机，介绍了北京外国语大学俄语学院“俄语（复合哈萨克语）”专业的招生和培养情况；9月15日，北京外国语大学俄语学院硕士新生张韵迪同学参加了由哈萨克斯坦驻华大使馆举办的“阿拜读诗会”，代表北京外国语大学2016级俄哈复语班朗读了2013年习近平总书记在纳扎尔巴耶夫大学演讲时引用的阿拜名言，并接受了哈萨克斯坦哈巴尔电视台驻华记者的采访；11月25日，孙芳主任受邀参加了哈萨克斯坦驻华使馆举行的为纪念哈萨克诗人、教育家、现代哈萨克书面文学的奠基者、思想家、哲学家、作曲家、翻译家阿拜·库南巴耶夫175周年诞辰而设立的“阿拜遗产”艺术文学馆的开幕式。

（七）社会服务

北京外国语大学哈萨克斯坦研究中心为国内外关心哈萨克斯坦问题的人士提供语言翻译与教学、文化讲解、旅游信息以及政策咨询服务，为我国“一带一路”建设发挥智库作用。目前，哈萨克斯坦研究中心已经与哈萨克斯坦阿里法拉比国立大学、莫斯科大学、俄罗斯科学院中亚研究所等知名学府和权威科研机构建立了横向联系，邀请这些机构的相关专家来北京外国语大学参加学术会议、讲学等活动，共同参与哈萨克斯坦专题研究。

2020年4月，中心组织北京外国语大学“俄语+哈萨克语”专业学生以拍摄视频的方式支持哈萨克斯坦同伴积极抗疫，获得了中国驻哈萨克斯坦使馆张霄大使的点赞。

五、北京外国语大学白俄罗斯研究中心

（一）历史沿革

2019年被中国和白俄罗斯两国教育部确定为“中国—白俄罗斯教育年”。在此背景下，北京外国语大学和白俄罗斯明斯克国立语言大学合作，于2019年1月12日共同建立了白俄罗斯研究中心。这是“中国—白俄罗斯教育年”的一项重要活动，旨在践行“一带一路”倡议，加强中国的白俄罗斯语言教学与区域国别研究，为两国教育领域的交流合作作出积极贡献。北京外国语大学白俄罗斯研究中心挂靠在北京外国语大学俄语学院。

白俄罗斯研究中心成立之后，积极发挥平台作用，推动中白文化交流，并且于同年招收了第一批俄语（复合白俄罗斯语）专业学生，并派遣本土教师赴对象国学习白俄罗斯语及白俄罗斯文化，积极储备本土师资，为服务“一带一路”语言建设储备力量。

（二）研究方向

1. 白俄罗斯语教学与研究
2. 白俄罗斯语言和国别研究

（三）人员构成

中心主任：赵鑫博士（2019年1月至今）

科研团队：

1. 赵会荣：中国社会科学院俄罗斯东欧中亚研究所乌克兰、白俄罗斯、摩尔多瓦、波罗的海国家研究室主任，法学博士，研究员，主要研究方向为国际关系、外交政策。

2. 王宪举：中国前驻白俄罗斯使馆参赞，中国人民大学—圣彼得堡国立大学俄罗斯研究中心副主任，主要研究方向为历史、语言。

3. 张慧芹：北京第二外国语学院教授，主要研究方向为俄语语言学。

4. 张颖：重庆市文化和旅游发展委员会研究员，主要研究方向为国际文

化交流与旅游合作。

5. 赵鑫：北京外国语大学俄语学院讲师，主要研究方向为俄罗斯语言文学、俄语对外教学法、语音学、白俄罗斯语言与文学。

6. 鲁德·基里尔：白俄罗斯前驻华大使，经济学博士，主要研究方向为经济学、国际关系。

7. 科内什·拉丽萨：明斯克国立语言大学白俄罗斯语言与文化教研室副教授，主要研究方向为白俄罗斯语言与文学、白俄罗斯语修辞学、方言等。

（四）学术活动

2019—2020学年，中心成员已发表文章及参加学术会议如下：

1. 2019年9月26日，赵鑫参加由白俄罗斯共和国教育部、国家教育学院、天津外国语大学共同举办的“中国和白俄罗斯教育空间中的语言、文学和文化”国际学术研讨会。

2. 2019年11月19—20日，赵鑫参加由明斯克国立语言大学孔子学院举办的第三届白俄罗斯—中国教育论坛“汉语教学中的创新”。

3. 2020年4月，赵鑫参加了“明斯克国立语言大学科学周”线上学术研讨会。

4. 2020年11月19—20日，赵鑫参加了明斯克国立语言大学举办的第三届国际学术会议“白俄罗斯语言、文学、文化与世界：代表性问题”并发言。

（五）国际交流

2019年1月14日，白俄罗斯研究中心主任赵鑫接受了中央广播电视台俄语频道采访，介绍北京外国语大学白俄罗斯研究中心的建设情况。

2019年9月2日，白俄罗斯驻华大使鲁德·基里尔·瓦连其诺维奇参加北京外国语大学开学典礼并致辞。2020年1月14日，时任白俄罗斯驻华大使鲁德·基里尔·瓦连其诺维奇访问北京外国语大学，参观北京外国语大学白俄罗斯研究中心。2019—2020学年，白俄罗斯研究中心主任赵鑫作为本土储备师资，赴白俄罗斯明斯克国立语言大学访学11个月，学习白俄罗斯语。2019年11月20日，赵鑫受聘担任由明斯克国立语言大学孔子学院主办的“走进中国”汉语比赛评委工作。

2020年3月5—6日，赵鑫受聘担任第三届白俄罗斯共和国汉语奥林匹克竞赛评审委员会主席。2020年8月4日，赵鑫受聘为白俄罗斯首届本土中小学中文教师班毕业考试主席官，并在毕业典礼上发言。2020年12月25日，北京外国语大学白俄罗斯研究中心发起了“北京外国语大学建校80周年暨北京外国语大学俄语学院80周年”院庆系列庆祝活动：第一届全国高校白俄罗斯语口语大赛，获得国内各大高校的积极响应。

（六）教学情况

北京外国语大学俄语（复合白俄罗斯语）专业设立于2019年9月，招收学生为高起点俄语生，学生从本科一年级开始学习俄语，二年级起逐步引入白俄罗斯语课程，三年级赴合作院校明斯克国立语言大学语言系进修一年，四年级回国完成学业，用俄语或白俄罗斯语完成毕业论文。在四年学习期间，学生需要通过教育部高等学校俄语专业四、八级水平测试。

目前，俄语（复合白俄罗斯语）专业第一届学生（共7人）在读。全部为外国语中学俄语高起点保送生，有6年的俄语学习基础。自2020年9月起，2019级学生开始学习白俄罗斯语，每周4个课时。

自中心成立以来，白俄罗斯驻华大使馆一直持续为北京外国语大学白俄罗斯研究中心提供全方位的支持与协助。2019年、2020年均向中心提供了公费赴白俄罗斯留学名额。白俄罗斯前驻华大使鲁德阁下在离任回国后仍心系北京外国语大学白俄罗斯研究中心工作。在鲁德大使的牵头下，北京外国语大学计划与白俄罗斯国立经济大学签署合作协议，这是继白俄罗斯国立大学、明斯克国立语言大学后，第三所即将与北京外国语大学展开合作的白俄罗斯高等院校。此协议的签订为北京外国语大学学子提供了更广泛的专业和院校选择机会。

中国石油大学（北京）俄罗斯中亚研究中心

一、基本情况

2017年6月26日，教育部下发函件《关于公布2017年度国别和区域研究中心备案名单的通知》，中国石油大学（北京）2009年设立的创新平台国际石油政治研究中心申报的“俄罗斯中亚研究中心”成功进入备案名单，研究地理范围覆盖俄罗斯、中亚和外高加索地区等九国。按照教育部文件要求，各备案研究中心将进一步加强制度建设和管理，不断推进内涵建设，以学科建设和人才培养为依托，以咨政服务为宗旨，全面服务国家和地方对外战略需求。

中国石油大学（北京）政治学一级学科现有专职教师11名，专职指导教师7名，其中教授2名，副教授3名，校级拔尖人才1名。依托俄罗斯中亚研究中心，在马克思主义学院总体发展规划框架内和指导下，政治学一级学科硕士点建设遵循学科发展规律，本着“入主流、强特色、求卓越”的学科规划原则，以学科平衡发展为基础，以教学和研究为两翼，强化人才培养、科学研究和社会服务三大功能，提升科学研究与人才培养的先进性、科学性以及应用性。

俄罗斯中亚研究中心以“国家战略、全球视野、决策咨询、舆论引导”为目标，秉承“创新、协调、绿色、开放、共享”的发展理念，使之贯穿于“一带一路”建设全过程和公共政策领域，对当前中国与世界面临的能源安全与绿色发展问题进行政策与战略研究。聚焦“能源安全战略与外交，国际合作机制与能源经济，能源法律、社会及生态安全、全球治理与国外马克思主义研究”四大核心研究领域，打造核心研究团队，推出系列智库产品，致力于将俄罗斯中亚研究中心打造为党和政府“信得过、用得上”的新型智库。

中心发挥研究特色和优势，努力打造国家级智库和软科学平台，服务于国家“一带一路”建设重大战略需求，积极承担教育部委托课题，争取国家社科基金立项，举办高水平国际会议。中心接受教育部国际司指导，注重基础研究，加强国际政治学科和区域学学科建设，培育新兴交叉学科，扎实做好人才培养工作，造就大批满足国家重大政策研究需求的“国别通”“领域通”“区域通”三通人才，建立具有专业优势和重要影响的研究团队，推动形成高校科研工作新的增长点，更好地服务于国家能源安全战略与外交大局，努力提升研究质量，积极争取国家级和教育部课题，建成本领域高水平智库，成为中国石油大学（北京）国际问题研究和人才培养的平台。

1. 学科发展

俄罗斯中亚研究中心按照“统筹规划，创新发展，突破重点”的原则，解放思想、开拓创新，完善学科建设体系，凝练能源政治学学科研究方向，进一步提高政治学学科在国内同类院校排名，形成中国石油大学（北京）政治学学科新的特色和优势学科，实行学科带头人的目标责任制，同时建立一整套学科建设检查评估制度，严格考核。

2. 科学研究

俄罗斯中亚研究中心保持能源政治研究特色优势，将本学科力量与相关学科力量相整合，将一般研究与特色研究相结合，将国内研究与对外交流相结合，以高水平科学研究为目标，促进科学研究上水平。中心积极创造条件鼓励标志性成果的产出，以科研支撑学科，以学科带动科研，“十四五”期间科研水平有较大的提升。中心还鼓励学科团队申请国家社科基金、教育部基金、北京市基金以及各部委项目。

3. 教育教学

俄罗斯中亚研究中心以满足国家战略和社会发展对政治学人才需求为目标，“一带一路”区域国别研究、外交学、国际政治、国际关系等专业建设为载体，进行不同层次、不同类型的有特色的个性化人才培养模式的探索与实践，走出学科人才培养的特色之路。

4. 人才培养

俄罗斯中亚研究中心按照“水平高、适用广、专业深”的人才培养理念，坚持分层教育，保证政治学学术硕士毕业生质量。中心同时加强教师团队建设，积极选拔和培养学科带头人，强化学术梯队层次结构，重点引进学科急需的高级人才，挖掘和稳定现有人才，形成学科骨干群体。

5. 服务社会

俄罗斯中亚研究中心坚持“人才为我所用，成果服务社会”原则，以科学研究为先导，拓展“理论+实用性”人才的培养方式；拓宽学术资源服务社会和向社会开放的途径；以教育部备案俄罗斯中亚研究中心为平台，提供政策评价与咨询服务。

二、研究方向

依托马克思主义理论一级学科博士点和政治学一级学科硕士点的学术力量，适应软科学智库建设和学科发展需要，整合研究团队，中心学术委员会规划设立以下四个研究室：

1. 能源安全战略与外交研究室：研究“带盟”对接沿线资源与过境国能源战略及外交走势。

2. 国际合作机制与能源经济研究室：研究国际能源合作机制及其治理、能源经济与效率。

3. 能源法律、区域公共政策及生态安全研究室：研究能源资源国投资法律、社会舆情及生态环境保护标准，沿线各国生态安全状况及其治理机制并咨政对外区域公共政策制定。

4.“一带一路”、北极治理与国外马克思主义研究。

中心吸纳6—8名在校博士研究生、国际政治硕士研究生以及中亚俄罗斯等国家外国留学生参与科研工作。研究方法主要为：运用最新的统计数据，对油气资源国开发战略及其输送管道的发展现状进行跟踪研究，揭示油气缘何成为战略性能源，描述全球天然气的地理分布图景，运用地缘政治理论和博弈论，论述油气地缘分布与地缘政治经济的互相影响及其油气管道政治博弈态势。

三、学术活动

1. 2020年12月，俄罗斯中亚研究中心在线上举办了欧亚核安全形势学术研讨会、能源安全与绿色发展学术论坛。

2. 中心主任庞昌伟应邀参加清华大学俄罗斯研究院、清华大学欧亚战略研究中心举办的“4+4对话：拜登时代的欧亚秩序”国际论坛以及在中国地质大学（武汉）土库曼斯坦研究中心举办的题为“中国与俄罗斯、中亚油气互利合作的意义、问题与前瞻思考”的学术讲座。

3. 中心成员出席“第十二届俄罗斯东欧中亚与世界高层论坛暨中国俄罗斯东欧中亚学会年会”、中国社会科学院第九届全球能源安全智库论坛“碳中和前景下的未来能源：选择与路径”以及2020年北京市高等教育学会国际政治研究分会学术年会。

4. 2016年12月5日，中心成员赴莫斯科参加莫斯科动力学院“区域及全球能源安全：问题与前景”国际会议。

5. 2017年2月18日，中心成员赴圣彼得堡参加由圣彼得堡国立大学和中国石油大学（北京）联合举办的“当代东亚国家思想体系、资源管理及区域安全”国际学术会议。

6. 2019年2月22日，中心成员赴莫斯科参加俄罗斯北极国际会议。

7. 2018年9月，中心主办“一带一路”能源安全与绿色发展学术会议。

8. 2020年12月，中心主办“2020年中俄能源合作与绿色发展”学术研讨会。

9. 2018年4月29日，中心主办欧亚地区原子能利用与核安全国际会议。

四、科研成果

1. 王鸣野：《上海合作组织在推进大欧亚地区合作中的作用》，《人民论坛》2020年第15期。

2. 庞昌伟:《美国霸权与中俄能源安全合作动力》,《人民论坛》2019年第34期。

3. 孙璐、庞昌伟:《俄罗斯当代生态城市建设与中俄互鉴》,《俄罗斯东欧中亚研究》2020年第3期。

4. 郝桂菊:《中西文明跨文化交流范式变迁与未来选择》,《常州大学学报》(社会科学版)2020年第6期。

5. 庞昌伟，徐斌，刘乾等：论文《俄罗斯在国际能源战略格局变化中的地位及中俄能源合作》获“2018年度中国石油科学十佳论文奖”。

6. 庞昌伟：论文《文明会通与全球治理》获北京市高等教育学会国际政治研究分会2020年优秀论文二等奖。

7. 庞昌伟：北京市高等教育学会国际政治研究分会“抗疫时期”网络教学比赛二等奖。

华东师范大学白俄罗斯研究中心

2020年，在新冠肺炎疫情肆虐全球的背景下，中国与白俄罗斯相互信任、合作共赢的全面战略伙伴关系仍然保持高位稳定运行，在涉及彼此核心利益和重大关切问题上毫不犹豫相互支持，两国同舟共济、守望相助，彰显出深厚的“铁哥们”情谊，体现了中白关系的高水平和特殊性。华东师范大学白俄罗斯研究中心继续以服务国家对外战略为目标，以咨政启民为宗旨，以深化内涵建设为原则，以学科建设和人才培养为依托，在各级部门的指导、支持和帮助下，在决策咨询、学术交流、信息库建设、研究对象国历史文化推介等方面踏实工作，积极进取。

一、重要沿革

2012年4月27日，华东师范大学白俄罗斯研究中心揭牌仪式在华东师范大学中北校区隆重举行，校长俞立中与白俄罗斯驻上海总领事弗·沃罗别伊出席仪式，并为中心揭牌。

2013年9月，白俄罗斯教育部长谢·马斯凯维奇访问中心。

2014年4月，华东师范大学与白俄罗斯教育部签署《华东师范大学与白俄罗斯高等教育机构建设华东师范大学白俄罗斯研究中心的合作纲要》。华东师范大学与白俄罗斯高校的交流合作进一步机制化、系统化。

2014年9月，由白俄罗斯外联局长弗·沙普罗夫率领、各州教育厅主管领导组成的白俄罗斯教育代表团访问中心。

2015年，华东师范大学成为中白政府间合作委员会教育分委会中方成员单位。中心的工作得到白俄罗斯教育部、外交部、文化部和白俄罗斯驻华使馆、驻沪总领馆的关注与支持，这为中心开展深入研究和务实交流提供了丰厚的条件与资源。

2016年8月，白俄罗斯驻华大使鲁德·基里尔访问中心，并与中心成员和师生代表座谈。

2016年10月，白俄罗斯共和国国民议会委员会、白俄罗斯国立音乐学院院长叶卡捷琳娜·杜洛娃携该院学生合唱团访问中心，并在华东师范大学举办专场音乐会。

2017年3月，白俄罗斯国家法律信息中心华东师范大学分中心成立。华东师范大学校长陈群与白俄罗斯共和国国家法律信息中心主任叶甫盖尼·科瓦连科为中心揭牌。

2017年6月，华东师范大学党委书记童世骏率团出席在白俄罗斯举办的第三届中白教育合作委员会会议暨中白大学校长论坛。

2017年6月，白俄罗斯研究中心进入教育部国别和区域研究中心备案名单。中心把研究咨询作为工作的重中之重，承接教育部“2017—2018国别和区域研究课题”。

2017年9月，华东师范大学副校长李志斌率团访问白俄罗斯国家法律信息中心和白俄罗斯国立音乐学院。

2017年10月，白俄罗斯研究中心与白俄罗斯驻上海总领馆共同举办《白俄罗斯歌曲选集》首发式暨音乐会。

2018年3月，明斯克国立语言大学中文系成立仪式隆重举行。华东师范大学积极协助明斯克国立语言大学建设白俄罗斯第一家中文系。

2018年3月，由白俄罗斯共和国教育部国际交流中心副主任娜·蕾斯科维茨率领的白俄罗斯教育代表团访问中心。

2018年4月，白俄罗斯驻华大使鲁德·基里尔访问中心并作了题为“白俄罗斯与中国：命运与共，一路同行”的主题演讲。

2018年11月，白俄罗斯国民会议共和国院（上院）科教文社发委员会主席、白俄罗斯教育部第一副部长伊琳娜·斯塔拉沃伊托娃和白俄罗斯外交部副部长安德烈·达普丘纳斯访问中心。华东师范大学与白俄罗斯教育部续签了《华东师范大学与白俄罗斯高等教育机构建设华东师范大学白俄罗斯研究中心的合作纲要》。

2019年1月，中心主任贝文力获白俄罗斯教育部颁发的“中白教育关系发展突出贡献奖”。

2019年11月，贝文力当选中国俄罗斯东欧中亚学会理事、上海翻译家协会常务理事。

2010—2019年，中心每年参与承办上海市人民政府外国留学生奖学金暑期学习班上海合作组织成员国和观察员国大学生暑期学校，为巩固和加强中白两国青年学生的友好往来和民心相通作出贡献。

作为国内首个以白俄罗斯问题为主要研究对象的科研机构，中心依托华东师范大学在东欧、俄罗斯、独联体、上海合作组织等方面数十年的研究历史和深厚的学术积累以及与白俄罗斯教育文化界广泛的接触和联系，以推动对白俄罗斯研究，增进中白两国人民间的相互了解，加强两国在政治、经济、贸易、教育和人文领域的交流与合作为宗旨，以建设成聚焦白俄罗斯历史文化和中白关系研究、务实有效开展中白人文合作交流的国内领先的重要基地为目标，为巩固和加强中白两国的友好关系和民心相通作出贡献。

二、研究方向

中心围绕既定目标，紧密跟踪把握形势，努力将触角深入到对象的历史文化内核之中，实证研究与基础研究同步开展，相辅相成，以此不断深化对白俄罗斯的认识。

中心聚焦白俄罗斯历史文化和中白关系，围绕白俄罗斯历史、文化、外交、经济等领域开展基础研究。

三、人员情况

中心拥有一支出色的团队，其中包括华东师范大学等高校和研究机构的专家学者，为中心准确把握分析形势、理论结合实际、开展研究交流提供了可靠的支撑与保障。

中心现有专职研究员3名：贝文力（华东师范大学白俄罗斯研究中心主任），张鸿瑜（华东师范大学外语学院俄语系教授），张严峻（华东师范大学国际关系与地区发展研究院博士研究生）。主要特聘研究员有：周力（中国人民争取和平与裁军协会副会长、中共中央对外联络部原副部长），于振起（中国前驻白俄罗斯大使），吴虹滨（中国前驻白俄罗斯大使），鲁桂成（中国前驻白俄罗斯大使），王宪举（中国人民大学—圣彼得堡国立大学俄罗斯研究中心副主任，中国前驻白俄罗斯使馆参赞），潘大渭（上海社会科学院俄罗斯中亚研究中心主任），韩璐（中国国际问题研究院欧亚所副所长，中国前驻白俄罗斯使馆三秘），李新（上海政法学院中国—上合组织国际司法交流合作培训基地欧亚研究所所长），李立凡（上海社会科学院上海合作组织研究中心副秘书长）等。

中心秉持开放性建设的理念，通过专兼职结合机制，促进专职研究队伍的建立与成长，推进国内、国际优秀的白俄罗斯研究人才在中心的聚集。通过各种方法，吸引青年学生参与对白交流和研究。

四、学术活动

中心在各级部门的指导、支持和帮助下，积极组织、参与学术活动，与有关院校、研究所等就白俄罗斯历史、文化、政治、经济、外交以及中白关系、白俄罗斯与俄罗斯、白俄罗斯与大国关系等问题开展学术研讨活动。

1. 中心参与承办学术会议

2019年12月12日，中心参与承办“梅尔尼科夫与中俄艺术交流”学术座谈会，来自各单位的专家学者和青年学生近50人参加，围绕艺术史与艺术研究、中俄两国文化交流与合作、中俄关系与文化交流的时代意义、梅尔尼科夫的创作成就和历史地位、当代俄罗斯青年的文化理念传承、俄罗斯文化艺术体验、艺术与国际关系研究、俄语学习与翻译等议题进行了广泛深入的研讨。

2. 中心成员积极参加国内国际学术会议并作大会发言

2019年11月27—28日，由中国俄罗斯东欧中亚学会、北京师范大学和中国社会科学院俄罗斯东欧中亚研究所主办，北京师范大学俄罗斯研究中心、中国社会科学院“一带一路”研究中心和中俄教育类高校联盟联合承办的中国俄罗斯东欧中亚学会会员大会暨第十一届俄罗斯东欧中亚与世界高层论坛在北京师范大学珠海校区举行，贝文力参会并当选为俄罗斯东欧中亚学会理事。

2020年1月21日，由白俄罗斯驻华使馆主办的“中白相互信任、合作共赢的全面战略伙伴关系阶段性成果”智库圆桌会议在北京举行，贝文力参加了会议并作了题为“中白人文交流合作”的发言。

2020年12月6日，由上海国际问题研究院主办的首届“时空变迁背景下的欧亚合作”国际学术研讨会在上海举行，贝文力参加了会议并作了题为“疫情带来的挑战与欧亚地区的合作”的发言。

3. 中心成员举办学术讲座

2020年8月14日，贝文力携新书《大剧院的故事（增补版）》参加第17届上海书展华东师范大学出版社“全景直播间”线上首发式演讲，对戏剧、剧院的起源与演变做了深入详细的介绍，并将这一回溯与对历史文化背景的考察分析相结合。

2020年8月15日，贝文力应第17届上海书展静安分会场“悦读静安”文化讲坛邀请，作了题为“当代俄罗斯文化艺术图景扫描”的讲座。

五、科研成果

中心积极参与白俄罗斯历史、文化、外交、经济等领域的基础研究和中白关系、白俄罗斯与俄罗斯、白俄罗斯与其他大国关系等方面的专题研究，以论文、报告、专著、专访的形式呈现研究成果。

2020年4月，张严峻在全国中文核心期刊《俄罗斯东欧中亚研究》（2020年第2期）发表论文《从概念变化的视角理解“俄罗斯世界”》，以后苏联时期白俄罗斯的国家建设与俄白关系发展现状为研究对象之一，探究当代俄罗斯认同构建的途径。

2020年4月，贝文力著《大剧院的故事（增补版）》由华东师范大学出版社出版。

2020年6月，张严峻接受《文汇报》专访，谈后疫情时代俄罗斯和白俄罗斯博物馆行业现状。

2020年9月，由北京第二外国语学院张惠芹、卢婷婷、孔海萍主编的《白俄罗斯形势与中白关系——2016年和2017年“白俄罗斯形势与中白关系”研讨会论文集》由旅游教育出版社出版，贝文力的《中白教育合作：现状与前景》和《白俄罗斯国家形象的塑造与传播》、张严峻的《白俄罗斯民族文化认同的历史流变与现实境遇》均收录于论文集中。

上海外国语大学俄罗斯研究中心

一、重要沿革

上海外国语大学的前身是上海俄文专科学校，成立于1949年，是我国重要的外语院校之一，其俄语语言文学学科是全国第一个获得俄语语言文学博士学位授予权（1983年）的学科点。

上海外国语大学俄语系俄语语言文学专业1987年被国家教委列为全国俄语语言文学唯一的重点学科，2001年被上海市教委评定为上海市重点学科。2002年和2007年又连续被列为国家重点学科，2009年入选国家级特色专业，在2016年教育部全国第四轮学科评估中被评为A+学科，在国内同类学科中占有重要地位，综合实力位居全国前列。

2011年12月，上海外国语大学俄语系和国际关系与外交事务研究院积极整合校内俄罗斯研究资源，相互协调与配合，将俄语语言文学、跨文化研究、外语战略研究与国际关系研究等学科有机结合，在上海外国语大学俄语语言文学研究与俄罗斯研究传统的基础上，共同组建成新的俄罗斯研究中心，获批为教育部首批42家区域和国别研究培育基地之一。

俄罗斯研究中心在与校内外专家多次深入交流的基础上，就基地的发展规划和研究方向达成了共识，即：充分汲取国内外俄罗斯教学和研究的经验，努力发挥上海外国语大学长期积淀的俄罗斯文化研究、语言与文学研究、中俄关系史研究、俄罗斯思想研究的优势，以国家文化发展战略为导向，构建一个方法创新、学科交叉融合、专业优势互补的新型的、跨学科的俄罗斯研究和人才培养的新格局。

2012年6月2日，俄罗斯研究中心学术委员会成立，首届学术委员会由15位国内外专家组成。2012年11月，俄罗斯科学院院士米亚斯尼科夫受聘俄罗斯研究中心名誉学术委员。2013年5月3日，时任哈萨克斯坦总统战略研究所所长苏尔丹诺夫经俄罗斯研究中心协调受聘为上海外国语大学客座教授。2013年6月4日，时任塔吉克斯坦共和国驻华特命全权大使阿利莫夫经俄罗斯研究中心协调受聘为上海外国语大学客座教授。

2014年，俄罗斯研究中心在上海外国语大学教学科研主管部门的支持下，推动并促成上海外国语大学在政治学一级学科博士点下设“区域与国别研究”二级学科，并于2015年首次招生。以此为契机，俄罗斯研究中心将上海外国语大学国际关系专业和俄语语言文化专业专家与上海社会科学研究院、上海国际问题研究院、复旦大学等机构的俄罗斯问题研究专家联合指导博士生的“双导师制”付诸实践。2017年，俄罗斯东欧中亚学院在原俄语语言文学专业俄罗斯文化方向的基础上设立区域国别研究硕士专业方向，2018年设立俄罗斯中亚区域国别研究博士专业方向，以培养俄罗斯问题研究的复合创新人才为目标，积极探索俄罗斯学研究人才的新型培养模式。

2020年，俄罗斯研究中心依托上海外国语大学俄罗斯东欧中亚学院和上海区域国别与全球治理研究院，联合举办包括线上线下的国际研讨会3场，国内学术研讨会2场。针对热点问题，根据国家需要，中心科研人员参加各级别国际和国内智库专家交流，以及学术研讨会数十场次，并作主旨发言。中心人员在研国家社会科学一般项目4项，上海市哲学与社会学一般项目3项，教育部区域国别指向性课题9项，其他省部级课题6项，校级重大课题2项，一般课题5项，横向课题3项，并获得上海市学术领军人才项目——上海市东方学者特聘教授1项。

二、研究方向

俄罗斯研究中心主要进行俄罗斯东欧中亚问题研究，具体方向有：俄罗斯外交研究、中亚社会文化研究、欧亚国家语言战略与语言规划、俄语语言文学、翻译学等。

三、人员情况

汪宁：上海外国语大学研究员，国际关系专业博士研究生导师，俄罗斯研究中心主任，中国俄罗斯东欧中亚学会荣誉理事，上海市俄罗斯东欧中亚学会副会长。主要研究方向为国际政治、大国关系、外交学理论、俄罗斯政治、经济、文化等。

章自力：上海外国语大学俄罗斯东欧中亚学院副教授，硕士生导师，俄罗斯研究中心常务副主任，上海市俄罗斯东欧中亚学会常务理事。2002年在俄罗斯普希金俄语学院获得教育学博士学位。主要研究方向为教学法、俄罗斯社会与文化。

杨波：上海市东方学者特聘教授，俄罗斯教育部哲学（语文学）博士，上海外国语大学俄罗斯东欧中亚学院教授，博士生导师，俄罗斯研究中心副主任，上海外国语大学学术委员会委员，兼任中国俄罗斯东欧中亚学会副秘书长、中国欧盟协会理事、上海市俄罗斯东欧中亚学会副秘书长、上海市法学会法学翻译研究会常务理事、复旦大学中国反洗钱研究中心兼职研究员、哈尔滨工业大学兼职教授等。主要研究方向为俄罗斯中亚社会与文化、欧亚国家语言战略。

毕洪业：上海外国语大学俄罗斯东欧中亚学院教授，博士生导师，主要研究方向为俄罗斯问题、国际政治与经济研究。

吴爱荣：上海外国语大学俄罗斯东欧中亚学院中亚语系主任，副教授，硕士生导师，主要研究方向为区域国别研究和翻译理论与实践。

郑洁岚：上海外国语大学俄罗斯东欧中亚学院讲师，主要研究方向为俄罗斯问题、中国外交、国际组织等。

四、学术活动

1. 第五届“伟大丝绸之路上的多元价值观：语言、文化和教育”国际学术研讨会

2020年10月9日，由上海外国语大学俄罗斯东欧中亚学院、俄罗斯研究中心和撒马尔罕国立外国语学院联合主办的第五届“伟大丝绸之路上的多元价值观：语言、文化和教育”国际学术研讨会在线上举行。会议旨在探讨丝绸之路在中国、乌兹别克斯坦和其他丝路沿线国家文明、语言、教育、文化、历史传承中的作用，以及应用现代技术开展外语教育的现实问题。本次研讨会引起国际学术界的高度关注，组委会收到来自中国、乌兹别克斯坦、俄罗斯、德国、日本、哈萨克斯坦、吉尔吉斯斯坦、塔吉克斯坦、土库曼斯坦、埃及、印度尼西亚等国高校和科研机构的300多份参会申请及论文，经过严格遴选，会议论文集收录论文170篇。“伟大丝绸之路上的多元价值观：语言、文化和教育”国际研讨会是上海外国语大学与撒马尔罕国立外国语学院共建撒马尔罕孔子学院、开展教育交流合作的品牌国际会议，2016年在撒马尔罕首次举办，此后每年在撒马尔罕和上海轮流举办，在欧亚文化研究领域具有较大的影响力。

2.“中东欧研究的主题、路径与方法”研讨会

2020年10月24日，“中东欧研究的主题、路径与方法”专题研讨会在上海外国语大学虹口校区哈萨克斯坦中心顺利举办。来自中国社会科学院俄罗斯东欧中亚研究所的朱晓中研究员、高歌研究员和徐刚副研究员三位专家就中东欧研究的方法和层次问题带来了精彩的报告。上海外国语大学俄罗斯东欧中亚学院书记任瑶，教务处副处长、中东欧研究中心主任王会花，俄罗斯东欧中亚学院中东欧语系主任钱琴以及中东欧语系全体专业教师和部分学生参会。俄罗斯东欧中亚学院波兰语专业负责人毛蕊、乌克兰语专业负责人梅颖、匈牙利语专业负责人宋霞、捷克语专业负责人童嘉、塞尔维亚语专业负责人费正健分别代表中东欧语系开设的各个语种向与会专家介绍了各专业的教学情况和个人研究方向，三位专家就各位老师的研究领域分别进行了针对性的指导。本次研讨会拓宽了上海外国语大学中东欧语言专业青年教师的研究视野，对上海外国语大学中东欧语言专业建设和国别区域研究具有重要的指导意义。

五、科研成果

1. 杨希燕、唐米昌、杨波:《对接与合作：丝绸之路经济带与欧亚经济联盟》，北京：中国经济出版社，2020年版。

2. 魏熊生，汪宁:《俄罗斯对叙利亚政策中的东正教因素》,《俄罗斯研究》2020年第1期。

3. 毕洪业、江博:《寡头干政何时了？——论乌克兰国家治理的困境及根源》,《俄罗斯研究》2020年第6期。

4. 郑洁岚:《金砖国家媒体合作模式初探——以“中俄头条”为例》，载龙小农:《金砖国家与全球传播秩序重构》，中国传媒大学出版社，2020年版。

5. 郑洁岚:《俄罗斯:“经济之帆”乘上强劲“中国之风”》,《文汇报》2019年11月6日。

6. 郑洁岚:《乌兹别克斯坦：阿里巴巴故乡描绘“复兴丝路”新画卷》,《文汇报》2019年11月3日。

六、教学成果

1. 章自力：上海市课程思政领航团队项目“中国文化”（俄语讲授）（2019—2020）。

2. 杨波：上海市课程思政领航团队项目“高级俄语I、II”（2019—2020）。

3. 吴爱荣：上海市课程思政领航团队项目“外贸俄语I、II”（2019—2020）。

4. 郑洁岚：国家级首批一流本科生课程“区域国别研究导论”课程教学团队“俄罗斯研究导论”专题。

上海外国语大学上合组织与跨欧亚一体化研究中心

一、中心概况

上海外国语大学上合组织与跨欧亚一体化研究中心（以下简称“中心”）于2018年9月正式成立。中心所属欧亚文明研究特色研究生班于2019年5月入选上海市一流研究生教育引领项目“上海外国语大学区域国别研究特色研究生项目”，连续获得五年资助。2019年12月，依托中心的新亚欧区域国别研究学科创新引智基地获批为教育部、科技部高等学校学科创新引智基地计划，连续获得五年资助。2020年10月，中心成为教育部、上海市和上海外国语大学共建，由后者负责运营的上海全球治理与区域国别研究院的核心科研平台。2020年7月，以上合组织与跨欧亚一体化研究中心发展模式为核心申请的上海外国语大学国别与区域研究交叉学科正式获得教育部备案。2020年8月，中心又获批为第三批国家民委“一带一路”国别和区域研究中心，开启了发展前进的新篇章。

上合组织与跨欧亚一体化研究中心自成立以来，充分发挥上海外国语大学在多语种教育的比较优势以及政治学、俄语语言文学等学科的丰厚积累，以俄罗斯、哈萨克斯坦、乌兹别克斯坦、塔吉克斯坦、吉尔吉斯斯坦为重点国别，以“一带一路”与上合组织、大欧亚地区与次地区一体化等具体问题为主攻领域，积极践行上海外国语大学建设国别区域全球知识领域特色鲜明的世界一流外国语大学的办学愿景和推动国内A+学科外国语言文学学科创新发展的战略目标，在人才培养、咨政启民、科学研究、国际交流等方面均取得了较好成绩。

二、研究团队

中心目前有专职研究人员13人，其中教授4人，副教授3人，讲师和助理研究员6人。此外，还有部分兼职研究员。

（一）主要专职研究人员

1. 杨成：上海外国语大学教授、博士生导师，中国中俄关系史学会常务理事，中国俄罗斯东欧中亚学会理事，上海全球治理与区域国别研究院执行院长，教育部科技部新亚欧区域国别研究学科创新引智基地主任，国家民委“一带一路”国别和区域研究中心上海外国语大学上合组织与跨欧亚一体化研究中心主任，上海外国语大学国别与区域研究交叉学科带头人，上海市一流研究生教育引领项目欧亚文明研究特色研究生项目负责人。主要研究方向为跨欧亚一体化、欧亚地区大国关系与小国外交、欧亚国际组织、“一带一路”与中国周边外交等。

2. 陈淑梅：上海外国语大学国际金融贸易学院教授、博士生导师，中国世界经济学会理事，中国美国经济学会理事。主要研究方向为区域经济合作、自贸区与经济增长、标准化与经济治理。

3. 郑洁岚：上海外国语大学俄罗斯东欧中亚学院讲师，主要研究方向为中俄关系、中国外交、国际组织等。

4. 袁勋：上海外国语大学上海全球治理与区域国别研究院助理研究员，主要研究方向为欧亚国家民族与人口问题。

5. 林文昕：上海外国语大学上海全球治理与区域国别研究院师资博士后，主要研究方向为俄罗斯思想史。

6. 王思羽：上海外国语大学上海全球治理与区域国别研究院师资博士后，主要研究方向为乌克兰问题。

（二）主要兼职研究人员

1. 邢广程：中国社会科学院学部委员，中国历史研究院中国边疆研究所所长、研究员、博士生导师，上海外国语大学上海全球治理与区域国别研究院兼职博士生导师。

2. 冯玉军：复旦大学国际问题研究院副院长，俄罗斯中亚研究中心主任，教授、博士生导师，研究方向为俄罗斯与大国关系、上海合作组织。

3. 庞大鹏：中国社会科学院俄罗斯东欧中亚研究所副所长、研究员、博士生导师，研究方向为俄罗斯政治。

4. 徐坡岭：中国社会科学院俄罗斯东欧中亚研究所经济室主任、研究员、博士生导师，研究方向为世界经济理论、转型经济与新兴经济体。

5. 张昕：教育部人文社科重点研究基地华东师范大学俄罗斯研究中心副主任，国际关系与地区发展研究院副教授，研究方向为国际政治经济学、俄罗斯及欧亚政治社会学。

6. 华盾：俄罗斯科学院普里马科夫世界经济与国际关系研究所博士候选人，研究方向为俄罗斯与欧亚国家经济。

三、学术活动

1. 举办“第二届中哈专家论坛”

2020年6月10日，中心与哈萨克斯坦国际关系委员会联合主办“第二届中哈专家论坛”。会议集中讨论了在中美矛盾加剧、欧亚权力分布重组、中俄被美国视为战略竞争对手的背景下，全球地缘政治将呈现怎样的发展趋势，以及新冠肺炎疫情及世界经济衰减的情况下，“一带一路”倡议该怎样落实等问题。包括哈萨克斯坦总统顾问、哈萨克斯坦国际关系委员会主席叶尔兰·卡林在内的中哈16位专家学者参与研讨。

2. 举行“第二届上海外国语大学俄罗斯—欧亚研究方法论训练营”

2020年7月27日至8月23日，“第二届上海外国语大学俄罗斯—欧亚研究方法论训练营”在云端成功举办。本次训练营分为“基于田野调查的欧亚研究课题选择”“区域国别研究理论与方法”“俄罗斯—欧亚研究：学科史与方法论”“俄罗斯—欧亚研究前沿专题”四大板块，来自中国社会科学院和北京大学、清华大学、复旦大学、华东师范大学、兰州大学、云南大学、上海外国语大学等高校的17位国内学者和来自日本东京大学、瑞典乌普萨拉大学、俄罗斯科学院等机构的8位国际知名专家带来了由36场讲座组成的学术盛宴。

3. 举办“新冠肺炎疫情与上合组织民间外交的新议程、新举措、新方向”视频研讨会

2020年8月11日，中心与上海合作组织睦邻友好合作委员会、上海合作组织秘书处、上海外国语大学共同举办的“新冠肺炎疫情与上合组织民间外交的新议程、新举措、新方向”视频研讨会成功举行。来自十多个国家的近百名专家学者就欧亚地区疫情防治及中国与各国的合作路径深入交换意见。通过本次会议，中国与塔吉克斯坦、白俄罗斯、亚美尼亚等国以网签的形式签署合作备忘录，商定加强民间团体协作，促进文化互鉴、民心相通。该会议无论从智力贡献还是实际成果上都取得了圆满成功，上海合作组织秘书长诺罗夫专门致信上海外国语大学党委书记姜锋研究员与中心主任杨成教授表示感谢。

4. 与欧盟轮值主席国德意志联邦共和国驻上海总领事馆联合主办中欧对话活动

2020年10月16日，中心与欧盟轮值主席国德意志联邦共和国驻上海总领事馆联合主办首届中欧对话活动。来自17个欧盟成员国的19名高级外交官和欧盟商会、德国商会3名代表齐聚上海外国语大学，共同探讨中欧关系的现状，展望中欧关系的发展与未来，产生了广泛影响。

5. 中国前驻俄罗斯大使李凤林作“中俄欧三边关系与跨欧亚一体化前景”专题讲座

2020年10月17日，中国前驻保加利亚、罗马尼亚、俄罗斯大使，国务院发展研究中心欧亚社会发展研究所所长李凤林应邀访问上海外国语大学，以“中俄欧三边关系与跨欧亚一体化前景”为题开展讲座。李凤林大使从中俄、中欧、俄欧三组双边关系入手，深入分析了欧亚大陆上三大主要行为体之间在政治、经济等领域的复杂联系，并以此为基础对跨欧亚一体化前景进行展

望，特别强调中俄关系在推进欧亚一体化进程中的重要意义。

6. 中国前驻外大使鲁桂成作“在外交前沿践行‘一带一路’倡议”专题讲座

2020年11月6日，中国前驻土库曼斯坦、白俄罗斯大使，外交部档案馆前馆长鲁桂成应中心邀请访问上海外国语大学，以“在外交前沿践行‘一带一路’倡议”为题开展讲座。鲁桂成大使结合自身驻外经历，绘声绘色地为听众讲述了其全力促成中土天然气合作项目的风云经历。他以来自外交一线的工作经历，对如何在外交前沿践行“一带一路”倡议进行了分析，为跨欧亚一体化研究提供了来自外交实践的难得见解。

7. 陕西师范大学黄达远教授作“从域外与周边理解中国：丝绸之路的区域转向为中心”专题讲座

2020年12月3日晚，陕西师范大学中亚研究中心黄达远教授应中心邀请访问上海外国语大学，以“从域外与周边理解中国：丝绸之路的区域转向为中心”为题开展讲座。黄教授强调，丝绸之路研究需超越欧洲中心论、文明等级论和静态地理空间，形成以人类命运共同体为目的的新史观，以游牧、农耕与绿洲空间流动性重塑丝绸之路史观。

8. 举办第三届“联通世界与未来”国际研讨会

2020年12月12日至13日，由上海全球治理与区域国别研究院、上合组织与跨欧亚一体化研究中心等联合主办的第三届“联通世界与未来”国际研讨会——“新冠肺炎疫情与国际社会的信任及合作重建”成功举办。来自国内外的近200名专家学者采取线上、线下联动的方式，就有关议题专门研讨。

9. 举办欧亚研究前沿讲坛、高端政策对话、大使说、短课程等共计83场讲座

围绕上海合作组织和跨欧亚一体化等欧亚研究主题，中心2020年共举办欧亚研究前沿讲坛、高端政策对话、大使说、短课程等讲座83场。

四、科研成果

（一）科研项目立项与结项

2020年4月，中心主任杨成教授申报的“俄罗斯与欧亚地区国家‘新冠肺炎’疫情研究”获得上海外国语大学“新冠肺炎”疫情应急专项课题立项。

2020年5月，中心的“SISU观欧亚”项目获得欧亚系统科学研究会立项支持。

2020年5月，上海市社会科学界联合会所属学术团体课题研究项目“新冠肺炎疫情与欧亚地区治理转型”由上海市俄罗斯东欧中亚学会委托本中心研究。2020年12月，本课题顺利结项。

2020年11月，中心主任杨成教授申报的“大变局下俄罗斯对华战略研究”获得教育部高校国别和区域研究2020年度课题立项。

2020年12月，中心主任杨成教授主持的教育部高等学校区域国别课题“金砖国家人文交流战略研究”顺利结项。

2020年12月，中心主任杨成教授主持的教育部人文社科重点研究基地重大项目“上合组织的中长期前景研究”提交结项。

2020年12月，中心博士后林文昕申请的“近代俄国政治中的自由概念演化及其影响研究”课题获得2020年上海市“超级博士后”激励计划立项资助。

（二）专著与译著

中心研究员陈淑梅教授的国家社科基金重点研究项目最终成果《“一带一路”视域区域经济合作的中国方案研究》2020年11月由中国商务出版社出版。

2020年8月，中心主任杨成主编的“苏联，苏联”系列《苏联的外宾商店：为了工业化所需的黄金》（叶列娜·亚历山德罗夫娜·奥索金娜著，施海杰译）由生活·读书·新知三联书店出版。

（三）论文

中心2020年在《俄罗斯研究》《俄罗斯东欧中亚研究》等国内外重要期刊

发表高水平论文17篇，专著收录论文3篇，在主流媒体发表时评22篇。现将主要代表性论文概述如下：

1. 华盾：《大国博弈、双层均势的亚洲时刻——俄罗斯智库对中美经贸摩擦的认知与政策立场》，《俄罗斯研究》2020年第1期。

【内容摘要】本文强调俄罗斯智库对中美经贸摩擦有着独特的认知和期待，并与克里姆林宫的官方立场互为表里，总体上认为在中美经贸摩擦的背后是两国对军事、政治、科技、地区和全球领导权的竞争；两国的国内议程和对外政策将因此受到深远影响并产生溢出效应——在亚洲区域内形成两极结构。论文指出，俄罗斯智库专家认为俄罗斯应与中国继续保持经济与军事合作，避免与美国和西方关系的继续恶化，并在亚太地区推动“大欧亚伙伴关系”倡议。论文认为，这些政策建议反映出俄罗斯以在全球和亚洲分别制衡美中为目标的双层均势策略，俄罗斯将在有亚洲其他国家参与的情景下扮演战略平衡手角色，借中美全面对抗之势在中美俄三边关系之外扭转不利的外部发展环境，有可能催生双边和三边竞合新模式的建立。

2. 华盾：《弱市场模式的曲折成长：俄罗斯人工智能产业发展探微》，《俄罗斯东欧中亚研究》2020第3期。

【内容摘要】本文认为苏联模式既留下宝贵科技遗产，也制约今天俄罗斯人工智能快速发展；当代俄罗斯人工智能产业已形成主要表现为政府、军事与市场三大板块平行推进的独特的“弱市场模式”，其中政府版块占据强势主导地位，军事版块形成独立发展闭环，市场版块受多重挤压而艰难成长。论文指出，由于产业结构重心完全倒向政府一侧，政府力量取代市场体制成为沟通产业体系内各要素的桥梁，俄罗斯人工智能产业难以克服人才流失、资本不足与数据匮乏等弱点。但依托基础研发、人才培养和军事工业等个别领域的比较优势，俄罗斯在全球人工智能产业的实际地位应高于目前主流评估体系中的位置。论文预测，俄罗斯在未来10年将不会对现有发展模式进行根本变革，而是通过政策层面的适当调整推动技术与产业发展。这将限制其发展空间与速度。

五、人才培养

上合组织与跨欧亚一体化研究中心始终把人才培养作为工作的重中之重，2018年以来一直以欧亚文明研究特色研究生班为基础不断探索其人才培养新模式，现已形成以下主要特色：

第一，突出知识的均衡供给和研究对象与中国视角的双主体性。一方面，通过国内外联合培养，尤其是中国+国别与区域研究的对象国+研究水平居于前沿和领先层次的第三方的教学和科研结合，提供更为平衡、中立、客观的有关研究对象的知识供给；另一方面，强调从服务于中国成长的实际需求出发，通过国外学习汲取有关研究对象的深层一线知识，基于中国与研究对象所在国别与区域的双主体性获得健全的认知。

第二，突出知识供给的多学科、跨学科及学科交叉融合本质属性。专项师资力量除建设主体院系学者外，大力吸引校内、国内和国际合作机构的专家学者建立起跨院系、跨学科、跨学校、跨国家的分工协同的教学团队，传授本领域的前沿知识。贯穿各课程的主线是提供多学科、跨学科的知识体系。

第三，突出科研能力和外语能力的双重培养。通过系统学习，每个研究生都应至少精通英语和研究对象国两门语言，学有余力者可再攻读第三门乃至更多语言，将上海外国语大学主推的“多语种+”办学方针切实落到实处。目前欧亚文明研究特色研究生班同学都熟练掌握俄语、英语并初步掌握了哈萨克语或乌兹别克语等中亚当地主体民族语言，部分同学掌握了四门外语。研究生通过深度参与研究对象的相关外语材料的遴选、翻译、整理方面的系统专业训练，逐渐过渡到有一定的独立分析能力和成果发表能力。

第四，突出培养研究生的知识学习。鼓励研究生通过申请国家留学基金相关项目和本校“田野调查”“学术引领计划”等基金支持到所研究的对象国或地区进行实地调查，建立起翔实的田野资料，并以此为基础以具体的地方结构对现行的政治—经济等问题进行考察，获得深层次的理解和洞察力。

第五，突出研究生培养的全过程管理及理论压舱和实践导向。采取系统理论学习和专业研究实践相结合、学科点集体培养与导师组负责相结合的办法，充分发挥研究生的学习主动性，将独立科研能力训练贯穿到研究生培养的全部环节。针对就业市场需求，基于“讲政治的学术研究”和“有学术的政策研究”相结合的原则，重视研究生的研究实践。

第六，实行“2+X”和双导师组制的国际化培养模式。研究生完成校内的强化学术训练后，将按照培养方案赴所研究的国别区域留学进修。与此相适应，研究生采用双导师组制，即国内由主干学科和协同学科的导师指导，以及国内学科导师和国外留学机构的外国导师共同指导。2020年中心和国外主要兼职研究员通过在线方式实现了联合指导、国际化培养的基本目标。

2020年11月19日至25日，2019届欧亚班全体成员参加由俄罗斯高等经济大学与上海外国语大学、华东师范大学联合举办的第十届中俄国际暑期学校，任治亚、刘依两位同学所在小组获得毕业研究成果汇报第一名。

欧亚班学员杨子桐、任治亚撰写的《俄罗斯新冠肺炎疫情防控与中俄抗疫合作》和彭智丰、丁卉雯撰写的《哈萨克斯坦新冠肺炎疫情形势与医疗卫生抗疫进程》两篇论文被陕西师范大学医学与文明研究院主办的“一带一路重大疫情防控史及现实启示”国际学术研讨会收录，并于2020年12月28日在会上宣读。

上海大学上海合作组织公共外交研究院

一、重要沿革

上海大学上海合作组织公共外交研究院是2011年3月成立的学术机构，致力于上海合作组织和平发展、我国公共外交事业发展的学术研究、人才培养及国际交流研究。研究院的使命是：第一，建设上海合作组织与公共外交战略的研究基地，组织开展我国与相关区域及国家交流合作的战略性研究，为各级政府和企事业单位提供决策咨询服务；第二，建设公共外交高级人才的培养基地，针对目前各级政府和企事业单位日益增多的国际化交流和民间外交人才的需求，开展专门的人才培养。培养民间外交人才，服务国家公共外交战略；第三，建设国际人文与科技交流合作基地，广泛开展国际人文交流，从而带动经济合作、科技合作、产业合作以及社会治理合作，为各级政府、企事业单位引进相关领域高科技人才与项目提供服务。

2016年12月27日中国公共外交协会召开第一届理事会第五次会议暨公共外交专门委员会成立仪式，宣布上海大学上海合作组织公共外交研究院与北京外国语大学、外交学院、上海大学、清华大学、中国人民大学、北京大学、三亚公共外交研究院，入选“地方及院校公共外交委员会”。

2018年2月，副院长张恒龙教授当选为第二届中国中亚友好协会理事。研究院持续获得教育部和上海市智库项目资助。

二、研究方向

1. 围绕上海合作组织成员国发展风险开展储备研究。
2. 围绕上海合作组织经贸发展与务实合作开展咨政研究。
3. 围绕上海合作组织框架内高端合作机制开展公共外交活动及研究。

三、人员情况

研究院名誉院长是前外交部长、全国人大常委会委员、外事委员会原主任委员、中国公共外交协会会长、上海大学名誉教授李肇星。学术委员会主席是中国国际问题研究基金会理事长、外交部前副部长、上海合作组织首任秘书长、上海大学名誉教授张德广。学术委员会副主席分别是中国驻俄罗斯前陆海空武官、中国国际战略学会高级顾问、上海大学博士生导师王海运少将，中国社会科学院俄罗斯东欧中亚研究所所长、上海大学自强教授孙壮志研究员。院长是李伟。研究院拥有一支由资深外交官、国内外大学教授和海外归国人才组成的专家团队。

（一）校内团队成员

张恒龙教授、张丹华教授、王祝研究员、何树全教授、王国松教授、尹应凯教授、李华副教授、赵金龙副教授（留韩）、毛雁冰副教授（留德）、贾利军副教授、王雨琼博士（留俄）、张真真助理研究员（留俄）、李雪助理研究员（留俄）。

（二）校外团队成员

1. 王海运：兼职教授、博士生导师
2. 孙壮志：自强教授、中国社会科学院俄罗斯东欧中亚研究所所长、研究员
3. 许涛：兼职教授、国务院发展研究中心欧亚社会发展研究所研究员

4. 徐坡岭：兼职教授、中国社会科学院俄罗斯东欧中亚研究所研究员

5. 张宁：兼职教授、中国社会科学院俄罗斯东欧中亚研究所研究员

6. 王四海：兼职教授、兰州大学教授

7. 王晓泉：特聘研究员、中国社会科学院俄罗斯东欧中亚研究所副研究员

8. 徐晓天：特聘研究员、现代国际关系研究院副研究员

9. 戴勇斌：特聘研究员、比利时根特大学博士

四、学术活动

1. 举办第四届“一带一路”上海国际论坛

2019年10月23日至24日，第四届“一带一路”上海国际论坛在上海大学国际会议中心成功举办。论坛由上海大学与中国社科院俄罗斯东欧中亚研究所联合主办，上海大学上海合作组织公共外交研究院承办。论坛聚焦“一带一路”与面向新时代的欧亚繁荣稳定主题，与会学者围绕欧亚地区的政治稳定与安全挑战、“一带一路”框架内的人文与科技合作、上海合作组织发展的新机遇与“一带一路”框架内的多边经贸合作等四个议题开展了深入研讨。此次论坛由上海大学、中国社会科学院俄罗斯东欧中亚研究所主办，上海大学上海合作组织公共外交研究院、中国社会科学院“一带一路”研究中心承办，上海大学国际部、高等研究院和中国社会科学院中俄战略协作高端合作智库协办。来自中国、俄罗斯、哈萨克斯坦、乌兹别克斯坦、吉尔吉斯斯坦、塔吉克斯坦、亚美尼亚和乌克兰等欧亚地区国家的专家、学者以及上海合作组织秘书处、相关国家驻华使领馆代表近百人参会。

2. 举办“中国—俄罗斯与世界”国际研讨会

2019年8月22—23日，“中国—俄罗斯与世界”国际研讨会在上海大学举行。研讨会由上海大学与俄罗斯国际事务委员会联合举办，上海大学上海合作组织公共外交研究院承办，兰州大学政治与国际关系学院和上海大学高等研究院协办。本次研讨会主题是“面向未来的中俄友好与合作”。与会专家围绕国际国内因素在提升中俄两国合作方面的动力和阻力、目前和未来提升中

俄双边关系的领域和路径、中俄国家发展战略在区域和多边领域的对接与合作等三个议题开展深入研讨。来自中国与俄罗斯近30位专家学者参会。

3. 举办“上海合作组织与中俄印协调”形势研讨会

2020年8月14日，上海研究院国际战略研究中心、上海大学上海合作组织公共外交研究院、中国社会科学院中俄战略协作高端合作智库联合举办主题为“上海合作组织与中俄印协调”的形势研讨会。中国社会科学院俄罗斯东欧中亚研究所所长/中俄战略协作高端合作智库副理事长兼秘书长孙壮志，中国社会科学院科研局副局长、上海研究院常务副院长赵克斌，原中国人民外交学会副会长/中国前驻印度大使魏苇，中国社会科学院俄罗斯东欧中亚研究所副所长、中国社会科学院上海合作组织研究中心主任孙力，中国社会科学院俄罗斯东欧中亚研究所副所长庞大鹏，国务院发展研究中心欧亚社会发展研究所中亚研究室主任许涛，北京大学南亚研究中心常务副主任王旭，中国现代关系研究院南亚研究所副所长王世达，中国社会科学院亚太研究院副研究员刘小雪，上海研究院国际战略研究中心秘书长李春光，中国社会科学院中俄战略协作高端合作智库办公室主任薛福岐等专家学者出席了会议。

与会专家围绕上海合作组织框架下成员国的政治沟通、上海合作组织框架内的中俄印协调、上海合作组织与本地区其他组织的合作协商等三个议题进行了热烈讨论。

4. 应邀参加哈萨克斯坦总统托卡耶夫访华演讲会

2019年9月11日，上海合作组织公共外交研究院李伟院长和张恒龙副院长应邀赴京参加哈萨克斯坦总统托卡耶夫演讲会。来自全国和驻华使领馆的200多名代表在中国社会科学院报告厅现场聆听了总统的演讲。总统在演讲中系统阐述了哈萨克斯坦未来发展政策和对中哈友好合作的展望。上海大学自2011年组建上海合作组织公共外交研究院以来，始终把哈萨克斯坦作为重要研究对象，相继出版了哈萨克斯坦研究专著，发表了相关哈萨克斯坦研究的系列论文与专报。上海大学和哈萨克斯坦欧亚大学、阿尔法拉比大学等著名高校建立了校际合作关系。上海大学已成为中国哈萨克斯坦研究的重要力量。

五、科研成果

（一）著作

张恒龙主编:《丝绸之路与欧亚的繁荣稳定：第三届“一带一路”上海国际论坛论文集》，时事出版社，2019年版。

【内容摘要】本书是“一带一路”上海国际论坛与会专家学者研讨成果的集成。“一带一路”倡议提出后，欧亚地区各种合作倡议和发展战略应运而生，各种对接倡议以及合作战略都提出以上海合作组织为平台。书中聚焦区域政治稳定与安全、人文与科技合作、上海合作组织发展机遇、经济合作等议题，为丝绸之路建设与欧亚地区繁荣发展贡献智慧。

（二）论文

1. 丁世豪、何树全:《中国对中亚五国农产品出口效率及影响因素分析》,《国际商务》（对外经济贸易大学学报）2019年第5期。

【内容提要】运用随机前沿引力模型，考察了2001—2018年中国对中亚五国的农产品出口效率，并进一步构建出口非效率模型。对出口效率的影响因素进行了分析结果表明：中国对中亚五国农产品出口的整体效率水平较低，但呈现出随时间递增的态势；中国与进口国之间的地理距离显著抑制了中国对中亚五国的农产品出口，中国及中亚五国的经济发展水平，中亚五国的市场需求规模显著促进了中国对中亚五国的农产品出口；上海合作组织框架，中亚五国的贸易自由度，金融自由度及基础设施水平在促进中国对中亚五国农产品出口效率提升方面作用明显。

2. 刘小溪、何树全:《中国服务业国际竞争力研究——基于全球价值链就业与收入的视角》,《区域与全球发展》2020年第1期。

【内容提要】通过计算全球价值链收入、显示性比较优势、出口引致的要素收入和就业，将其与世界其他国家进行对比，并对中国服务业及其细分行业进行综合国际竞争力的详细分析。通过以上指数分析得出结论：第一，美国服务贸易在GVC收入和要素收入方面居于世界首位，并遥遥领先于世界其他国家，具有明显的比较优势；第二，发达国家的服务业国际竞争力明显优于发展中国家。其中，英国、法国、德国三国服务贸易处于世界前列且增速可观，日本各指标均出现了下降的情况，大有被其他国家赶超的趋势；第三，墨西哥在创造就业方面处于世界领先水平，印度服务业略好于中国；第四，中国服务业的国际竞争力在上述各个方面仍有待提升。其中，我国其他服务业发展相对最好，金融中介行业也处于上升趋势，而传统服务业发展情况不佳，新兴服务业未来发展潜力仍然较大，我国服务业内部结构有望得到进一步优化。我国需要提高服务要素在全球的流动性、加快服务贸易创新、重视与战略新兴产业的结合、打造知名服务品牌和加大对服务业及服务贸易的政策支持力度。

（三）科研项目

1. 张恒龙，上海市科技交流中心委托课题“协助推进上海—中亚地区科技创新合作交流”，已结项。

2. 张恒龙，2019年度上海高校智库内涵建设计划资助课题“‘一带一路’与欧亚发展国际论坛”，已结项。

3. 张恒龙，2019年度上海高校智库内涵建设计划资助课题“当前中亚五国政局稳定与‘一带一路’建设风险研究”，已结项。

4. 张恒龙，2020年度上海高校智库内涵建设计划资助课题“上合组织成员国安全稳定与‘一带一路’建设风险的跟踪研究”，在研。

5. 张真真，中国进出口银行委托课题“阿联酋、塔吉克斯坦经营环境与业务发展研究”，已结项。

南开大学俄罗斯中亚研究中心

一、基本情况

南开大学俄罗斯中亚研究中心是在整合南开大学有关俄罗斯、中亚和中东欧国家研究力量的基础上发展起来的多学科协同创新中心，属于非实体性机构。作为校级的教学、科学研究和学术交流平台，中心依托周恩来政府管理学院、外国语学院、马克思主义学院、经济学院、历史学院等教育资源和专业研究力量，充分发挥南开大学在学科建设、科学研究和国际交流合作等方面的综合优势，以欧亚大陆，特别是俄罗斯、中亚、中东欧转型国家的重大理论和实践问题为重点，开展相关课题研究、政策咨询、人才培训和国际交流等，努力发展成为国内外知名的俄罗斯中亚中东欧研究高端智库。中心拥有一支精干高效的研究队伍，其中教授8人，副教授11人，讲师和助研5人，还有一大批来自欧亚各国，特别是俄罗斯中亚和中东欧各国的博士、硕士研究生。他们分别熟练掌握俄语、英语、阿拉伯语、塞尔维亚和土耳其等语种，是欧亚地区研究领域的专家。中心与研究对象国的相关机构建立了良好的学术交流关系，拥有举办国际学术会议的经验。中心依靠南开大学图书馆和各学院图书馆的丰富藏书，以及学校订购的国内外各类知名网上数据库资源，具备开展俄罗斯中亚中东欧研究的资源基础。

二、研究方向

1. 俄罗斯政治与外交

2. 中俄关系的历史与现状
3. 俄语语言学
4. 中俄文学关系
5. 俄罗斯经济
6. 俄罗斯历史
7. 中亚区域政治与地区经济
8. 中亚民族宗教关系

三、学术活动

1. 2019年12月7日，中心主任杨雷应邀参加第一届天津外国语大学2019国别和区域研究论坛。该论坛在天津外国语大学举行，论坛主题为“人类命运共同视阈下的文明交流互鉴与全球治理”，由天津外国语大学与天津社会科学院、天津国际友好联合会共同主办。来自国内外50余所高校、科研院所的专家学者200余人参会。中心主任杨雷应邀在分组讨论会上发表研究报告《俄罗斯干预独联体地区冲突的情感因素分析》。

2. 中心主任杨雷参加了在外交学院举行的“中俄关系70周年：回顾与展望”学术研讨会。来自北京大学、中国社会科学院、北京师范大学、中央党校、国际关系学院、军事科学院、国防科技大学和四川大学的近30名学者专家出席了会议。在会议上，杨雷就其最新研究成果《中俄战略协作机制的有效性及其改善》做了汇报。这场学术思想交流活动汇聚了中国顶尖俄罗斯研究专家的观点，对中俄关系70年的道路和经验及其发展前景作出了分析。

3. 2020年11月14—15日，由华中科技大学国家治理研究院、国家治理湖北省协同创新中心主办的第六届“全球治理·东湖论坛”——“大国关系与全球治理”国际研讨会在武汉举办。中心主任杨雷应邀参加，并在分论坛上作了题为“国际制度视角下‘一带一路’与大欧亚伙伴关系的对接”的演讲，参会的专家学者们就此话题进行了热烈而富有成效的讨论。

4. 2020年11月21日，中心主任杨雷应邀参加“第二届天津外国语大学·2020国别和区域研究论坛”。论坛主题为“东北亚区域安全战略环境评估与展望”。杨雷在大会上发表研究报告《绥靖与制衡：中俄对美外交的艺术性》。

5. 2020年11月26—28日，中心主任杨雷赴深圳参加中国俄罗斯东欧中亚学会会员代表大会暨第12届俄罗斯东欧中亚与世界高层论坛。

6. 2021年1月19日，上海合作组织秘书长弗拉基米尔·诺罗夫为首的代表团一行6人，在天津市外办人员的陪同下访问南开大学，受到曹雪涛校长的接见。宾主双方就可能进行的合作项目举办了座谈。中心主任杨雷、外国语学院院长阎国栋、APEC中心主任刘晨阳参加了座谈。

四、科研成果

中心近年来承担和完成了一系列国家社科基金、教育部人文社科规划和天津市社科规划项目，取得了较好的声誉。

中心的俄罗斯与中亚、中东欧研究覆盖了政治学与国际关系、经济学、民族学、历史学、语言文化等广泛领域。

1. 杨雷：《国际制度视角下的“一带一路”与大欧亚伙伴关系对接》，《东北亚论坛》2021年第1期。

【内容摘要】为了协调国际规则的制定，中俄确定对接两大倡议。两大倡议的对接将增强国际社会新兴力量在国际制度体系构建和全球治理中的影响力，推动欧亚区域合作的进程。

2. 杨雷：《中俄战略协作机制的有效性及其改善》，《国际论坛》2020年第2期。

【内容摘要】中俄战略协作机制经过近30年的发展，具备了自身的特点和丰富内涵，形成了以两国总理年度会晤为核心，以多领域合作机制为组成的较为全面的双边政府间合作机制。它已经成为国际制度体系的重要组成因素。中俄两国在各领域的合作受到了战略协作机制的促进，体现了其有效性。但是，与中俄两国设定的新时代中俄关系发展目标相比，中俄战略协作机制还存在着不足，需要改善。

3. 杨雷：《人文交流丰富和充实中俄合作关系》，《中国社会科学报》2019

年12月12日。

【内容摘要】中俄政府在协调一致的基础上，需要在人文交流领域采取如下几个方面举措：首先，要在思想上重视，要在两国职能机构和相关人员的心目中树立起能够克服中俄文化差异、形成地区合作共识的自信心；其次，要加强对中俄文化的研究，了解它们的实质内涵，探寻其有效融合的路径和发展方向；再次，要采取一些举措，促进中俄文化的互通；最后，要合作共建具有国际竞争力的文化产业，实现共赢。

4. 徐振伟:《“一带一路”框架下中国话语权的建构——基于“再情景化”视角的分析》,《教学与研究》2020年第3期。

【内容摘要】“一带一路”倡议推动中国与世界各国文化上的互通交融，也带动“一带一路”沿线国家和地区的经济发展。与之相关的是中国如何讲好“一带一路”倡议，构建话语体系。“再情景化”无疑为“一带一路”话语体系的构建提供了新的视角，它在“一带一路”话语权的建构过程中将发挥重要的作用。

5. 阎国栋:《俄罗斯“科学社版”十卷本〈中国通史〉介评》,《中国史研究动态》2019年第5期。

【内容摘要】俄罗斯汉学发端于18世纪，至今已经有300多年的历史，历经帝俄、苏联和当代俄罗斯三个时期。中国历史在俄罗斯汉学中一直占据着核心位置，起步最早，研究人员最多，研究成果也最为丰富，而俄罗斯科学出版社出版的十卷本《中国通史》由2018年谢世的百岁汉学家齐赫文院士主编，集合了160多位俄罗斯中国历史研究专家，历时多年倾力编纂而成，出版时间持续了五年（2013—2017），是俄罗斯汉学诞生以来规模最大、参与学者最多的著作。

五、人才培养

俄罗斯中亚研究中心始终将日常教学视为重要工作内容，积极辅助各学院做好中东欧俄罗斯中亚研究人才的培育工作。2020年春季，有6名论文内容围绕俄罗斯中亚区域研究进行的硕士毕业生在南开大学周恩来政府管理学院国际关系系通过论文答辩取得法学硕士学位。除此之外，外国语学院、历史学院、经济学院也培养了数量不等的俄罗斯中亚研究人才。此外，各学院还有若干博士生从事与俄罗斯中亚内容相关的研究。

黑龙江省社会科学院俄罗斯研究所

一、重要沿革

俄罗斯研究所是黑龙江省社会科学院开展对俄研究的专门机构。根据不同历史时期我国经济社会发展和国家安全需要，依托黑龙江省独特的地缘优势和人文优势，俄罗斯研究所立足黑龙江、面向全国，广泛深入地开展对俄远东及西伯利亚政治、经济、历史、文化、社会、民族和中俄关系等研究，取得了显著成效。截至2020年年底，俄罗斯研究所共出版专著、编著、译著130多部，发表论文1500余篇，获得省级以上领导批示50多项，60多项科研成果获省级以上奖励，充分发挥了“思想库”“智囊团”作用，为国家对外开放、经济合作、文化交流和边疆建设作出了重要贡献。经过50多年的建设和发展，俄罗斯研究所科研水平不断提高，学术影响力不断扩大，涌现出一批有较高学术声望的专家学者，先后近20人获国家和省级优秀专家或人才称号，成为具有相当国内国际影响的对俄研究机构。

二、研究方向

俄罗斯研究所依托世界史（俄国史）、世界经济（俄罗斯经济）两个黑龙江省领军人才梯队的特色优势，重点推进俄国史、俄罗斯经济研究。其中，世界史（俄国史）学科的主要研究方向包括：

1. 世界地区国别史
2. 世界通史与专门史

3. 世界近现代史和世界经济

三、人员情况

（一）负责人

刘涧南：俄罗斯研究所所长（2019年6月至2020年12月）

钟建平：俄罗斯研究所副所长（2020年10月任副所长，2020年12月主持工作）

（二）研究人员

俄罗斯研究所下设经济研究室、历史研究室、政治与文化研究室、综合研究室和《西伯利亚研究》杂志编辑部，现有研究人员12人，其中正高职称2人、副高职称6人、中级职称4人，具有博士学位的5人。人员基本情况和主要研究领域如下：

1. 钟建平：副所长、研究员、历史学博士、硕士生导师，主要研究方向为俄国经济史、中俄关系、西伯利亚农业。

2. 安兆祯：副所长、研究员、经济学硕士、硕士生导师，主要研究方向为俄罗斯经济、国际贸易。

3. 陈秋杰：历史研究室主任、副研究员、历史学博士、硕士生导师，主要研究方向为西伯利亚交通史、中俄关系。

4. 邹秀婷：经济研究室主任、副研究员、经济学硕士、硕士生导师，主要研究方向为俄罗斯东部地区经济、中俄经贸。

5. 程红泽：政治与文化研究室、副研究员、哲学硕士，主要研究方向为远东经济、人口问题。

6. 张梅：《西伯利亚研究》编辑部主任、副研究员、文学硕士，主要研究方向为俄罗斯经济与文化。

7. 封安全：副研究员、历史地域文化学博士，主要研究方向为俄罗斯经济、中俄区域合作。

8. 刘波：副研究员、学士，主要研究方向为俄罗斯经济与文化。

9. 孙连庆：助理研究员、历史学博士，主要研究方向为西伯利亚民族史、古罗斯史。

10. 王超：助理研究员、历史学博士，主要研究方向为苏联史、中俄关系、远东人口和移民。

11. 白晓光：助理研究员、历史学硕士，主要研究方向为俄罗斯文化、俄罗斯人口史、远东教育。

12. 赵欣然：助理研究员、学士，主要研究方向为远东经济、中俄区域合作。

四、主办刊物

1974年，苏联远东研究室创办了我国最早的苏联问题研究专业期刊之一《西伯利亚与远东》（内部发行），1988年更名为《西伯利亚研究》并在国内公开发行，1999年获准国内外公开发行。俄罗斯研究所主办的《西伯利亚研究》先后入选中国期刊方阵双效期刊、“中国人文社会科学综合评价AMI”扩展期刊、中国学术期刊综合评价数据库来源期刊等。《西伯利亚研究》是我国关于俄罗斯东部地区研究的唯一专业杂志，其宗旨是弘扬学术、促进交流、服务社会、鼓励创新、倡导争鸣。截至2020年12月，期刊共出版279期。

五、科研成果

（一）论文

1. Д.В.苏斯洛夫、钟建平、朱坤华：《现阶段俄中经济关系》，《西伯利亚研究》2020年第1期。

2. 白晓光：《浅析俄罗斯对我国国际问题智库的研究》，《西伯利亚研究》2020年第4期。

3. 赵欣然：《〈2025年前远东发展国家纲要和2035年前发展前景〉草案的任务、存在问题及我国企业面临的新机遇》，《西伯利亚研究》2020年第3期。

4. 刘爽：《以共建“一带一路”为动力实现中俄经贸合作新跨越》，《西伯利亚研究》2019年第1期。

5. 刘爽:《当代俄罗斯史学研究》，中国社会科学出版社，2020年版。

6. 刘爽:《米罗诺夫〈帝俄时代生活史〉及相关史学思想评析》,《史学理论研究》2020年第5期。

（二）重要课题

1. 陈秋杰：国家社科基金青年项目“俄修建西伯利亚大铁路及其对外政策研究”（13CSS028），2013年立项，2019年12月结项。

2. 孙连庆：国家社科基金一般项目“俄罗斯民族文化自治组织的实践与效应研究”（15BMZ075），2015年立项，2019年10月结项。

3. 封安全：国家社科基金一般项目“中俄北极合作开发研究”（15BGJ029），2015年立项，2020年12月结项。

4. 程红泽：国家社科基金一般项目“中国东北地区与俄罗斯远东地区跨境产业合作研究”（17BGJ023），2017年立项，2020年12月结项。

5. 安兆祯：国家社科基金一般项目“欧亚联盟框架下俄罗斯自由贸易区的地缘战略布局研究”（20BGJ068），2020年立项。

6. 邹秀婷：黑龙江省哲学社会科学研究规划项目一般项目“俄罗斯东部地区投资便利化与中国对俄投资研究”（20GJB109），2020年立项。

六、教学成果

（一）世界经济专业

世界经济学科以俄罗斯经济特别是俄罗斯西伯利亚与远东经济研究方向为重点，同时设有日本经济研究方向。历任牵头导师为张寰海、陈日山、赵立枝、牛燕平、笪志刚研究员，研究生指导教师有曲伟研究员、安兆祯研究员、邹秀婷副研究员等。

（二）世界史（俄国史）专业

2019年9月至2020年12月，3名毕业生通过答辩获得硕士学位，世界史专业招收硕士研究生13人，现有在校研究生18人。

该专业以俄罗斯历史研究为主，开设俄国史、俄罗斯经贸史、西伯利亚史、世界通史、史料翻译、东北亚国际关系史、俄国经济史、西方史学史、西伯利亚民族史、俄国社会史等十余门课程。

哈尔滨师范大学斯拉夫国家研究中心

一、重要沿革

“哈尔滨师范大学斯拉夫国家研究中心”由哈尔滨师范大学斯拉夫语学院整合国内外优势力量申报，于2017年6月被教育部国际交流司备案为教育部国别和区域研究中心。

哈尔滨师范大学斯拉夫语学院的前身为1952年建立的松江师范专科学校俄文科。学院现有俄语（师范、非师范）、波兰语两个本科专业，外国语言文学一级学科博士点，外国语言文学一级学科硕士点，俄语语言文学、外国语言学及应用语言学两个二级学科硕士点，俄语笔译专业学位硕士点，以及与教育科学学院联合建设的课程与教学论（俄语教学论）硕士点。外国语言文学一级学科为“十三五”校级重点学科，俄语语言文学二级学科为“十一五”省级重点学科，外国语言学及应用语言学二级学科为“十一五”校级重点学科。俄语专业“十一五”期间被评为省级重点专业，2019年获批国家级一流专业。

斯拉夫语学院自2000年起招收培养“俄罗斯问题”方向研究生，自2004年起选送教师攻读黑龙江大学、中国社会科学院的“俄罗斯问题”“世界史”“俄罗斯东欧中亚研究”方向博士，引进“俄罗斯农业经济”“俄罗斯教育学”研究方向的博士，培养“俄罗斯问题”“国际关系”方向硕士导师。

2008年哈尔滨师范大学在原外国语学院俄语系基础上成立斯拉夫语学院，截至目前仍是国内唯一的一所斯拉夫语学院。2009年学院增设国内第二个波兰语专业，并开始为俄语系学生开设塞尔维亚语选修课。

学院努力建设科研平台，2007年获批黑龙江省普通高校人文社科重点研究基地“哈尔滨师范大学俄语教育研究中心”，2011年获批省普通高校人文社科重点研究基地“哈尔滨师范大学俄罗斯艺术文化研究中心”，2014年建成“斯拉夫文化体验中心”。在以上平台基础上，学院积极组建斯拉夫研究中心队伍，在学院原有研究队伍基础上整合校内政法学院、历史文化学院、教育科学院、经济学院的相关学术力量，以问题为导向，积极申报国家社科基金项目、省部级、厅局级项目，选派优秀科研人员赴俄罗斯、波兰、塞尔维亚做访问学者、攻读学位或进修，储备斯拉夫研究人才，并最终于2017年被批准为国别和区域研究备案中心。

目前中心正在产出一批针对性强、社会意义大的成果，为国家实施“一带一路”倡议、振兴东北老工业基地、高教强省战略服务，充分发挥了高校学术研究服务社会的功能。

二、研究方向

斯拉夫国家研究中心主要围绕五个方向开展创新研究。

1. 斯拉夫国家发展战略研究
2. 斯拉夫国家语言文化研究
3. 斯拉夫国家教育研究
4. 斯拉夫国家民俗研究
5. 斯拉夫国家艺术研究

三、人员情况

中心现有专兼职研究人员共30人。学位、职称结构合理，形成良性发展梯队，其中博士25人，在读博士1人，硕士4人；正高级职称16人，副高级职称8人，中级职称5人，国外高级讲师1人；国内高层次人才数量占一定比例，其中国家级人才1人，省部级人才2人；来自其他院校相关领域研究人员6人，外籍相关领域研究人员4人；校内兼职教师3人。

四、学术活动

（一）举办学术会议和论坛

1. 举办第二届"'一带一路'视域下斯拉夫国家语言文化及发展战略研究生论坛"

2019年12月20日—21日，受中国俄罗斯东欧中亚学会俄语教学研究分会委托，中心成功举办第二届"'一带一路'视域下斯拉夫国家语言文化及发展战略研究生论坛"，来自复旦大学、大连海事大学、黑龙江大学、江苏师范大学、哈尔滨理工大学、牡丹江师范学院、黑龙江外国语学院及哈尔滨师范大学的师生80余人参加论坛。哈尔滨师范大学副校长莅临论坛开幕式并致欢迎辞。9位来自不同高校的博士、硕士研究生作了主题报告，由校内外专家共8人组成的评委会对报告进行了点评。在分论坛研讨中，所有提交论文的研究生均就个人的研究进行了汇报，并由2位以上教师进行点评。论坛共评选出15篇优秀论文并颁发了证书。论坛的成功举办为国内斯拉夫学相关领域青年学子的交流提供了平台，为国家"一带一路"建设提供了人文支撑，践行了高校学术研究、人才培养服务国家战略的功能。

2. 举办第三届"'一带一路'视域下斯拉夫国家语言文化及发展战略研究生论坛"

2020年12月19日，由中国俄罗斯东欧中亚学会俄语教学研究分会主办，本中心承办的第三届"'一带一路'视域下斯拉夫国家语言文化及发展战略研究生论坛"在腾讯会议平台线上举办。来自北京外国语大学、上海外国语大学、天津外国语大学、北京大学、北京师范大学、首都师范大学、黑龙江大学等国内23所高校，以及圣彼得堡国立大学、莫斯科国立师范大学、莫斯科语言大学、普希金俄语学院、远东联邦大学等俄罗斯5所高校的100多位硕博士研究生和部分教师、本科生共240余人参加论坛。哈尔滨师范大学副校长及研究生学院常务副院长莅临论坛开幕式。11位来自不同高校的硕博士研究生进行主旨发言，并接受了专家点评。在6个分论坛的研讨中，共有85位同学展示了各自的研究成果，分论坛主持教师进行了点评，学术研讨气氛热烈，会议取得圆满成功。

3. 举办“中俄教师思政教育教学能力提升国际论坛”

2019年11月3日，中俄两国高校和中学100余位教师齐聚哈尔滨，在哈尔滨市第六中学共同举办“中俄教师思政教育教学能力提升国际论坛”，探讨如何在新的历史时期提升思政教育教学技能，锤炼过硬的思政教育教学本领，分享思政教育教学成果和经验，共同做好立德树人工作。斯拉夫国家研究中心为主办方之一。

4. 举办“俄罗斯与中国：过去的思考，未来的展望”国际学术会议

2020年12月16日，中俄双方大学共同组织，以线上线下相结合方式召开了主题为“俄罗斯与中国：过去的思考，未来的展望”的国际学术会议，中心副主任吴哲教授任会议组委会副主席并在大会上作主旨发言。来自中俄大学的80余名代表参加会议。

（二）学术讲座

2019年9月至2020年12月，斯拉夫国家研究中心共举办学术讲座近20场。其中主要有：

1. 张建华教授：“时间—记忆—空间：〈斯拉夫女人告别曲〉的历史意义和史学价值”

2019年12月20日，受中心邀请，北京师范大学历史学院博士生导师张建华教授作了题为“时间—记忆—空间：《斯拉夫女人告别曲》的历史意义和史学价值”的学术报告，报告中以不同时期、不同歌词、不同功能的《斯拉夫女人告别曲》为研究对象，探讨其在新文化史和俄罗斯学视野下的史学价值，从历史的角度分别给时间、记忆和空间三个概念做了史学界定，并提出了历史学的创新研究方法。

2. 徐刚副研究员：“浅谈国际问题研究：从巴尔干说起”

2019年12月20日，受中心邀请，中国社会科学院俄罗斯东欧中亚研究所徐刚副研究员作了题为“浅谈国际问题研究：从巴尔干说起”的学术报告。报告从何为国际问题研究入手，说明了国际问题研究的演化、国际问题研究的学科属性以及国别与区域研究存在的三种关系。从何为巴尔干、巴尔干的

学科属性以及巴尔干基本问题、国内外巴尔干研究机构及研究成果四方面进行了深入解读。

3. 孙超教授："俄罗斯当代小说在中国的翻译和研究"

2020年12月19日，黑龙江大学俄语学院院长、博士生导师孙超教授应邀通过腾讯会议网络平台作了题为"俄罗斯当代小说在中国的翻译和研究"的学术报告。来自国内外高校的硕博士研究生和教师240余人参加讲座。

五、科研成果

（一）著作

1.〔俄〕列米佐夫著，杨玉波译：《不知疲倦的铃鼓：列米佐夫中短篇小说选》，四川人民出版社，2020年版。

【内容摘要】书中收入了俄罗斯白银时代著名作家列米佐夫（1877—1957）的三部中篇小说《时钟》《不知疲倦的铃鼓》《第五个祸患》以及《鬼谷》《永久的光辉》《不落的光辉》三组系列短篇小说中的大部分作品。列米佐夫是公认的"复杂的作家""卓越的文体家"，他的创作历程丰富而又坎坷，本书中收入的作品均为作家早期创作的小说，在作家的创作历程中居于重要地位，能够在很多方面体现作家的创作旨趣和艺术观念。这些小说不仅是列米佐夫的主要作品，也是俄罗斯白银时代文学的重要组成部分，本书因此而入选国家出版基金支持的"金色俄罗斯丛书"。

2. 张金忠：《俄汉—汉俄科技术语词典编纂理论研究》，中国书籍出版社，2020年版。

【内容摘要】本书获国家社科基金项目资助，是教育部人文社科基金项目结题成果。书中概括我国俄汉—汉俄科技术语词典编纂实践成果，梳理俄汉—汉俄科技术语词典编纂理论发展的历史脉络，确定科技术语词典编纂理论研究的基本框架。

（二）论文

1. 陆南泉:《中苏（俄）经贸关系70年评析》,《中国浦东干部学院学报》2019年第5期。

【内容摘要】2019年是中苏（俄）建交70周年。本文着重论述70年来两国经贸关系各个时期的发展进程，总结经验教训，分析两国经贸关系发展的前景。

2. 李雅君、岳大为:《尤里·贝科夫电影的符号学解读》,《俄罗斯文艺》2019年第4期。

【内容摘要】俄罗斯著名导演尤里·贝科夫以其独特的电影语言表达了他对社会现实问题的思考。本文尝试从视听符号、语言文化符号、社会批评符号视角对其电影中的隐喻进行解读，从符号学的视角揭示电影文本的深层含义。

3. 李雅君、符玉秋:《俄罗斯电影教师形象的文化解读——以苏联电影〈乡村女教师〉为例》,《边疆经济与文化》2020年第12期。

【内容摘要】1947年拍摄的苏联电影《乡村女教师》讲述了女教师瓦尔瓦拉兢兢业业地在俄国西伯利亚贫穷落后的小乡村教书育人的一生。影片中乡村女教师的形象激励着无数有志青年投身到平凡的教育事业中。本文从历史文化和社会文化的视角对影片中的教师形象进行了文化解读。

4. 赵晓彬:《"奇异化"与"非奇异化"的诗学对话》,《俄罗斯文艺》2020年第2期。

【内容摘要】俄国形式主义批评家、作家什克洛夫斯基与同时代作家普拉东诺夫于20世纪20年代相识于沃罗涅日。什克洛夫斯基在其后来创作的自传体小说《第三工厂》等作品中描写过普拉东诺夫；但普拉东诺夫转至莫斯科之后对于什克洛夫斯基这位名人对自己形象的定位似乎并不以为然，而是在《反性电磁设备》《切文古尔镇》等作品给予了某种回应，甚至将什克洛夫斯基作为自己笔下的人物原型来加以讽拟或戏仿。二者之间进行了一场可谓"奇异化"与"非奇异化"的诗学对话。

5. 赵晓彬:《隆茨剧作〈猿猴来了!〉的元戏剧体裁特征》,《外国文学研究》2020年第6期。

【内容摘要】《猿猴来了!》是20世纪20年代俄苏文艺转型时期“谢拉皮翁兄弟”团体中最年轻、最有才华的作家隆茨创作的一部实验性戏剧。剧中明显地分布着主剧和辅剧两个情节线索:正在排演的辅剧交织在主剧之中,或内戏交织在外戏之中。这表明隆茨的戏剧创作已走向戏剧体裁实验的重要一步,即试图以“剧中剧”(或“戏中戏”)的全新方式呈现戏剧与生活的戏仿关系。作为俄罗斯第一部元戏剧,《猿猴来了!》的创作意识与阿贝尔和霍恩比关于“戏中戏”“自我指涉”“文学对现实生活的指涉”等元戏剧理论不谋而合。

6. 徐英平:《俄汉语空间词汇体范畴语法化论略》,《外语研究》2020年第3期。

【内容摘要】空间词汇是人类概念认知的基础,语法化研究是从历时角度探索共时平面呈现出的语法现象渊源的新路径。空间词汇语法化作为认知语义学研究热点之一,其在俄汉语体范畴的表征显现错合相间。

(三)研究报告

1. 赵秋野、王凤英、于大春、金晓蕾:2019年完成2017—2018年度教育部国别和区域研究课题研究报告《“一带一路”沿线斯拉夫国家汉语教育现状及服务需求》。

2. 赵晓彬:国家哲学社会科学基金项目研究报告《什克洛夫斯基形式主义小说研究》,获第19届黑龙江省社科二等奖。

3. 赵晓彬:教育部人文社科基金项目研究报告《文学朝圣者:“谢拉皮翁兄弟”文学创作研究》。

(四)研究课题

1. 李雅君:“中国与‘一带一路’沿线斯拉夫国家国际教育合作研究”,教育部国别和区域研究2019年度重点课题。

2. 武卉昕:“俄罗斯近现代伦理思想史研究”,2020年国家社会科学基金重大项目。

3. 陈宪良："对接'中蒙俄经济走廊'，推进中国北部边疆丝绸之路经济带建设的对策研究"，教育部高校国别和区域研究2020年度规划课题。

4. 李俊玉："'直连普京'中远东问题沟通成效研究"，2020年黑龙江省哲学社会科学研究规划项目。

5. 常丽："'一带一路'沿线斯拉夫国家语言政策转型研究"，2020年黑龙江省哲学社会科学研究规划项目。

六、教学成果

2019年12月，吴哲的论文《"一带一路"背景下俄语MTI口译人才培养模块化研究》（《中国俄语教学》2018年第4期）获教育部高等学校外国语言文学类专业教学指导委员会俄语专业教学指导分委员会主办的全国高校第三届俄语专业优秀教学学术论文一等奖。

陕西师范大学“一带一路”建设与中亚研究协同创新中心

一、重要沿革

陕西师范大学中亚研究所是针对国家面临的周边形势和重大问题，根据国家和陕西省相关部门的要求，于2004年12月成立，由陕西师范大学和陕西省政府相关部门协同创新、共同建设，专门研究中亚问题，以科研、教学和咨政为一体的实体机构。2015年12月中亚研究所获批陕西省首批哲学社会科学重点研究基地，启用陕西师范大学“‘一带一路’建设与中亚研究协同创新中心”之称。2017年6月，下属的乌兹别克斯坦研究中心和阿富汗研究中心获批教育部国别与区域备案研究中心。2019年，获批中国中亚友好协会常务理事单位。

陕西师范大学将“一带一路”建设与中亚研究协同创新中心的建设和发展列入“十三五”规划和“十四五”规划重点，旨在使中亚研究真正成为陕西师范大学理论探索和学科建设的聚焦点、创新点和立足点，力争把中亚研究协同创新中心办成海内外有影响力的中亚问题的综合研究机构，使陕西师范大学成为国家中亚学科领域和周边安全理论创新中心的“思想库”与“智囊团”。

中心注重国际形势宏观性和中亚各国国情独特性的研究，着眼于新形势、新问题、新动向、新特点，进行及时、深入的研究，服务新时代中国特色社会主义大国外交战略和“一带一路”建设，服务陕西省地方社会经济发展。

二、研究团队

中亚研究是陕西师范大学重点培育的特色学科方向。陕西师范大学通过搭建平台、科学引导、政策倾斜、机制创新、资金支持等措施，努力为“一带一路”建设与中亚研究协同创新中心的发展奠定扎实的基础。为此，学校力求汇聚高端科研人才，开拓学术路径，致力于培养一批中亚问题研究的学术专家，推出一批对学校学科建设和西北地区乃至国家决策具有重要学术价值和现实意义的科研成果。

“一带一路”建设与中亚研究协同创新中心研究团队具有良好的学缘结构，成员专业背景以历史学、政治学、经济学、社会学、人类学、宗教学、军事学等为主，呈现出多元化特色；兼具专家学者和相关部门一线实际工作者相结合的特点，具有扎实的理论功底，接受过严格的学术规范训练，拥有一定的科研历练，积累了大量田野调查资料及长期的科研和实际工作经验，具备了围绕中亚问题及中国与中亚国家关系等展开协同创新研究的能力和水平。

中心目前专职科研教学人员10人。其中教授2人，副教授2人，讲师5人，均具有博士学位；专职管理人员1人。在校博士、硕士研究生52人（包括阿富汗、俄罗斯和中亚国家的外籍留学研究生）。其中大都是来自我国西部地区高校和科研院所的青年教师和研究人员，构成中心科研工作的重要力量。

为了进一步推动内涵建设，以学科建设和人才培养为依托，以强化基础研究和咨政服务为宗旨，全面服务国家和地方对外战略需求和社会经济发展，中心聘请外籍专家14人，国内兼职专家10人。

中心的研究队伍由多民族、多语种、高层次人员组成，年龄、学历、专业知识结构合理。中心成员大都有出国研修和在俄罗斯、中亚及美欧国家学习、工作和调研的经历，具备熟练的俄语、英语、阿拉伯语及当地民族语言的能力。这为查阅和采集多种语言的文献材料、统计数据，以及深入俄罗斯和各中亚国家进行实地调查研究奠定了良好的基础。

三、科研成果

陕西师范大学“一带一路”建设与中亚研究协同创新中心，依托一级学科世界史/中亚史研究方向的学科属性，坚持基础研究与应用研究相联系，史料文献与实地调研相结合，历史研究观照现实，现实研究回溯历史的学术路径进行深入探讨和研究，建设和发展独具特色的中亚研究取向。

（一）科研项目

中心团队主持、参与和完成国家社科基金重大、冷门绝学和国别史专项、重点、一般项目，国家社科基金重大项目子课题，教育部、陕西省等省部级重大项目、一般项目、中国高校项目、中央新疆办和中国社会科学院“新疆智库项目”、国家统战部项目等25项。

（二）研究成果

中心由人民出版社、中国社会科学出版社、社会科学文献出版社等出版专著10部，译著2部；在权威、核心和重要期刊发表学术论文70余篇；被《新华文摘》、人大复印报刊资料、《中国社会科学文摘》《高等学校文科学术文摘》《人民日报（内参）》全文转载或观点摘编。多项成果获陕西省哲学社会科学优秀成果二等奖、三等奖；获陕西省高校人文社会科学优秀成果一等奖、二等奖。

（三）学术会议

1. 2019年11月1日，举办“第三届‘一带一路’与乌兹别克斯坦国际学术研讨会”。

2. 2020年3月5日，举办中亚研究博士研究生青年学术沙龙研讨会议。

四、国际交流与合作

陕西师范大学“一带一路”建设与中亚研究协同创新中心与14所国外高校和科研机构建立了良好的交流合作关系，与其中部分单位签署了合作备忘录。近五年20人次应中亚国家智库和高校邀请参加在国外举行的高端智库论坛和国际会议。

2018年9月应乌兹别克斯坦塔什干尼扎米国立师范大学邀请，陕西师范大学“一带一路”建设与中亚研究协同创新中心通过双方协商、材料审核和教学人员资格审查，获批乌兹别克斯坦教育部国际合作办学项目。2018年9月、10月、11月陕西师范大学“一带一路”建设与中亚研究协同创新中心陆续派出5名教学人员承担乌兹别克斯坦塔什干尼扎米国立师范大学历史系外国史专业本科生1—4年级的教学任务，并采用俄语、英语讲授相关课程。教学任务和课程由该校历史系外国史教研室统一安排。除了完成列入计划的教学任务外，中心派出的教学人员还应乌方要求开办关于中国历史文化、中国改革开放40周年历史发展、从“丝绸之路”到“一带一路”、中国历史文献中关于中亚的记载以及中亚史、南亚史等内容的专题讲座。这是中心践行“一带一路”倡议以来，与沿线国家开展教育合作、人文交流取得的初步成果。对此，2018年《光明日报》（2018年11月18日第4版）予以报道。

2019年9月—2020年1月，中心应乌兹别克斯坦撒马尔罕国立大学邀请，派出2名博士赴撒马尔罕为该校本科学生教授中文。

五、人才培养

陕西师范大学“一带一路”建设与中亚研究协同创新中心兼具教学和科研功能，自2005年起招收民族学“跨国民族与地缘政治”方向的硕士、博士研究生，2017年招收一级学科世界史/中亚史专业“中亚历史与现状研究”“中亚区域发展史”“中亚区域社会文化研究”“中亚国别史研究”等方向的博士和硕士研究生。2016年以来，中心已培养毕业和在读博士、硕士80余名。中心借助陕西师范大学的各项政策，积极推动研究生出国进修，目前已有16位博士研究生、5位硕士研究生分别赴中亚国家、美国和日本学习、进修和调研，并取得多项研究成果，主持和参与完成国家和教育部以及省区、市哲学社会科学重大、一般及青年项目。

西北师范大学中亚研究院

一、重要沿革

西北师范大学中亚研究院（以下简称“中亚研究院”）成立于2016年4月，是学校重点建设的人文社科研究基地之一，也是学校服务国家“一带一路”倡议的重要平台。中亚研究院下设中亚政治与法律研究中心、中亚经贸与旅游研究中心、中亚语言与跨文化研究中心、中亚民族与历史研究中心、中亚汉语国际教育中心。学校坚持错位发展理念，秉持开放、创新、务实、合作思维，努力将中亚研究院打造成为以中亚为核心，面向丝绸之路沿线国家和地区，集科学研究、决策咨询、人才培养于一体的新型智库和人文交流合作平台。

二、研究方向

中亚研究院重点研究方向为：中亚历史与丝绸之路文明史研究、中国与中亚跨境旅游开发与研究、中亚法律翻译与研究、东干语言与文化研究。

三、人员情况

院长：由西北师范大学副校长、教授、博士生导师田澍兼任。

学术院长：由中国社会科学院俄罗斯东欧中亚研究所研究员、博士生导师李建民担任。

研究团队：

1. 马克思主义学院院长、教授、博士生导师王宗礼牵头的“中亚局势与我国西北边疆安全研究”团队，成员10人。

2. 历史文化学院院长、教授、博士生导师何玉红牵头的“中亚历史与丝绸之路文明史研究”团队，成员15人。

3. 法学院院长、教授杜睿哲牵头的“中亚国家法律翻译与研究”团队，成员8人。

4. 商学院院长、教授、博士生导师张永丽牵头的“中国西北地区与中亚国家产业互补与合作研究”团队，成员10人。

5. 旅游学院院长、教授、博士生导师把多勋牵头的“中国与中亚跨境旅游开发与研究”团队，成员8人。

四、主办刊物

《丝绸之路》（月刊）：2016年10月，甘肃省委宣传部研究决定，将《丝绸之路》杂志确定为“丝绸之路（敦煌）国际文化博览会”会刊。杂志主要刊发丝绸之路学、敦煌学、史前文化、民族文化、民俗文化、宗教文化、西北史地、文物考古、丝绸之路旅游等方面的研究成果和学术动态。

五、学术活动

1. 第四届“中国与中亚人文交流与合作国际论坛”

2020年12月18—20日，第四届“中国与中亚人文交流与合作国际论坛”在中国兰州召开。论坛由中国社会科学院中国边疆研究所、西北师范大学、敦煌研究院、吉尔吉斯国立民族大学、哈萨克斯坦塔拉斯国立大学联合主办，西北师范大学中亚研究院、西北师范大学河西走廊研究院、西北师范大学历史文化学院、敦煌研究院丝绸之路与敦煌研究中心、吉尔吉斯国立民族大学吉中“一带一路”研究中心承办。

来自中国社会科学院、哈萨克斯坦塔拉斯国立大学、吉尔吉斯国立大学、乌兹别克斯坦塔什干国立东方学院、中国人民大学、北京师范大学、西北师范大学等国内外高校和科研机构的60多位专家学者通过线上线下结合的方式与会，围绕“丝绸之路文明交流”“当代中国与中亚人文交流”“丝绸之路文化遗存与价值及丝绸之路学的构建”等主题展开了深入探讨。

该论坛是由西北师范大学中亚研究院主办的国际学术交流平台，每年召开一次。第一届于2017年在吉尔吉斯国立大学召开，第二届于2018年在中国敦煌召开，第三届于2019年在哈萨克斯坦塔拉斯国立大学召开。该论坛已成为中国与中亚人文交流与合作的专门性论坛，在国内外产生重要影响。

2. 西北师范大学召开国家社科基金重大项目“抗战时期西北国际通道资料整理及研究”开题报告会

2020年12月20日，西北师范大学召开国家社科基金重大项目“抗战时期西北国际通道资料整理及研究”开题报告会。来自中国社会科学院、南京大学、北京师范大学、四川大学、西南大学、华南师范大学、宁波大学、西北师范大学等国内高校和科研院所的8位专家学者以线上线下结合的方式参加报告会。西北师范大学党委书记张俊宗教授出席并致辞，副校长田澍教授、相关部门学院负责人参加报告会。

与会专家组一致认为，项目的获得标志着西北师范大学在抗战大后方研究方面已经达到了新的高度。“西北国际通道”本质上就是“丝绸之路”，抗战时期该通道的繁荣就是古丝绸之路的再次复兴，在当下“一带一路”建设的背景下，研究抗战时期西北国际通道视阈下的中外关系、民族融合、国家认同、边疆稳定等问题，极大推动了中国抗战史和西北区域史的研究，具有学术研究和现实借鉴的双重价值。专家组认为该项目研究成员认真负责，科研实力强，立项以来已取得一定进展，未来研究计划明确。专家组一致同意开题，希望课题组成员尽职尽责，努力作出一系列有影响的成果；希望国家社科规划办和西北师范大学在经费上对该课题进行滚动支持，以期该项目在推动学术研究、学科建设和人才凝聚方面贡献力量。

3. 西北师范大学中亚研究院举行学术院长续聘暨《哈萨克斯坦常用法律》翻译项目签约仪式

2019年11月28日上午，西北师范大学中亚研究院学术院长续聘暨《哈萨克斯坦常用法律》翻译项目签约仪式举行。西北师范大学党委书记张俊宗出席仪式并致辞，为学术院长李建民颁发续聘证书。田澍副校长与《哈萨克斯坦常用法律》翻译团队负责人、中国社会科学院俄罗斯东欧中亚研究所研究员李建民签订项目翻译合同。

签约仪式上，与会人员还就中亚研究院今后的建设进行了深入研讨，从国家视野、内外联合、协同攻关、成果集成以及研究院组织化程度、信息化建设等方面提出了建设性意见。

《哈萨克斯坦常用法律》是西北师范大学中亚研究院继《吉尔吉斯常用法律》编译出版后的第二部中亚法律翻译项目。翻译《哈萨克斯坦常用法律》对于中国企业和人员深入了解哈萨克斯坦法律法规、有效防范法律风险、依法依规开展投资贸易和民间交往意义重大，对“一带一路”建设走深走实、行稳致远会发挥长久的基础性作用。

4. 第三届“丝绸之路与敦煌历史文化”学术研讨会在敦煌举办

2020年10月17—18日，由西北师范大学历史文化学院、中亚研究院，中国社会科学院历史理论研究所、敦煌市博物馆联合主办的第三届“丝绸之路与敦煌历史文化”学术研讨会在敦煌市成功召开。来自中国社会科学院、复旦大学、兰州大学、西北大学、西北师范大学等20多所高校与科研机构的70余名专家学者参加会议。

此次会议得到国内学者的积极响应，共有40多篇论文在会议上宣读。西北师范大学历史文化学院院长何玉红教授、敦煌学研究所李并成研究员，敦煌市博物馆馆长石明秀等作了主题报告。中国社会科学院张德明、黄畅等与会专家学者分别在分会场作了学术报告。

与会学者围绕会议主题“丝绸之路与敦煌历史文化”进行了深入研讨，涉及内容广泛，主要有敦煌汉简、敦煌文物与考古、敦煌历史地理与艺术宗教、敦煌遗书与敦煌学、石窟文化、丝绸之路等，并且利用了一批新史料，提出了一些新观点，展示了国内学界关于丝绸之路与敦煌历史研究的最新成果。

5. 西北师范大学举行“甘肃长城长征国家文化公园建设发展研究中心”及“‘敦煌画派’研究与创作中心”揭牌仪式

2020年11月10日上午，西北师范大学举行“甘肃长城长征国家文化公园建设发展研究中心”及“‘敦煌画派’研究与创作中心”揭牌仪式。甘肃省委宣传部副部长康清、复旦大学教授葛剑雄、西北师范大学党委书记张俊宗、校长刘仲奎、校长助理罗剑波出席仪式。学校相关学院、部门及基地平台负责人60余人参加仪式。仪式由西北师范大学副校长韩高年主持。

仪式上，康清、葛剑雄共同为“甘肃长城长征国家文化公园建设发展研究中心”和“‘敦煌画派’研究与创作中心”揭牌，刘仲奎为葛剑雄颁发“甘肃长城长征国家文化公园建设发展研究中心”学术顾问聘书。

6. 西北师范大学河西走廊研究院揭牌成立

2019年9月19日上午，西北师范大学河西走廊研究院成立大会暨揭牌仪式在教师发展中心举行。甘肃省委常委、宣传部部长陈青出席并揭牌。甘肃省政协农业和农村工作委员会副主任吴建平，甘肃省社会科学院党委书记陈富荣，甘肃省科学院院长高世铭，甘肃省委教育工委委员、专职副书记张晓东，甘肃省科协副主席毛曼君，甘肃省社会科学界联合会二级巡视员席皓琳，甘肃省农业农村厅总经济师丁连生出席。

西北师范大学党委书记张俊宗致辞，校长刘仲奎主持揭牌仪式，校领导刘玉泉、董晨钟、李建民、罗剑波及学校相关部门、学院负责人参加揭牌仪式。

西北师范大学河西走廊研究院将借助河西走廊“资源禀赋”的独特性，充分发挥高校和科研院所的研究优势，促进学科交叉融合与创新发展，快速全面提升高校和科研院所服务甘肃地方经济文化建设的能力和水平。

7. 从金城关到嘉峪关：河西走廊丝路驿站文化研讨会在嘉峪关举办

2020年7月31日，由西北师范大学中亚研究院、河西走廊研究院、党委学生工作部，嘉峪关丝路（长城）研究院主办，嘉峪关长城博物馆、西北师范大学历史文化学院承办的“从金城关到嘉峪关：河西走廊丝路驿站文化研讨会”在嘉峪关举办。来自西北师范大学、嘉峪关丝路（长城）研究院等单位的专家学者30余人参加会议。

西北师范大学副校长、西北师范大学明代丝绸之路驿站田野考察暑期社会实践团学术顾问田澍教授在主题发言中指出，河西走廊保存着最为完整的丝绸之路驿站遗存，长期以来关注不够，保护不力，研究薄弱，是目前丝绸之路研究中的最大问题之一，不关注丝绸之路驿站这一基本问题，就不可能真正认识古代丝绸之路。为此，他提出了加强“丝绸之路驿站文化”研究的建议，并希望在嘉峪关历史研究中，突破现有局限，向两头延伸，向东扩大到金城关，要有大河西走廊的意识，向西扩大到古代西域范围。只有这样，才能揭示古代嘉峪关的世界意义。

“从金城关到嘉峪关：明代丝绸之路驿站田野考察”暑期社会实践团是西北师范大学“传承华夏文明增强文化自信”河西走廊暑期社会实践系列活动之一。此次会议也是在习近平总书记考察河西走廊，提出“保护文化遗产，传承中华文明，增强文化自信”一周年之际召开的，与会专家学者围绕河西走廊丝路驿站文化研究、驿站与长城研究、驿站与丝绸之路研究、驿站等文物科技保护、管理体制、人才培养、数字化建设等进行了讨论，就推动历史文化资源如何服务于“一带一路”建设，构建人类命运共同体提出了建设性意见。

8. 西北师范大学举办第三届丝绸之路舞蹈教育国际学术研讨会

2020年12月12日，由西北师范大学主办，甘肃省中小学艺术教育与研究中心、西北师范大学舞蹈学院、西北师范大学中亚研究院承办的2020年“第三届丝绸之路舞蹈教育国际学术研讨会”在西北师范大学举办。西北师范大学副校长邓小娟出席并致辞。

与会专家学者围绕“一带一路”、后疫情时代、“新文科”建设、师范类专业论证背景下的舞蹈教育变革与传播机制、教学范式的转变与思考、课堂教学设计与实施、人才培养模式的探索与实践、舞蹈观演与传播新路径、丝绸之路与敦煌舞蹈的当代呈现、后现代舞蹈研究方法与教育批评理论、高等舞蹈教育的机遇与挑战等主题进行研讨交流。

六、科研成果

（一）论文著作

1. 田澍、马维仁：《明长城资源的多学科整合与长城学的构建》，《西北师范大学学报》（社会科学报）2019年第6期，《新华文摘》2020年第2期全文转载。

2. 何玉红：《走向以“人”为中心的丝绸之路研究》，《西北师范大学学报》（社会科学版）2020年第6期。

3. 刘再聪：《“丝绸之路”得名依据及“丝绸之路学”体系构建》，《西北师范大学学报》（社会科学版）2020年第6期。

4. 张俊宗：《接续与新变——西北师范大学“丝绸之路”学科体系的建设与发展》，《西北师范大学学报》（社会科学版）2020年第6期。

5. 李并成：《丝绸之路：东西方文明交流融汇的创新之路——以敦煌文化的创新发展为中心》，《石河子大学学报》（哲学社会科学版）2020年第4期。

6. 徐婧：《“一带一路”多边合作贸易互补性测度与贸易拓展研究——以中亚主要贸易伙伴国为例》，《上海经济研究》2019第3期。

7. 李再艳、石培基：《“一带一路”背景下甘肃新能源产业发展路径探析》，《资源开发与市场》2020年第5期。

8. 李玉璧、王亚妮：《中亚国家法律翻译与法治文明交流互鉴》，《中国社会科学报》2020年8月20日。

9. 王新春：《古代中国与中亚文明交流实证》，《中国社会科学报》2020年8月20日。

10. 史沙利：《丝绸之路音乐交流》，《中国社会科学报》2020年8月20日。

11. 凌茜、王志浩：《在人类命运共同体视域下的高校人文教育》，《中国社会科学报》2020年8月20日。

12. 徐兆寿、张哲玮：《重启文化强国之路——当代丝绸之路的影视表达四川戏剧》2020第10期。

13. 魏梓秋、黄思宇：《中亚国家的多语政策及其对汉语国际教育的影响》,《欧亚人文研究》2020年第1期。

14. 马俊峰、马乔恩:《建设“一带一路”，弘扬敦煌文化的五重意蕴》,《天水师范学院学报》2020年第1期。

15. 袁音、杨向东:《“一带一路”背景下河西走廊地区景观体育产业发展研究》,《兰州文理学院学报》(自然科学版)2020年第5期。

16. 于茵、王蓉:《丝绸之路经济带建设中区域经济一体化建设探究》,《大众标准化》2020年第12期。

17. 马玉凤:《关于河西走廊丝绸之路驿站保护的对策建议》,《西北师范大学智库》总第20期(2020年7月)。

18. 杜睿哲主编:《西北法律文化资源》(第三辑·2019)，中国政法大学出版社，2020年版。

(二)获批项目

1. 尚季芳：2019年国家社科基金重大项目“抗战时期西北国际通道资料整理及研究”。

2. 赵逵夫：2020年国家社科基金重大项目“出土文献与上古文学关系研究”。

3. 洪帅：2020年度国家社科基金一般项目“新刊布敦煌汉简词汇研究与语料库建设”。

4. 邓小娟：2020年度国家社科基金艺术学一般项目“百年敦煌石窟乐舞艺术活态创演研究”。

七、教学成果

1. 西北师范大学“丝绸之路文明基础学科拔尖学生培养基地”举行开班仪式

2020年9月30日，西北师范大学举行“丝绸之路文明基础学科拔尖学生培养基地”开班仪式。西北师范大学副校长田澍出席，招生就业处、国际合作交流处、党委学生工作部、教务处、研究生院、心理学院、美术学院、文学院、哲学学院等单位负责人及历史文化学院领导班子，基地班班主任、学生共50余人参加开班仪式。

丝绸之路文明基础学科拔尖学生培养基地是根据《教育部关于2019—2021年基础学科拔尖学生培养基地建设工作的通知》和省教育厅“基础学科拔尖学生培养计划2.0”文件精神，以学校优势学科专业、承担国家教学/科研任务需要组建的跨学科人才培养基地或其他教学实体为载体，建立健全符合不同领域基础学科拔尖学生重点培养的体制机制，引导优秀学生投身基础科学研究，形成有利于基础学科拔尖人才成长的良好氛围，通过科学选才、精心育才、厚植土壤，培养一批勇攀科学高峰、推动科学文化发展的优秀拔尖人才。甘肃省计划分年度共建设10个左右青年英才培养基地作为争创国家基地的培育基地，已批准建设7个基地，其中，由西北师范大学历史文化学院、中亚研究院牵头申报的“丝绸之路文明基础学科拔尖学生培养基地”是其中之一。

2.“敦煌学概论”获批国家级线下一流本科课程

西北师范大学历史文化学院教授、中亚研究院研究员刘再聪主持申报的“敦煌学概论”于2020年10月获批国家级线下一流本科课程。

3.“人文丝路，如意甘肃”系列微课荣获“第一届全球华文教学微课大赛”一等奖

2020年12月31日，由暨南大学华文学院、华侨大学华文学院、北京唐风汉语教育科技有限公司联合主办的“第一届全球华文教学微课大赛”落下帷幕，来自21个国家的500余位选手参加此次比赛。西北师范大学国际文化交流学院、中亚研究院师生精心制作的“人文丝路，如意甘肃”系列微课荣膺最高奖项——团体一等奖。

“人文丝路，如意甘肃”系列微课由国际文化交流学院武和平院长倡议，田河副院长具体策划指导。内容包括边思羽的《始祖神话——伏羲女娲》、孙福婷的《文明曙光——大地湾彩陶》、张晓芳的《天马行空——武威铜奔马》、魏梓秋的《地下画廊——魏晋墓砖画》、曹晓东的《丝路天使——敦煌飞天》、张立群的《天下雄阙——嘉峪关》、郑绍婷的《道教名山——崆峒山》、王曼玲的《百年见证——黄河第一桥》八个微课作品。主讲教师结合教学和科研

专长，以甘肃极具代表性的文物遗迹与人文景观为内容，系统、丰富、深刻地展示了博大厚重的丝路文明和历史悠久的甘肃文化，传达了中国“和实生物”“协和万邦”的文化传统，彰显了“交流”“互鉴”的文明理念，传达了“和谐”“共享”的人类情怀。在课程创作过程中，11名汉语国际教育专业硕士及留学生承担了后期制作、字幕翻译等工作，展示了西北师范大学国际化教育的成效。

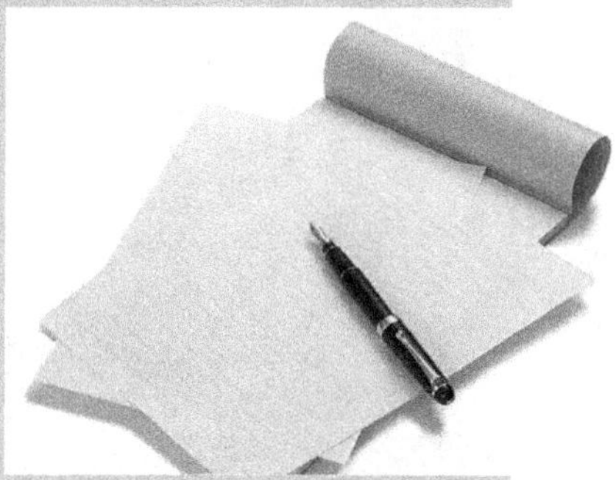

附　录

中国俄罗斯东欧中亚学会
第九届理事会名单（含增补）

学会领导：

会　长：李永全

副会长：孙壮志、季志业、于文秀、宁　琦、程　伟、刘文飞

高级顾问（按姓氏笔画排序）：

万成才、王海运、冯绍雷、李凤林、李英男、李静杰、杨　恕、吴恩远、陆南泉、苗华寿、赵常庆、潘大渭、潘志平

秘书处：

秘 书 长：王晓泉

副秘书长：张　冰、杨　波、王晨星

常务理事（按姓氏笔画排序）：

于文秀、王加兴、王晓泉、宁　琦、邢广程、刘　军、刘　娟、刘　爽、刘文飞、刘显忠、关雪凌、许　宏、孙　力、孙壮志、李少捷、李中海、李永全、李进峰、李志强、吴大辉、汪金国、张　宁、张树华、张恒龙、季志业、庞大鹏、赵会荣、柳丰华、柴　瑜、徐坡岭、高　歌、常　波、程　伟、靳会新、薛福岐、戴桂菊

理事（按姓氏笔画排序）：

丁晓星、于文秀、马风书、马蔚云、王加兴、王树春、王晓泉、王晓菊、王维然、贝文力、石洪生、左凤荣、卢山冰、田　澍、冯玉军、宁　琦、邢广程、曲文轶、刘　军、刘　娟、刘　爽、刘文飞、刘再起、刘华芹、刘军梅、刘显忠、关贵海、关雪凌、许　宏、许勤华、孙　力、孙　超、孙壮志、李　兴、李　琪、李　新、李少捷、李中海、李永全、李自国、李进峰、李志强、李建刚、杨　成、杨　波、吴　军、吴大辉、吴晓都、汪金国、沈莉华、宋　红、张　宁、张　冰、张　昕、张建文、张树华、张恒龙、张惠芹、林跃勤、季志业、周伟萍、庞大鹏、庞昌伟、赵会荣、赵秋野、柳丰华、钟建平、段秀芳、姜占民、姜振军、顾　炜、柴　瑜、徐向梅、徐坡岭、殷　红、高　歌、高晓慧、郭小丽、黄　玫、常　波、崔　铮、隋　然、程　伟、童　伟、曾向红、强晓云、靳会新、薛福岐、戴桂菊、欧阳向英

荣誉理事（按姓氏笔画排序）：

王宪举、尹树广、田永祥、朱显平、朱晓中、许　涛、李建民、吴宏伟、汪　宁、张健荣、张盛发、陈学惠、陈新明、郑　羽、胡　政、赵华胜、唐朱昌、董晓阳、程亦军

中国俄罗斯东欧中亚学会第九届理事会理事名单及所在单位

（按姓氏笔画排序）

序号	姓名	单位/职务（职称）
1	丁晓星	中国现代国际关系研究院欧亚研究所所长
2	于文秀	黑龙江大学副校长
3	马风书	山东大学俄罗斯与中亚研究中心主任
4	马蔚云	黑龙江大学俄罗斯语言文学与文化研究中心教授
5	王加兴	南京大学俄罗斯学研究中心主任
6	王树春	广东外语外贸大学俄罗斯研究中心主任
7	王晓泉	中国社科院俄欧亚所科研处处长
8	王晓菊	中国社科院世界历史研究所俄罗斯东欧史研究室
9	王维然	新疆师范大学商学院副院长
10	贝文力	华东师范大学白俄罗斯研究中心主任
11	石洪生	安徽大学俄罗斯研究中心主任
12	左凤荣	中共中央党校国际战略研究院副院长
13	卢山冰	西北大学丝绸之路研究院院长
14	田　澍	西北师范大学副校长
15	冯玉军	复旦大学国际问题研究院副院长
16	宁　琦	中国俄罗斯东欧中亚学会俄语教学研究分会会长
17	邢广程	中国社科院学部委员，边疆研究所所长
18	曲文轶	华东师范大学俄罗斯研究中心教授
19	刘　军	华东师范大学中东欧研究中心教授
20	刘　娟	北京师范大学俄罗斯研究中心主任
21	刘　爽	黑龙江省俄罗斯东欧中亚学会会长
22	刘文飞	中国俄罗斯文学研究会会长
23	刘再起	武汉大学俄罗斯乌克兰研究中心

续表

序号	姓名	单位/职务（职称）
24	刘华芹	商务部国际贸易经济合作研究院欧亚研究所所长
25	刘军梅	复旦大学经济学院副院长
26	刘显忠	中国社科院俄欧亚所俄罗斯历史与文化研究室主任
27	关贵海	北京大学国际战略研究院执行副院长
28	关雪凌	中国人民大学—俄罗斯圣彼得堡大学俄罗斯研究中心主任
29	许　宏	上海外国语大学俄罗斯东欧中亚学院院长
30	许勤华	中国人民大学国家发展与战略研究院副院长、俄罗斯东欧中亚研究所所长
31	孙　力	中国社科院俄欧亚所副所长
32	孙　超	黑龙江大学俄语学院院长
33	孙壮志	中国社科院俄欧亚所所长
34	李　兴	北京师范大学俄罗斯研究中心学术委员会主任
35	李　琪	陕西师范大学中亚研究所所长
36	李　新	上海政法学院中国—上海合作组织国际司法交流合作培训基地欧亚研究所所长
37	李少捷	国务院发展研究中心欧亚社会发展研究所
38	李中海	中国社科院俄欧亚所编辑部主任
39	李永全	中国社会科学院大学国际关系学院院长
40	李自国	中国国际问题研究院欧亚所所长
41	李志强	四川大学当代俄罗斯研究中心主任
42	李进峰	中国社科院民族文学研究所党委书记
43	李建刚	山东大学外国语学院副院长
44	杨　成	上海外国语大学上海全球治理与区域国别研究院执行院长
45	杨　波	上海外国语大学俄罗斯研究中心副主任
46	吴　军	对外经贸大学俄罗斯中亚研究中心主任
47	吴大辉	清华大学欧亚战略研究中心主任
48	吴晓都	中国社科院外国文学研究所副所长
49	汪金国	兰州大学国际关系学院院长
50	沈莉华	黑龙江大学俄罗斯语言文学与文化研究中心教授
51	宋　红	中国社科院图书馆国际分馆馆长
52	张　宁	中国社科院俄欧亚所中亚研究室主任
53	张　冰	中国俄罗斯东欧中亚学会俄语教学研究分会秘书长
54	张　昕	华东师范大学俄罗斯研究中心副主任
55	张建文	西南政法大学俄罗斯法研究中心主任

续表

序号	姓名	单位/职务（职称）
56	张树华	中国社科院政治学研究所所长
57	张恒龙	上海大学上海合作组织公共外交研究院副院长
58	张惠芹	北京第二外国语大学白俄罗斯研究中心主任
59	林跃勤	中国社会科学杂志社国际二部主任
60	欧阳向英	中国社科院世界经济与政治研究所马克思主义世界政治经济理论研究室主任
61	季志业	中国现代国际关系研究院学术委员会主任
62	周伟萍	吉林省社科院俄罗斯研究所所长
63	庞大鹏	中国社科院俄欧亚所俄罗斯政治社会文化研究室主任
64	庞昌伟	中国石油大学（北京）马克思主义学院副院长
65	赵会荣	中国社科院俄欧亚所乌克兰研究室主任
66	赵秋野	哈尔滨师范大学斯拉夫国家研究中心主任
67	柳丰华	中国社科院俄欧亚所俄罗斯外交研究室主任
68	钟建平	黑龙江省社会科学院俄罗斯研究所研究室主任
69	段秀芳	新疆财经大学中国与中亚区域经济合作研究中心主任
70	姜占民	黑龙江省俄罗斯东欧中亚学会副会长
71	姜振军	黑龙江大学俄罗斯语言文学与文化研究中心副主任
72	顾　炜	上海社会科学院国际问题研究所欧亚研究室副主任
73	柴　瑜	中国社科院俄欧亚所副所长
74	徐向梅	中共中央党史和文献研究院第四研究部编辑四处处长
75	徐坡岭	中国社科院俄欧亚所俄罗斯经济研究室主任
76	殷　红	辽宁大学转型国家政治经济研究中心教授
77	高　歌	中国社科院俄欧亚所中东欧研究室主任
78	高晓慧	中国社科院俄欧亚所《欧亚经济》主编
79	郭小丽	河北师范大学中俄远东研究中心主任
80	黄　玫	北京外国语大学俄语学院党委书记
81	常　波	国务院发展研究中心民族发展研究所所长
82	崔　铮	辽宁大学转型国家政治经济研究中心副主任
83	隋　然	首都师范大学外国语学院俄语系系主任
84	程　伟	辽宁大学转型国家经济政治研究中心学术委员会主任
85	童　伟	中央财经大学俄罗斯东欧中亚研究中心主任
86	曾向红	兰州大学国际关系学院副院长
87	强晓云	上海国际问题研究院俄罗斯中亚研究中心主任

续表

序号	姓名	单位/职务（职称）
88	靳会新	黑龙江大学《俄罗斯学刊》主编
89	薛福岐	中国社科院俄欧亚所战略研究室主任
90	戴桂菊	北京外国语大学俄语学院院长

中国俄罗斯东欧中亚学会年会简报

2020年11月27—28日，“中国俄罗斯东欧中亚学会会员代表大会暨第十二届俄罗斯东欧中亚与世界高层论坛”在深圳召开。本次会议由中国俄罗斯东欧中亚学会、中国人民大学和中国社会科学院俄罗斯东欧中亚研究所主办，由中国人民大学—圣彼得堡国立大学俄罗斯研究中心、中国人民大学深圳研究院和中国社会科学院“一带一路”研究中心承办。来自外交部和商务部的相关领导与中国社会科学院俄罗斯东欧中亚研究所、中国现代国际关系研究院、国务院发展研究中心、中国国际问题研究院、中国人民大学、清华大学、华东师范大学、辽宁大学、四川大学、黑龙江大学等研究机构和高校学者参加了会议。出于防疫考虑，本次会议严格控制出席人数，上述单位和地方学会派代表出席。中国俄罗斯东欧中亚学会会员代表大会对2020年的工作进行总结，审议和通过了学会章程的修改及常务理事、理事和荣誉理事的增补人选，对成立中亚专业委员会和俄罗斯经济专业委员会进行了表决。在随后的俄罗斯东欧中亚与世界高层论坛上，与会专家基于百年未有之大变局与百年未有之大疫情这一特殊背景，围绕2020年欧亚地区战略态势、俄罗斯政治经济与外交形势、俄罗斯东欧中亚前沿问题三个议题展开讨论。

会员代表大会表决通过了《中国俄罗斯东欧中亚学会章程修订稿》和学会新会标设计稿，同意增补国务院发展研究中心欧亚社会发展研究所所长李庆义为学会常务理事，增补广东外语外贸大学俄罗斯研究中心主任王树春、中国上海合作组织研究中心秘书长邓浩、中共中央党校国际战略研究院副院长左凤荣、黑龙江大学俄语学院院长孙超、上海外国语大学上海全球治理与区域国别研究院执行院长杨成、上海国际问题研究院俄罗斯中亚研究中心强晓云为学会理事，增补中国深圳综合研究院“一带一路”发展研究首席专家胡政、复旦大学世界经济研究所教授唐朱昌为学会荣誉理事，同意组建“中国俄罗斯东欧中亚学会俄罗斯经济专业委员会”，由中国社会科学院俄罗斯东欧中亚研究所俄罗斯经济研究室主任徐坡岭担任主任，同意组建“中国俄罗斯东欧中亚学会中亚与高加索专业委员会”，由国务院发展研究中心欧亚社会发展研究所研究员许涛担任主任。

在论坛开幕式致辞中，中国俄罗斯东欧中亚学会会长李永全指出，百年未有之大变局与百年未有之大疫情的叠加对国际秩序产生深远影响。在大变局之下，第三次科技革命处于全球化和科技革命的同步进行中，全球化模糊了国家边界，造就了一批新兴经济体，为此要改变过去的发展模式和游戏规则。国际问题首先是政治问题。欧亚地区第一个特点是俄罗斯主导欧亚历史化进程。第二个特点是俄美矛盾未发生根本性变化，美国反对俄罗斯在欧亚地区恢复苏联势力，为此要对白俄罗斯乱局推波助澜，俄美关系具有多边关系的属性，无论谁上台都无法改变这一现状。第三个特点是中国难以继续坐山观虎斗，欧亚地区的和平稳定无论对中国还是对世界，都有极为重要的意义。为此，要加强学术研究，关注事态发展。学会愿意成为服务的平台，推动学术研究的开展。

中国人民大学副校长朱信凯认为，2020年是欧亚地区形势格外复杂的一年。俄罗斯就宪法修正案举行全民公投，吉尔吉斯斯坦发生第三次政变，阿塞拜疆和亚美尼亚出现武装冲突。新冠肺炎疫情使得原本复杂的形势更为严峻。在国际格局方面，经济、科技、文化、安全和政治格局都在发生着深刻的变化和调整，民粹主义、单边主义、贸易保护主义日益升级。他希望与会专家通过相关议题的研讨，能够对欧亚地区形势的演变和中国面临的挑战进行深入分析，提出建设性的意见和建议。

外交部欧亚司副司长吉树民对2020年欧亚地区总体形势、中国与欧亚国家的抗疫合作以及2021年的外交工作部署进行阐述。他认为，新冠肺炎疫情催化了百年变局的节奏，打乱了欧亚地区发展的步调，显示了非传统安全因素的巨大威胁，成为贯穿欧亚地区形势的最大问题。疫情对政治的影响难以预料，纳卡局势正在改变地区权力结构和地缘政治版图。疫情对经济产生负面影响，欧亚整体宏观经济指标不令人乐观，中国与欧亚的经贸合作亦受打击。为此，中国与欧亚国家加大抗疫合作，共同应对西方的政治压力。

商务部欧亚司副司长刘雪松论述了欧亚地区经济形势以及对未来合作的思考。他指出，欧亚地区正面临四期叠加：政权调整期、经济转型期、民怨上升期和疫情发展期。在此之下，中国与欧亚国家之间的人员往来受阻，双边贸易下行压力增大，中资企业项目受到疫情和街头政治的冲击，并存在部分国家主权债务违约的风险。为了保障合作进展，首先要推进政策沟通，其次要推进贸易畅通，再次要推进三大示范园区的建设。2021年是独联体成立三十周年，中国要加大与欧亚的经贸合作，构建国内国际双循环，稳定好西部周边环境。

在论坛的第一单元，与会专家就2020年欧亚地区战略态势作了研判。

国务院发展研究中心欧亚社会发展研究所所长李庆义分析了疫情对国际格局和大国关系的影响。一方面，疫情严重冲击了现有的国际格局和世界秩序，挑战全球治理体系，加剧了大变局之变，使大变局来得更快更猛。另一方面，国际体系和国际秩序正在深度调整，大国地缘战略博弈全面加剧，阻碍了全球抗疫的合作，致使危机不断加深并失控。中国战胜疫情，开启了经济复苏，成为全球抗疫中最亮丽的风景线。为此，应保持足够的战略耐心和定力，不断壮大自己，实现中华民族的伟大复兴。

中信改革发展研究基金会秘书长王湘穗就全球格局巨变下的中俄关系作了发言。他明确提出，中俄关系是决定欧亚地区战略态势最重要的因素，要从全球格局变化的角度去认识和建设中俄关系，通过合作对冲美国和西方的打压。拜登政府上台后，中俄将面临一个动员盟友意识非常强烈的专业外交团队，因此有必要加强合作，建立欧亚大陆共同体，包括疫情稳定区和经济社会活动恢复区，打造多中心的全球化。

清华大学俄罗斯研究院副院长吴大辉将中美冷战与美苏冷战作对比，探讨其差异及启示。在中美冷战是否发生方面，他认为中美各领域加剧的竞争态势，使得两国关系具有了冷战的性质。在特朗普时代，中美冲突的高危因素不断积累，具备转向军事冲突甚至战争的条件，拜登政府很难越过这些高危因素，重新界定中美关系。中国要坚持改革开放，避免发展内卷化。要缩小与美国的军事差距，努力实现逆秩序性成长与合秩序性成长的统一。

中国社会科学院俄罗斯东欧中亚研究所薛福岐研究员阐述了欧亚地区存在的核心—边缘结构。俄罗斯作为核心，对边缘国家拥有不对称的军事、经济和人文影响力。其维护核心地位的努力，与边缘国家保持国家自主性的努力之间存在矛盾。目前来看，这一结构具有超强稳定性，核心与边缘的权力结构不可逆转，俄罗斯借此成为多极世界中独立的一极。核心—边缘结构为我们理解欧亚国家的多边和双边关系提供了一个新视角。

在论坛的第二单元，与会专家重点讨论了俄罗斯政治、经济与外交形势。中国社会科学院俄罗斯东欧中亚研究所副所长庞大鹏就俄罗斯修宪与普京模式进行了评述。他认为，本次修宪是充分酝酿、精心设计的结果，是普京对执政二十年的总结，目的是防止出现对俄罗斯安全构成威胁的国家和集团。从本质上看，普京将其行之有效的内政外交举措以法律形式固定下来，达到系统化、理论化和法律化。

国务院发展研究中心欧亚社会发展研究所俄罗斯对外关系研究室主任田永祥就疫情之下的俄罗斯外交走势进行了总结。总体来看，是好坏参半、利弊均有、缺乏亮点但也没有盲点。俄罗斯开展“疫情外交”，旨在树立大国形象，改善和优化外部环境。其中，对中国的“疫情外交”内容丰富、领域广泛，在政治、抗疫、国际等各个领域对中国进行支援和配合。对欧洲和美国的“疫情外交”灵活多变、形式多样，但尚未达成与欧美国家关系的实质性改善。通过这一外交手段，俄罗斯强化了对独联体国家的影响，深化了与中国的关系，有效弥补了综合国力，特别是经济实力下降的弱点，得以继续列位世界一流国家行列。

中国社会科学院俄罗斯东欧中亚研究所徐坡岭研究员针对俄罗斯的抗疫反危机政策进行评估。2020年，俄罗斯实际可支配收入迅速减少，失业率上升，国内债务压力加大，但不存在系统性风险和主权债务风险，未出现资本外逃的现象。他认为，通过反危机政策，俄罗斯重启和复苏经济，从临时举措逐步演化为经济恢复的长期规划，目标更有弹性，措施更接地气，政策更加大胆积极。总体来看，疫情之下的经济停顿并未造成生产力的严重破坏。

辽宁大学转型国家经济政治研究中心研究员殷红介绍了俄罗斯数字工业化的现状与潜力。数字工业化进程以国家战略为导向，以龙头企业为主力，依托于数字化平台“俄罗斯4.0”，来达到再工业化和经济转型的目的。同时，也有助于克服疫情和西方制裁的双重打击，推进进口替代战略。除了国内这一自上而下的途径，俄罗斯还依托欧亚经济联盟来拉动相关项目的建设。然而，欧亚经济联盟能够在多大程度上推动俄罗斯的数字化转型，依然是未知数，需要更多的实证研究来进一步论证。

四川大学当代俄罗斯研究中心学术委员会主席刘亚丁对教育文化交流在中俄关系中的价值做了详实的分析。四川大学当代俄罗斯研究中心积极举办中俄青年学生交流活动，推动长江—伏尔加河高校联盟和四川大学—俄罗斯科学院远东所中俄文化中心的建立，部署俄文《中国精神文化大典》的翻译工作。在平台建设方面，通过举办长江—伏尔加河高校联盟校长论坛和青年交流营等方式，进一步促进中俄人文交流。

在论坛的第三单元，与会专家围绕2020年俄罗斯东欧中亚前沿问题展开激烈讨论。中国社会科学院俄罗斯东欧中亚研究所张宁研究员认为，当前中亚政治形势总体稳定，但稳定中也潜藏着风险和新的变化趋势。这些风险和趋势因疫情的影响在不断加速、加重。就当前局势而言，中亚地区呈现两种不可忽视的趋势，第一种是民族和民粹主义情绪的膨胀，第二种是对主权和独立需求的加深。中亚国家先后面临权力交接的风险，风险越大，越依赖俄罗斯。因此，俄罗斯在欧亚地区的影响力将呈现指数型增长。

中国现代国际关系研究院欧亚研究所所长丁晓星重点阐述了纳卡冲突各方的得失及对地区格局的影响。亚美尼亚出现三大战略误判，导致了自身在纳卡冲突中的不利后果。阿塞拜疆以武力改变现状，收复了领土，取得了有利的谈判地位。土耳其闯入南高加索地区，意在恢复奥斯曼帝国时期的势力范围。俄罗斯保持相对中立，劝和促谈，发挥了任何国家和国际机构都无法起到的作用，也只有俄罗斯才能在此开展维和行动。纳卡问题尚未完全解决，反而创造了一个以武力解决纠纷的危险先例。未来南高加索地区的地缘博弈将更为复杂。

中国人民大学—圣彼得堡国立大学俄罗斯研究中心副主任王宪举对第六届白俄罗斯总统选举后动荡的根源和未来政局提出了自己的看法。他认为，经济因素、政治因素、外部势力和本次选举的不公正共同导致了选举后抗议事件的发生。未来可能出现三种局面：维持现状、局势恶化和宪法改革。宪法改革的可能性大于前两种，唯有此才能缓和政府与反对派的关系，结束政局的动荡。

中国—上合组织地方经贸合作示范区专家咨询委员会副主任委员、中白工业园前首席执行官胡政以中白工业园建设的实例为出发点，提出了慎重建设境外经贸合作园区的观点。合作园区具有平台作用、经贸合作抓手作用和特区作用，然而由于其开发周期长、投资大见效慢以及依靠所在国政策等弊端，风险控制难度大，规避风险的难度更大。因此，要慎重考虑合作园区建设，避免盲目的大规模投资。他还提出了明确战略定位、做好顶层设计、依法依规维护权益、追求合理经济回报等建议，力求更好推进园区建设，服务“一带一路”相关项目的开展。

中国社会科学院俄罗斯东欧中亚研究所高歌研究员就疫情对中东欧与欧洲一体化的影响展开论述。她强调，疫情是欧洲一体化的着力点，而非转折点。波兰、匈牙利与欧盟的矛盾早已有之，凸显了近年来中东欧力求融入欧洲一体化，又不断与欧盟发生分歧的问题。究其原因，一方面是希望融入后获得安全保障和经贸投资；另一方面又希望维护自身利益，缩小与欧盟老成员国的差距。新老成员国的异质性导致欧盟内部存在难以调和的矛盾，影响了中东欧与欧洲的一体化进程。

黑龙江大学俄罗斯语言文学与文化研究中心研究员马蔚云围绕黑龙江省对俄贸易发展及问题进行分析。他指出，俄罗斯经济低迷、消费不振、投资环境差等问题阻碍了中俄贸易的进一步发展。与此同时，黑龙江省对俄贸易结构单一、产品竞争力低下、口岸基础设施落后等问题，也导致了对俄贸易发展后劲不足。为了解决上述问题，有必要采取优化贸易结构，打造拥有自身知识产权的产品，推动口岸基础设施建设等一系列措施。

华东师范大学俄罗斯研究中心副主任张昕从学科建设和人才培养的角度，提出了针对区域国别研究体系的若干思考。区域国别研究在创造、积累和传承上，在提高研究能力和应对国家知识体系的供给能力之间仍然存在巨大的落差。具体来看，就是很难把语言和社会科学这两个必要的途径有效结合。语言出身的学生大多成了翻译，社会科学出身的学生难以达到一个高外语水准。为了解决这一问题，建议那些具有传统语言训练优势的高校与其他专业领域的高校联合起来，培养高水平的国别与地区研究专业人才。

在闭幕式上，承办单位代表中国人民大学—圣彼得堡国立大学俄罗斯研究中心主任关雪凌对本届论坛的筹备和开展作了回顾，感谢所有工作人员和参会人员。下一届论坛的承办单位代表华东师范大学俄罗斯研究中心副主任张昕表示，2021年恰逢华东师范大学建校七十周年，将努力做好论坛相关筹备工作，迎接参会专家的到来。中国俄罗斯东欧中亚学会会长李永全作了总结发言。他强调，欧亚地区稳定能带来中国周边的稳定，也能带来世界的稳定。因此，欧亚研究工作任务艰巨、意义重大。本届论坛中，各种观点能够开诚布公、敞开谈论，代表了本领域研究的最高水平，他希望继续保持这一水平，推动论坛和学会的进一步发展。

中国俄罗斯东欧中亚学会

2020年12月22日

中国俄罗斯东欧中亚研究推荐论文（2020）

（按作者姓氏笔画排序）

1. 王加兴:《新世纪以来的中俄教育合作与交流：现状与前景》,《中国俄语教学》2020年第1期。

【内容摘要】中俄教育合作作为两国战略协作的重要组成部分，对全面提升两国关系水平具有重大意义。21世纪以来，两国教育合作发展顺利，规模不断扩大，形式日益多元，内涵渐次深化，水平稳步提高。本文就互派留学人员、联合培养人才、整合双方高校资源、搭建有效交流平台、加强双方青少年交流、相互推动语言学习等五个方面，对21世纪以来的中俄教育合作与交流进行了较为全面的梳理和总结，并通过对中俄教育合作与交流现状及其成因的分析，指出中俄教育领域的合作正在向深层次发展。

2. 李中海:《俄罗斯与西方的历史分流：经济思想视角的考察》,《俄罗斯学刊》2020年第3期。

【内容摘要】俄罗斯与西方的历史分流最早可追溯到伊凡三世时期，彼得一世及其后历代统治者试图弥合与西方之间的差异，走上西方式的现代化道路，但迄今仍未实现这一目标。之所以如此，根源在于俄罗斯与西方在文化、宗教、习俗和制度等方面存在诸多差异。以经济思想视角考察俄罗斯与西方之间的差异可以看出，俄罗斯一直试图学习或模仿西方，但始终不能解决外来思想的适用性问题。俄罗斯与西方经济思想产生分流的根本原因在于对经济问题的认识论、方法论、基本假设和关注点不同于西方。俄罗斯要找到符合本国实际、目标追求和实际绩效的发展道路，需要摆脱“西方还是东方”这样的二元对立思维。

3. 李郁瑜:《乌兹别克斯坦国民教育改革及发展现状分析》,《比较教育研究》2020年第7期。

【内容摘要】乌兹别克斯坦自20世纪90年代中后期走上教育改革之路。近三十年来，其在国民教育发展愿景、教学机构所有制形式、教育体系结构、高等教育培养模式、招生制度建设等方面发生重大改变。2016年年底，米尔济约耶夫当选总统后，将教育作为国家优先发展领域之一，大力革新教育政策。教育改革逐渐转向以大开放和国际化为导向，追求人才培养与市场需求的“耦合”发展，但在学前教育建设、教学机构管理、各类型教育质量标准建设等方面存在问题，教育资金支持、教师人力资本建设、新兴学科专业发展等方面较为薄弱。

4. 郭晓琼:《中俄经贸合作：新进展与新趋势》,《俄罗斯学刊》2020年第4期。

【内容摘要】在中美贸易争端和美国对俄制裁仍在持续的背景下，2019年中俄两国务实合作的愿望和动力更加强烈，两国在贸易、投资、能源、金融、地方、农业及科技创新合作等领域取得了丰硕的成果，还出现合作模式机制化、运作方式市场化、合作领域新兴化、合作范围全方位化、贸易投资便利化、基础设施与服务网络化等新趋势。在未来，中俄将更注重提高经贸合作质量；扩大相互投资，优化贸易结构；转变政府在竞争性及新兴行业合作中的职能，从直接主导转为间接引导，让市场发挥资源配置的主导作用；从政府、企业、民众各层面入手，提高中俄两国经济互信，扩大两国务实合作的深度和广度，加速中俄经贸合作提质升级，向高质量发展迈进。

5. 郭辉:《中哈粮食贸易：供需、物流及便利化视角的分析》,《俄罗斯东欧中亚研究》2020年第2期。

【内容摘要】哈萨克斯坦粮食市场供需总体呈现盈余状态，其传统的贸易伙伴国市场消费量逐渐饱和，哈萨克斯坦正力图开拓新的海外粮食贸易市场。当前，中国和哈萨克斯坦粮食贸易规模非常小。为此，结合哈萨克斯坦粮食生产情况，发现小麦供给稳定性、粮食贸易便利化程度、仓储物流设施落后等因素是该国粮食贸易的主要障碍，而哈萨克斯坦小麦主产区远离中国主销区，贸易成本较高，中国小麦库存量大仍需消化，且新疆是粮食盈余省份，国内民营企业粮食配额数量少等因素是我国进口哈萨克斯坦粮食的主要障碍。

未来，完全用哈萨克斯坦小麦代替美国、澳大利亚和加拿大的小麦进口，这显然不可能，但是部分替代是可以做到的。同时，中国可以考虑实施优惠政策鼓励中国企业与哈萨克斯坦建立稳定的农产品贸易与产业合作关系，助推其农业结构调整。

6. 童伟、宁小花:《俄罗斯免费医疗：发展历程、效果分析、困境及未来发展方向》,《俄罗斯东欧中亚研究》2020年第1期。

【内容摘要】俄罗斯在沿袭苏联免费医疗体系的基础上对其进行了一系列改革，从原先无限免费医疗服务转变为当前有限基本医疗免费的新型基本医疗免费制度，形成了免费的法定强制医疗保险和自费的私人医疗保险相结合的医疗保障制度。这些改革措施总体来看取得了较为积极的成效，但依然面临着医疗机制之困、医疗资金之困、医疗服务能力之困、医疗公平之困等诸多挑战，未来俄罗斯还需朝完善法律制度、加强顶层设计、加大医疗投入、扩大医疗筹资来源、完善硬软件设施、引入竞争机制、提高卫生服务供给能力等方向继续努力，兼顾免费医疗服务供给的公平性和效率性，实现全民均可享有的高质量的免费医疗服务。

7. 童伟、张居营:《中亚国家经济风险对“一带一路”建设的影响》,《东北亚论坛》2020年第5期。

【内容摘要】中亚国家与中国有着长期密切的经贸合作，在“一带一路”倡议提出后，积极参与到倡议的推进之中，在贸易、投资、产能、金融等多个领域与中国开展了深度合作。但中亚国家所面临的脆弱性、失衡性、外部依赖性等经济风险，在影响本国经济发展的同时，也使“一带一路”倡议的推进风险骤增。本文从中亚国家经济发展历史背景、基本发展模式选择、经济发展特征与资源禀赋入手，在对中亚国家经济风险、产生缘由全方位剖析的基础上，梳理其对“一带一路”倡议可能带来的影响及传导途径，据此有针对性地提出促进“一带一路”倡议有效落地，同时有效规避中亚国家经济风险转移与转嫁的对策与建议。

8. 蔡运喆:《疫情叙事博弈中的中俄协作》,《俄罗斯学刊》2020年第5期。

【内容摘要】新冠肺炎疫情暴发后，中国在疫情防控上取得巨大成果，在有效遏制病毒传播的同时，还积极向其他国家施以援手。但是，国际舆论场波诡云谲，美国和西方某些势力借疫情对中国进行了叙事围攻。在中国与西方的疫情叙事博弈烈度日益上升时，中俄进行了密切的协作。俄罗斯通过对中国抗疫的正面宣介，批驳西方不实指责并揭露西方叙事背后的政治考量，有效对冲了西方疫情叙事在国际社会上造成的消极影响，极大声援了陷入媒体困境的中国，践行了两国关系高水平运行的应有之义。对于俄罗斯提供的助力，中国应积极把握，化被动为主动，积极塑造真实、正面的中国抗疫形象。中俄在本次叙事争夺中的密切配合将成为两国今后开展战略合作的范例。

中国俄罗斯东欧中亚学会
俄罗斯经济专业委员会组建方案

俄罗斯东欧中亚问题研究涉及政治、经济、外交、历史、文化、语言文学、哲学、宗教等众多学科。中国俄罗斯东欧中亚学会作为我国俄罗斯东欧中亚研究领域从事相关问题研究的全国性学术共同体，为该领域各学科的学者提供了有效的组织和交流平台。俄罗斯经济研究是中国俄罗斯东欧中亚学界的重点领域，中国俄罗斯东欧中亚学会凝聚了很多俄罗斯经济研究领域的专家学者。随着中俄关系高水平持续发展以及“一带一路”建设的推进，对俄罗斯经济研究的重要性进一步上升。为更好地推动俄罗斯经济研究，充分调动学会的研究资源，中国俄罗斯东欧中亚学会拟根据学会章程成立俄罗斯经济专业委员会，组建方案如下。

一、俄罗斯经济专业委员会的设立目的与任务

设置中国俄罗斯东欧中亚学会俄罗斯经济专业委员会的目的，是致力于为国内从事俄罗斯经济和东欧中亚经济研究、教学和学习的学者、教师和学生搭建一个更专业的学术平台，促进国内俄罗斯经济学科的建设和发展，促进国内俄罗斯经济研究的学术交流和研讨，促进国内该领域研究水平的提高，促进该领域研究的国际学术交流。

俄罗斯经济专业委员会在中国俄罗斯东欧中亚学会的领导下，组织和团结国内外从事俄罗斯经济研究、教学和学习的专家学者，共同建设国内俄罗斯经济学科，同时发挥好智库作用，促进国内俄罗斯经济问题研究的学术交流和研讨，推动国内俄罗斯经济问题研究的深入和学术水平的提高，组织和促进国内俄罗斯经济问题研究的国际学术交流。

二、俄罗斯经济专业委员会的组织结构

主　任：徐坡岭　中国社会科学院俄罗斯东欧中亚研究所俄罗斯经济室主任

副主任：

1. 关雪凌　中国人民大学教授
2. 刘华芹　商务部国际贸易经济合作研究院研究员
3. 李　新　上海国际问题研究院教授
4. 刘军梅　复旦大学教授
5. 童　伟　中央财经大学俄罗斯东欧中亚研究中心教授

委　员：

1. 徐坡岭　中国社会科学院俄罗斯东欧中亚研究所俄罗斯经济室主任
2. 关雪凌　中国人民大学教授
3. 刘华芹　商务部国际贸易经济合作研究院研究员
4. 李　新　上海国际问题研究院教授
5. 刘军梅　复旦大学教授
6. 童　伟　中央财经大学俄罗斯研究中心教授
7. 孙景宇　南开大学经济学院教授
8. 曲文轶　华东师范大学俄罗斯研究中心教授
9. 殷　红　辽宁大学转型国家政治经济研究中心教授
10. 姜振军　黑龙江大学教授
11. 高际香　中国社科院俄罗斯东欧中亚所俄罗斯经济室副主任
12. 李中海　中国社科院俄罗斯东欧中亚研究所《俄罗斯东欧中亚研究》编辑部主任
13. 米　军　四川大学教授

顾　问：陆南泉、程　伟、李建民、唐朱昌、庄起善、景维民

秘书长：郭晓琼　中国社会科学院俄罗斯东欧中亚研究所副研究员

中国俄罗斯东欧中亚学会
中亚与高加索专业委员会组建方案

中亚与高加索地区是中国的友好合作伙伴国家集中区域，是中国发展陆上合作的必经之路。习近平主席关于构建“丝绸之路经济带”的倡议就是在中亚的哈萨克斯坦提出的。在党和国家的多个文件中，都曾强调与中亚、高加索地区各国发展合作的政策方针。近年，我国国内研究中亚与高加索地区问题的专业机构和科研人员的数量均大幅增长。据不完全统计，国内以中亚和高加索国际问题研究为主要工作任务的智库机构有42家，涉及相关学者约150人。如果加上其他专业领域涉及中亚和高加索地区研究的机构和人员数量就会更多，比如历史、文化、语言、经济、安全等。为进一步深入研究中亚和高加索地区及国别问题，发挥科研机构的国家智库作用，扩大国内和国际交流，中国俄罗斯东欧中亚学会拟根据学会章程成立中亚与高加索专业委员会，组建方案如下。

一、中亚与高加索专业委员会的设立目的与任务

设立目的：凝聚国内研究力量，深化国内中亚和高加索研究机构、研究人员间的交流，协助学会相关会员单位开展研究工作，引导学术研究正确方向，促进国内本学科建设，交流研究成果，发挥智库作用。

主要任务：

1. 研讨中亚和高加索地区形势和趋势，提出该领域研究热点和重点；
2. 组织学术研究、交流和论坛活动；
3. 推介学会相关会员单位优秀成果，扩大学会学术影响；
4. 推动和协助学会相关会员单位国际学术交流；

5. 协助学会相关会员单位发挥智库作用。

二、中亚与高加索专业委员会的组织结构

主任：许　涛　国务院发展研究中心欧亚社会发展研究所研究员

副主任：

1. 张　宁　中国社会科学院俄罗斯东欧中亚研究所中亚与高加索研究室主任
2. 新疆社会科学院中亚研究所代表
3. 兰州大学中亚研究所代表
4. 陕西师范大学中亚研究所代表

委　员：

1. 许　涛　国务院发展研究中心欧亚社会发展研究所研究员
2. 张　宁　中国社会科学院俄罗斯东欧中亚研究所中亚与高加索研究室主任
3. 新疆社会科学院中亚研究所代表
4. 兰州大学中亚研究所代表
5. 陕西师范大学中亚研究所代表
6. 王维然　新疆师范大学国际贸易学院区域经济研究所长
7. 丁晓星　中国现代国际关系研究院欧亚所所长
8. 强晓云　上海国际问题研究院俄罗斯中亚研究中心主任
9. 李淑云　辽宁大学党委副书记，国际关系学院院长
10. 卢山冰　西北大学丝绸之路研究院院长
11. 李自国　中国国际问题研究院欧亚所所长
12. 邓　浩　中国上海合作组织研究中心秘书长
13. 王海燕　华东师范大学教授
14. 孟　楠　新疆大学中亚研究院院长
15. 李立凡　上海社会科学院国际问题研究所研究员
16. 张恒龙　上海大学上合组织公共外交研究院副院长

顾问：赵常庆　胡振华　杨　恕　潘志平　潘　光

秘书长：张　宁

副秘书长：高焓迅